"역사에서 가장 중요한 한 주간에 대해 눈을 뜨게 해주고 신앙의 덕을 세우는 독서가 될 것이다. 역사에 대해 더 많이 알고 싶고 그 불가사의를 목격하기 원하는 사람들은 이 위대한 일에서 많은 사랑을 발견할 것이다. 어떤 이는 이 책장들을 넘기면서 마치 무릎으로 나아가고 있다고 느낄 것이다."

- J. D. 그리어, North Carolina Durham에 있는 산정(山頂) 교회 담임; 『복음Gospel』, 『예수에 대해 캐묻기를 멈추기Stop Asking Jesus into Your Heart』의 저자

"아마 당신은 그리스도의 마지막 주간을 생생하게 되살리기 위해 이전과는 다른 방식으로 무엇을 할 수 있을까를 고민할 것이다. 그런 일은 역사적 배경과 문화적 차이를 좀 더 잘 이해하도록 도움을 주겠지만, 그렇다고 당신은 방대한 서적을 원하지는 않는다. 만약 저자들이 신뢰할 만하고 정통한 복음주의 학자들이며 평신도를 위해 명쾌하게 글을 쓸 수 있는 사람들이라면 그것 역시 도움이 될 것이다. 그렇다면 더 찾아볼 필요가 없다. 이 책이 그런 당신을 위한 책이다!"

- 크레이그 L. 블롬버그, 덴버 신학교, 신약학 석좌교수

"당신이 신앙을 옹호하기 위한 크리스천으로서 예수에게 정말 어떤 일이 일어났는지를 알고자 하는 사람이거나, 주님을 더 온전히 알기 원하는 제자이거나, 『예수의 마지막 일주일』은 당신을 가르치고 격려할 것이다. 이 책은 일관성 있고 확신 있게 진리를 제시한다. 내가 이 책을 사람들에게 추천하는 이유는, 이 책이 예수의 마지막 날들에 일어난 일들을 아주 명쾌하고도 충실하게 설명하기 때문이다. 여기에 복음서의 설명에 기반을 둔 진리가 있다. 여기에 통찰력과 영감으로 가득한 기독교 이야기의 중심이 있다."

- 마크 D. 로버츠, 풀러 신학교 Max De Pree 리더십 센터 전무이사; 『우리는 복음서를 신뢰할 수 있는가?Can We Trust the Gospels』의 저자

"이 책은 역사적으로나, 신학적으로나, 경건의 목적을 위해서나, 예수 생애의 마지막 일주일을 연구하는 데 엄청나게 유용한 지침서이다. 이것은 마치 고난 주간의 연대기 같은 것을 제공하며, 역사적·문화적·지리적 통찰들로 빼곡하다. 신학적으로, 저자들은 사복음서 본문에 유용한 해설들을 제공하고, 각 복음서 저자의 신학적 공헌들에 대해서도 언급한다. 경건한 차원에서, 독자들은 인간 역사의 가장 중요한 한 주간—하나님의 구속 계획의 클라이맥스—을 예수와 함께 걷는 특권을 누리는 셈이다. 지성과 마음 모두를 위한 통찰의 향연이다."

- 마크 L. 스트라우스, San Diego 벧엘 신학교, 신약학 교수

"예수의 마지막 주간은 충격적이지만 세상을 구원했다. 종려 주일부터 부활의 아침까지, 하루하루의 진행과 접촉이 생생하다. 이 책은 예루살렘 승리의 입성에서부터 십자가와 최종적인 영광에 이르기까지, 독자를 예수가 걸었던 경로로 한 걸음씩 인도할 것이다. 많은 지도와 도표들이 복음서의 진술을 조명한다. 우리는 그리스도께서 하신 일뿐 아니라 그분의 길이 오늘 우리에게 가리키는 곳을 다 함께 상기한다. 초급과 중간급 수준의 지침서로는 최고다!"

- 로버트 W. 야브로, 커버넌트 신학교, 신약학 교수

"성 고난 주간은 크리스천들에게는 단연코 연중 가장 신성한 시간일 것이다. 안드레아스 쾨스텐버거와 저스틴 테일러는 예수 생애의 마지막 한 주간에 대해 단순하면서도 웅변적인 개관을 제공한다. 그들은 독자들을 복음서를 관통하는 순례의 여정으로 데려가며, 또한 예루살렘 승리의 입성에서부터, 골고다의 어둡고 비극적인 순간을 지나, 영광스럽고도 말할 수 없는 기쁨으로 부활하신 예수의 발치에 이르기까지, 예수를 따르도록 우리를 초청한다. 간단히 말해, 이 책은 개인과 가족과 신앙 모임에서, 역사상 가장 위대한 이야기인 부활절 이야기에 대해 더 배울 수 있도록 하는 놀라운 자료이다."

- 마이클 F. 버드, 리들리 멜버른 선교 대학 강사

"세계 역사에서 가장 중요한 한 주간에 대해 선명한 개관을 제시하는 책이다. 간략하고 유용한 해설은 성경의 이야기에 빛을 비추고, 지속적이며 삶을 변화시키는 성경의 메시지를 절감하게 한다."

- 더글러스 J. 무, 휘튼 칼리지 신약학 석좌교수

"『예수의 마지막 일주일』은 신자들에게 예수를 십자가 죽음에 이르도록 하는 역사적 사건들을 주목하게 한다. 독자들은 예수의 메시지와 삶이 제기했던 도발, 결국 그를 체포와 처형에 이르게 했던 도발을 보고 도전을 받을 것이다. 이 책은 역사적 사건들과 기독교 예배가 연관될 수 있고 또 연관되어야 함을 증명한다."

- 에크하르트 J. 슈나벨, 고든 콘웰 신학교 신약학 석좌교수

"역사의 중심점은 하나님의 아들 예수 그리스도의 죽음과 부활이다. 그러므로 『예수의 마지막 일주일』은 대단히 중요한 작업이다. 이 작업은 우리에게 예수의 죽음의 신학적 함의뿐 아니라, 그 배후에 놓여 있는 사회적 종교적 긴장의 전면적인 여파를 볼 수 있게 해준다. 이 책은 잘 연구되고 잘 쓰였으며, 말씀을 연구하는 학생들과 하나님이 주도하셔서 십자가로 귀결된 사건들을 더 자세히 이해하고 싶은 모든 사람에게 필독서이다."

- 그랜트 오스본, 트리니티 복음주의 신학교 신약학 명예교수

"작년에 기독교 대학에 입학하는 학생들의 98퍼센트가 그리스도인이라고 주장했다. 하지만 그중 25퍼센트는 기독교가 예수는 문자 그대로 죽음에서 살아났다고 단언하는 종교임을 알지 못했다! 이 진리를 재발견하는데, 구주와 나란히 걸으면서 그분의 마지막 날들과 순간들을 지나는 것보다, 더 좋은 길이 무엇이겠는가? 쾨스텐버거와 테일러는 우리를 순례의 여정으로 안내한다. 그들은 뛰어난 안내자이다. 무엇보다, 그들은 예수의 마지막 날들이 실제로는 끝나지 않았음을 우리에게 상기시킨다."

- 찰스 L. 쿠왈스, 동남침례교 신학교 신약학 및 성경신학 교수

예수의
마지막
일주일

예수의
마지막
일주일

THE FINAL DAYS OF JESUS

안드레아스 J. 쾨스텐버거,
저스틴 테일러 지음
이광식 옮김

CH북스

십자가에 못 박히시고 다시 사신 구세주, 우리의 구원이신 주께

"아버지께서 내게 하라고 주신 일을 내가 이루어
아버지를 이 세상에서 영화롭게 하였나이다."(요 17:4)

"다 이루었다."(요 19:30)

할렐루야!

목차

목요일 - 주후 33년 4월 2일

금요일 - 주후 33년 4월 3일

토요일 - 주후 33년 4월 4일

일요일 - 주후 33년 4월 5일

뒷이야기 - 그 이후 예수의 출현과 승천

부록

서문

사복음서는 예수의 삶과 죽음과 부활에 관한 목격자들의 설명과 직접적인 보고들을 담고 있다.

　예수가 베들레헴 마을에서 젊은 처녀에게서 난 것은 아마도 기원전 6년 또는 5년[1]의 10월경이었을 것이다. 헤롯 대왕의 살해 계획 때문에, 예수는 모친인 마리아와 양부(養父) 요셉을 따라 애굽으로 도피했으며, 이후 그 가족은 갈릴리 저지대의 나사렛 마을로 이주하였다. 그곳에서 요셉은 목수의 직업에 종사하였다. 예수가 열두 살이었던 해에 (아마도 기원후 7년 또는 8년) 그와 예루살렘 통치자들 사이에 있었던 대화에 관하여 간략한 설명을 제외하고는, 우리는 예수가 공적 사역을 시작할 때까지 그의 삶에 관하여 더 이상의 상세한 설명을 듣지 못한다. 그의 공적 사역은 기원후 29년에 시작되었을 것이며, 그 사역은 그의 죽음의

1　예수의 출생연도에 관하여 학자들은 대체로 기원전 7-5년을 제안한다.

날인 기원후 33년 4월 3일 금요일[2]까지 이어졌다.

비교적 짧았던 예수의 공적 사역은 그의 세례 및 광야 시험과 함께 시작되었으며, 권위 있는 가르침과 기적 행하는 능력을 수반하여 계속되다가, 로마인들과 유대인들의 손에 넘겨져 속죄의 죽임을 당하는 것에서 절정을 이루었으며, 그 뒤로 부활과 승천이 이어졌다.

이 책은 예수의 마지막 날들을 다루고 있다. 이 책에서 독자는 지상에서 살았던 가장 중요한 인물이, 그의 생애에서 가장 중요한 한 주간 동안에 말하고 행한 것에 대하여 증인들의 설명을 읽게 될 것이다. 일요일에서 다음 일요일까지 ― 우리가 지금 "종려 주일"이라고 부르는 날부터 "부활주일"이라고 부르는 날까지 ― 발생한 시간 순서대로 설명이 제시될 것이며, 독자는 우리가 능력껏 최선을 다해 설명하려고 시도하는 이 사건들에 관하여 4가지 기록들을 모두 대할 것이다.

그 일을 진행하기에 앞서, 일종의 기초작업으로서, 또 사복음서의 맥락을 기억하는 차원에서, 일부 기본적인 사항들을 대강 살펴보는 것이 유익할 것이다.

사복음서는 누가 기록하였나?

정보에 의문이 제기되기도 하였지만, 사복음서는 예수가 말하고 행한 것을 설명할 수 있는 가장 좋은 위치에 있던 네 사람에 의해 기록되었다고 믿을 충분한 이유가 있다.

마태와 요한은, 신약성경에서 첫 번째와 네 번째 복음서를 각각 기

---

2   대다수는 아니어도, 많은 이들이 예수의 죽음을 기원후 30년으로 추정하기도 한다.
     이에 대해 더 살펴보려면 1장의 각주 1번을 보라.

록한 저자들로서, 열두 제자들의 구성원들이었다. 심지어 요한은 (베드로와 야고보와 더불어) 그 열둘 중에서도 핵심 구성원이었다.

마가는, 교부들이 알려주는 바에 따르면, 사도 베드로와 가깝게 지내는 중에 그의 복음서를 기록했다. 사도 베드로 역시 그 열둘 중의 하나이자 예수의 핵심 측근 중 한 사람이었으며, 그 열둘의 걸출한 대변인 역할을 한 인물이다.

마지막으로 누가는, 그 자신이 직접적인 목격자는 아니었지만, 이 사건들에 대하여 신중한 조사를 진행하였고 "처음부터 목격자와 말씀의 일꾼 된 자들"(눅 1:2)을 옹호한다고 밝힌다. (그가 사용한 "목격자"(autoptes)라는 단어는 헬라어로 "스스로 보다"는 의미를 지니는 두 단어의 합성어이다.

요한은 그의 첫 번째 서신 서문에서 아래와 같이 기록하였다:

> 태초부터 있는 생명의 말씀에 관하여는
> 우리가 들은 바요
> 눈으로 본 바요
> 자세히 보고 우리의 손으로 만진 바라…
> 이 영원한 생명에 관하여
> 우리가 보고 들은 바를 너희에게도 전함은
> 너희로 우리와 사귐이 있게 하려 함이니…
> 우리가 이것을 씀은 우리의 기쁨이 충만하게 하려 함이라.
> (요일 1:1-4)

그 결과는 오늘날 우리가 ─ 이천년이 지난 이후에 그 설명을 읽고서 — 베드로가 표현한 경험을 나누게 된 것이다.

예수를 너희가 보지 못하였으나 사랑하는도다 이제도 보지 못하
나 믿고 말할 수 없는 영광스러운 즐거움으로 기뻐하니 믿음의 결
국 곧 영혼의 구원을 받음이라. (벧전 1:8-9)

복음서들은 왜 기록되었을까?

예수의 초림(初臨)을 둘러싼 사건들에 대한 목격자들의 설명에 따르
면, 네 개의 정경 복음서들은 우리에게 최대한의 주의를 요구한다. 그
것들은 왜 기록되었을까? 요한은 아주 분명하게 말한다:

예수께서 제자들 앞에서 이 책에 기록되지 아니한 다른 표적도 많
이 행하셨으나 오직 이것을 기록함은 너희로 예수께서 하나님의
아들 그리스도이심을 믿게 하려 함이요 또 너희로 믿고 그 이름을
힘입어 생명을 얻게 하려 함이니라. (요 20:30-31)

예수는 메시야이며 하나님의 아들이다. 그는 오신다고 약속되었고,
오래 기다려져 왔던 '여호와의 종'(the Servant of the Lord)이며, 우리를
죄에서 구하기 위해 또 우리로 "믿고 그 이름 안에 있는 생명"을 얻게
하려고 오신 분이다.

이러한 일관되고도 대단히 중요한 목적을 염두에 두고서, 사복음서
저자들이 서로 구분되는 네 부류의 청중을 대상으로 네 가지의 상호
보완적인 설명들을 제시하고 있음을 우리는 인식할 수 있다. 그들은 예
수 사역의 특정한 측면들을 강조하기 위해 신학적·문학적 선집(選集)

을 활용하였으며, 그들이 그리는 각각의 측면들은 한 메시야의 참되고
도 진실한 초상화를 구성한다.[3]

세리였다가 제자가 된 마태(레위)는 50년대 또는 60년대에 유대인
독자층을 향해 글을 썼으며, 구약성경에 예고된 유대인 메시야로서 천
국을 세우기 위해 오시는 예수를 강조한다.[4]

이방인 의사이면서 바울의 여행 동료였던 누가는, 약 58-60년 사이
에 두 권으로 구성된 책을 집필하고 있었다. 그 책은 '데오빌로'(아마도
그가 누가복음-사도행전의 출판 비용을 댔을 것이다)라는 이름을 가진 사
람에게 믿음의 진실성을 설명하기 위한 것이었으며, 예수가 세상의 구
주이시며 이스라엘에게 주어진 구약을 성취하여 잃은 자들을 찾는 분
이라고 제시한다.[5]

예수의 사랑을 받은 제자 요한은, 80년대 중-후반 또는 90년대 초반
에 글을 쓸 무렵 아마도 고령이었을 터인데, 그가 에베소에서 교회를
향해 글을 쓴 이유는 예수가 신앙의 대상인 메시야이며, 세상 죄를 위

---

3   아래의 연대는 추정이며, 다른 학자들은 마태, 마가, 누가복음을 여기서 제시된 것
     보다 늦은 연대로 추산하기도 한다. 요한복음을 더 이른 연대로 꼽는 학자들은 거
     의 없다.

4   마태복음의 연대는 마태가 처음으로 복음서를 기록했다고 보는지(마태복음 우선
     설), 또는 마가복음이 최초의 복음서라고 보는지(마가복음 우선설)의 관점에 따라
     달라진다.

5   신약의 저자들은 구약성경을 다양한 방식으로 참조한다. 가장 널리 알려진 방식은
     '예언-성취'의 패턴이다. 그것은 그리스도 안에서의 메시야적 예언의 성취를 강조
     한다(예: 이사야서 7:14을 인용하는 마태복음 1:22-24). 하지만 구약을 참조하는 신
     약의 다른 방식들도 있는데, 그중 하나가 아주 유명한 예표론(豫表論)이다. 예표론
     은 점진적인 구원 역사의 패턴이 그리스도에게서 정점을 이룬다고 본다(예: 광야의
     뱀에 관한 민수기 21:9을 인용하는 요한복음 3:14). 더하자면, 신약성경의 저자들은
     구약성경을 유비, 예증, 해설 등의 방식으로 언급하기도 한다.

해 죽은 하나님의 어린 양이며, 믿는 자들에게 영생을 주는 분임을 제시하기 위해서였다.

복음서들 사이에서 발견되는 좀 더 흥미로운 차이점들 중의 하나는, 예수의 삶과 활동에 관한 전기(傳記)를 시작할 때 그들이 활용한 전략이다. 공관복음서(마태복음, 마가복음, 누가복음)는 역사 안에서(in history) 시작한다. 먼저 예수의 출생 또는 그의 예언자적 선구자 세례 요한의 출생 고지(告知)에 관한 설명으로 시작한다. 그와 다르게 요한복음은 역사 앞에서(before history) 시작하여, 아들이 인성을 취하기 전, 성부 하나님과 성자 하나님 사이의 영원한 관계를 강조한다. 공관복음서에서 유사성과 중복이 더 많이 발견되고, 요한이 종종 포괄적인 전략의 일환으로서 예수 사역의 다른 측면들을 강조하는 듯이 보이는 이유들 중 하나가 여기에 있다.

하지만 여전히 물음이 남는다: 예수의 삶에 대하여 때로는 쉽게 조화되지 않는 네 개의 책을 제공하는 것보다, 그저 하나의 권위 있는 설명을 제공하는 편이 더 쉽지 않았을까?

답은 이렇다. 첫째, 초대 교회는 우리의 사복음서를 네 개의 분리된 복음서들이 아니라, 네 사람의 각기 다른 증언자들에 의한 하나의 복음서로, 즉 마태, 마가, 누가, 요한에 의한 그 복음서(the Gospel)로 간주하였다. 초대 교회가 제대로 이해한 것이다: (넷이 아니라!) 하나의 복음이 있을 뿐이다. 하지만 까닭이 있기에 하나님께서 친히 이 하나의 복음을 설명할 (단지 한 사람보다는) 네 사람의 증언자들을 우리에게 허락하신 것이다.

둘째, 앞서 언급했듯이 복음서들의 본질은 목격자의 증언임을 기억하라. 제각기 본 것을, 자기 자신의 말로, 자기의 고유한 관점에 따라 사건들과 진술들을 회상하면서 증언하는 법정에서의 증언자들과 마찬가지로, 각각의 복음서 저자들은 전개되는 예수의 이야기를 그들이 어떻게 목격하였는지를 (또는 마가와 누가의 경우에는, 그들이 가까이 지낸 직접적인 목격자들이 어떻게 증언하였는지를) 우리에게 들려준다. 이는 사실상 네 개의 정경 복음서들에 대한 우리의 이해력을 감소시키는 것이 아니라 오히려 높여준다!

명백히, 복음서 저자들은 인위적으로 논리정연하기 위해 설명을 줄이거나 손질하지 않는다. 그들은 두려워하지 않고 각자의 방식으로 예수의 이야기를 들려준다. 그들은 상충을 두려워하지 않는다. 그들 모두 한 예수의 이야기, 우리 주 예수 그리스도의 하나의 복음을 위한 증언자들이기 때문이다. 복음서들이 기록되고 출판되었을 때, 여전히 많은 목격자들이 도처에 있었다는 사실도 기억하라. 그들은 복음서의 설명의 진실성에 대해 논박할 수도 있었겠지만, 우리는 그러한 도전들에 대해서 아는 바가 없다. 이러한 이유로 우리는 마태, 마가, 누가, 요한에 따른 하나의 복음서가 단연코 믿을 만하다고 확신한다.

그 일이 정말 일어났을까?

복음서들을 대하는 우리의 일차적인 반응은 비평하거나 흠을 찾아내려는 것이 아니라 믿으려는 것이다. 부활절을 축하하면서, 우리는 부활절 이야기가 — 역사적으로나 신학적으로 — 참되다고 확신하면서 감사하는 마음으로 그렇게 하고 있다. 비록 복음서의 우선적인 목적이 우리로 이 메시야를 믿고 그의 제자가 되도록 하는 것에 있지만, 그것이 복음서의 설명을 지적으로 탐구하는 것이 잘못이라는 의미는 아니다. 아우구스티누스와 그를 따랐던 다른 사람들이 바르게 단언했듯이,

신앙은 필연적으로 더 큰 이해를 추구한다. 우리의 신앙과 지성이 분리되어선 안 된다. 마치 우리가 부름받은 것이 (어떤 비방자들이 주장하는 것처럼) 생각을 비우고 회심에 이른다거나, 증거에 반하여 맹목적으로 믿기 위해서라고 여겨서는 안 된다. 비평적인 학자들은 복음서에 있는 다양한 가르침들과 사건들의 역사성을 평가하기 위하여 기준을 확립하려고 노력해왔으며, 제한적인 성공을 거두었다.

그러한 기준 중의 하나로 **복합적 증거 기준**(the criterion of multiple attestation)이라고 하는 것이 있는데, 그것에 따르면 어떤 복음서 자료가 만약 서로 의존적이지 않은 두 가지 이상의 복음서들 또는 다른 고대의 출처들에서 발견된다면 믿을 만하다는 것이다. 마태복음, 마가복음, 누가복음은 어느 정도 서로 관련이 있다고 널리 인정되는 한편, 요한의 설명은 소위 공관복음에 기록된 많은 동일 사건들에 대하여 독립적인 증언이라고 분류될 수 있다. 복합적 증거 기준을 활용한다면, 이는 그 사건들의 역사성을 강조하는 셈이 된다.

또 다른 기준은 **상이성**(相異性)**의 기준**(the criterion of dissimilarity)이다. 이 기준에 따르면, 만약 예수의 가르침과 행동을 기록한 복음서 자료가 1세기 유대교 혹은 초대 교회의 관례와 다르다면 믿을 만한 자료이다. 초대 교회가 최초의 그리스도인들을 당혹스럽게 만들거나 기독교 비방자들에 맞선 대응에서 그들의 입지를 약하게 만들 자료를 조작했을 리 없다는 것이 그 기준의 논증이다. 오히려, 당혹스럽게 하는 사실들은 복음서에서 생략될 수도 있었을 것이다. 하지만 사실, 복음서들은 기독교를 우호적 관점에서 제시하지 않는 많은 자료를 포함하고 있다. 사도들의 경쟁과 예수 왕국에서의 자리다툼, 예수 체포 당시 그들의 도주, 베드로의 부인, 특히 십자가 처형 그 자체, 이 모든 것들이 얼핏 보기에는 교회가 억누르고 싶은 당혹스러운 정보였을 것이다. 만약 이 모든 자료가 역사적이지 않거나, 복음서 저자들이 칭찬을 얻기 만무함에 **불구하고** 사실을 있는 그대로 보존할 만큼 정직하지 않았다면, 긍정적으로 보기 힘든 그들 자신의 행동과 사람들의 반응을 그렇게 기록하진 않았을 것이다.

하지만, 이런저런 기준들이 복음서들에 기록된 특정 사건들의 역사성을 긍정적으로 확립하는데 다소간 가치가 있긴 하여도, 많은 면에서 그 기준들은 부족하다. 특히 비평적인 학자들이 그런 기준들을 부정적으로 사용하여 복음서에 기술된 사건들의 진실성을 깎아내리려고 시도할 때에 특히 그렇다.

복음서들을 읽는 두 가지 방식

물론 그것이 복음서 기사들을 신중하게 조화시켜볼 필요성을 제거하는 것은 아니다. 예컨대 네 개의 복음서들을 나란히 대조하여 읽으면서, 개별적 진술이나 사건들의 세부 묘사에서 어떤 두드러진 차이들을 설명하려는 시도는 필요하다. 복음서들을 읽을 때 ― 상호 보완적이면서 똑같이 타당한 ― 두 가지 방식이 있다.

첫째는, 복음서들을 **수직적으로** 읽는 방식이다. 말하자면, 각각의 설명을 처음부터 끝까지 그 자체로 하나의 독립적인 이야기로 읽는 것이다. 마태, 마가, 누가, 요한은 각자 그들 자신의 이야기를 들려주고 있다. 따라서 우리는 그들 작품의 문학적·신학적 완결성을 존중해야 한다. 이런 인식이 최근 수년간 증대되어왔으며, 이런 추세는 (애초에) 마태복음을 활용하여 마태복음을 설명하고, 마가복음으로써 마가복음을 설명하는 식의 중요성을 강조한다.

복음서들을 읽는 다른 방식은 **수평적으로** 읽는 것이다. 말하자면, 각각의 복음서가 다른 복음서들과 어떻게 관련이 있는지에 주목하고, 동일한 역사적 사건과 진술과 사건들에 대한 상호 보완적인 설명이자 증언들로서 읽는 것이다. 수직적 방식의 읽기를 수평적 방식의 읽기로 보완하기를 거부하는 것은, 복음서들이 **같은 이야기를** 하면서, 정확히 같은 방식으로 말하진 않는다는 엄연한 현실을 회피하는 것이나 다름없다.

모순점들은 없는가?

이 책을 쭉 따라서 읽어내려가다 보면, 독자는 많은 개별적인 세부 사항에서 복음서의 설명들 사이에는 차이점들이 있음을 우리가 인정한다는 것과, 그 설명들이 서로 조화되도록 하려고 우리가 그럴듯한 방식들을 제안하고 있음을 발견할 것이다. 요한이 그의 복음서 결론에서 기록했듯이, "예수께서 행하신 일이 이 외에도 많으니 만일 낱낱이 기록된다면 이 세상이라도 이 기록된 책을 두기에 부족할 줄 아노라"(요 21:25). 이는 복음서들의 기록 작업에서 불가피한 선별(selectivity)이 있었음을 말한다. 이런 이유로 우리는 한 복음서 저자가 상세하게 **언급하지** 않았다고 해서, 그가 반드시 그것을 알지 못했거나 그 정확성을 논박하려 했다고 추정해서는 안 된다.

더 나아가, 우리는 이러한 설명들을 시대착오적으로 읽음으로써, 목격자의 증언과 고대의 신학적 전기라는 장르에 인위적으로 한계를 설정하거나 불합리한 정확성을 요구해서는 안 된다. 십자가에 못 박힌 그리스도의 머리 위에 쓰인 패(牌)에서 한 단순한 예가 제시될 수 있다. 각각의 복음서 저자들은 약간 다른 표현을 제시한다.

나사렛 예수, 유대인의 왕	요 19:19
이는 유대인의 왕 예수	마 27:37
유대인의 왕	막 15:26
이는 유대인의 왕	눅 23:38

예수의 십자가 패(牌): 글귀의 차이점

비평적인 읽기보다는 은혜로운 읽기 방식이, 복음서 저자들이 서로 모순되기보다는 같은 것을 제각기 정확하게 언급하고 있음을 분명하게 드러나도록 한다. 이는 (인위적이거나 거짓되지 않은) 참된 목격자 증언이 있는 곳에서 일관되게 일어나는 일이다: 다른 목격자들은 한 가지 사건의 다른 측면들을 기억하고 선택하여 강조한다.

따라서 우리는 복음서들을 공감하면서 읽어야 한다. 행간을 읽으면서 비판적으로 문제점들을 찾아내는 방식보다는 선의의 해석 방식으로 읽어야 한다. 증명의 부담은 복음서들이 앞뒤가 맞지 않음을 입증하려는 자들에게 있지, 그 진실성을 입증하려는 자들에게 있지 않다!

이 책의 활용

그렇다면 독자에게 이 책을 어떻게 활용하도록 추천하면 좋을까? 기본적으로, 우리는 종려주일에서 부활주일에 이르기까지, 예수의 마지막 주간에 대한 설명을 독자들에게 제공한다. 시간의 진행과 그에 따르는 사건들을 머리말과 맺음말을 곁들여 간략히 제시할 것이다.

마지막 주간의 수요일에서 시작하여, 이 기간에 해당하는 성경 본문 전체를 포함할 터인데, 우리가 그렇게 하는 의도는 독자가 먼저 하나님의 권위 있는 말씀을 읽고 묵상하고, 그런 다음에 독자가 읽은 것에 대한 우리의 해설을 읽도록 하는 것에 있다.

물론 이 주제는 연중 내내 묵상할 가치가 있는 주제이기는 하지만, 우리는 교회들, 가족들, 소그룹, 그리고 개인들이 성(聖)주간의 날짜순으로 성경 자료와 그에 해당하는 해설을 읽기를 기대한다. 자연스럽게, 어떤 날들은 다른 날들보다는 자료가 적을 것이다. 성(聖) 금요일은 특히 내용이 긴데, 독자는 계획을 세워 자료를 탐독하도록 추가적인 시간을 따로 떼어놓는 편이 좋을 것이다. 이 연구는 부활주일에 행할 특별한 설교, 교훈, 그리고 공부에서 절정에 이를 수 있다. 부활절과 예수 부활의 중요성에 대한 깊은 숙고가 그 내용으로 포함된다.

이 책의 주된 목적은 학문적인 것이 아니다. 오히려, 우리의 바람은 앎이 수반된 예배를 돕는 것이다. 그래서 우리는 광범위한 참고문헌들과 저명한 복음주의 학자들의 토론을 제시하기를 삼갔다. 예수의 마지막 일주일에 관한 복음서의 설명들에는 우리가 이삭 줍듯이 습득할 역사적 세부항목, 문학적 기교, 신학적 통찰이 풍부하다. 우리는 관련된 모든 자료를 담아서, 견문을 넓히고, 이해하기 쉽고, 또 재미있는 방식으로 제공하기 위해 최선을 기울였다.

예수의 마지막 주간에 관한 복음서의 설명을 추가로 공부하고 싶은 독자들을 위해, 우리는 〈용어 설명〉에서 복음서 이야기에서 가장 중요한 인물들에 대한 간략한 묘사, 지리 및 지형 정보를 포함하여 다른 중요한 자료들을 담았다. 연구에 돌입하기에 앞서, 독자가 사건들의 순서에 익숙해진다면 유익할 것이다. 그 순서는 바로 다음의 〈성주간(聖週間)에 일어난 사건들의 성구 안내〉에 제시되었다.

우리의 기도는 하나님께서 이 책을 적절히 사용하셔서 그분과 주 예수 그리스도께 영광을 돌리게 되는 것이다. "내[바울]가 받은 것을 먼저 너희에게 전하였노니 이는 성경대로 그리스도께서 우리 죄를 위하여 죽으시고 장사 지낸 바 되셨다가 성경대로 사흘 만에 다시 살아나사 게바[베드로]에게 보이시고 후에 열두 제자에게…[보이셨느니라]"(고전 15:3-5).

Soli Deo Gloria―오직 하나님께 영광을!

성주간(聖週間)에 일어난 사건들의 성구 안내

일요일

예수가 예루살렘에 입성하다	마 21:1-11; 막 11:1-10; 눅 19:29-44; 요 12:12-19
예수가 자기 죽음을 예고하다	요 12:20-36
예수가 성전을 방문하다	마 21:14-17; 막 11:11

월요일

예수가 무화과나무를 저주하다	마 21:18-19; 막 11:12-14
예수가 성전을 정화하다	마 21:12-13; 막 11:15-18; 눅 19:45-48

화요일

무화과나무와 관련된 교훈	마 21:20-22; 막 11:20-26
예수가 성전에서 가르치고 논쟁하다	마 21:23-23:39; 막 11:27-12:44; 눅 20:1-21:4
예수가 미래를 예고하다	마 24-25; 막 13:1-37; 눅 21:5-36

수요일[1]

예수가 성전 구역에서 가르치다	눅 21:37-38
산헤드린이 예수를 죽일 음모를 꾸미다	마 26:3-5; 막 14:1-2; 눅 22:1-2

목요일

예수가 베드로와 요한에게 예루살렘 성내에 큰 다락방을 마련하고 유월절 음식을 준비하라고 지시하다	마 26:17-19; 막 14:12-16; 눅 22:7-13
저녁에 예수가 열둘과 함께 유월절 음식을 먹으며 다가올 배반을 예고하고, 성만찬을 제정하다	마 26:20-29; 막 14:17-23; 눅 22:14-30
만찬 도중에 예수가 제자들의 발을 씻기고 대화하며, 다락방 강화(講話)로 알려진 말씀(고별 설교)을 전하다	요 13:1-17:26
예수와 제자들이 함께 찬미하고, 감람산으로 떠나다	마 26:30; 막 14:26; 눅 22:39
예수가 베드로의 부인을 예고하다	마 26:31-35; 막 14:27-31; 눅 22:31-34
예수가 물자와 양식에 관하여 마지막 실천 명령을 내리다	눅 22:35-38
예수와 제자들이 겟세마네로 가다. 거기서 예수는 기도의 씨름을 하고, 제자들은 밤늦도록 깨어있으려 애쓰다	마 26:36-46; 막 14:32-42; 눅 22:40-46

---

1 우리는 이 사건들이 수요일에 발생한 것인지 확실히 알지 못한다. 이는 한 가지 가능한 추측이다.

금요일

예수가 유다에게 배반당하고 당국자들에게 체포되다(아마도 자정 이후, 금요일 이른 아침에)	마 26:47-56; 막 14:43-52; 눅 22:47-53; 요 18:2-12
예수가 안나스(전임 대제사장이자 가야바의 장인) 앞에서 비공식적으로 심문을 받다	마 26:57, 59-68; 막 14:53, 55-65; 눅 22:63-71
예고되었던 것처럼, 베드로가 예수를 부인하고 닭이 울다	마 26:58, 69-75; 막 14:54, 66-72; 눅 22:54b-62; 요 18:15-18, 25-27
금요일 일출 후 전체 산헤드린이 최종적으로 심문한 후 예수를 사형에 해당하다고 정죄한 후, 그를 본디오 빌라도에게 보내다	마 27:1-2; 막 15:1
유다가 심경이 바뀌어 은을 돌려주고 나서 스스로 목을 매다	마 27:3-10
빌라도가 예수를 심문한 후 그를 헤롯 안디바에게 보내다	마 27:11-14; 막 15:2-5; 눅 23:1-7; 요 18:28-38
헤롯이 예수를 심문한 후 그를 다시 빌라도에게 돌려보내다	눅 23:8-12
예수가 두 번째로 빌라도 앞에 나타나고 사형 선고를 받다	마 27:15-26; 막 15:6-15; 눅 23:13-25; 요 18:38b-19:16
예수가 조롱당하고 골고다로 행진하다	마 27:27-34; 막 15:16-23; 눅 23:26-49; 요 19:17
예수가 두 강도 사이에서 못 박히다	마 27:35-44; 막 15:24-32; 눅 23:33-43; 요 19:18-27
예수가 숨을 거두다	마 27:45-56; 막 15:33-41; 눅 23:44-49; 요 19:28-37
아리마대 요셉이 예수를 새 무덤에 장사지내다	마 27:57-61; 막 15:42-47; 눅 23:50-56; 요 19:38-42

토요일

대제사장들과 바리새인들이 빌라도의 허락을 받아 무덤에 경비병들을 세우다	마 27:62-66

일요일

어떤 여인들이 빈 무덤을 발견하고, 천사들에게 지시를 받다	마 28:1-7; 막 16:1-7; 눅 24:1-7; 요 20:1
그 여인들이, 두려워하고 또 기뻐하면서, 동산을 떠나 제자들에게 알리다	마 28:8-10; 눅 24:8-11; 요 20:2
막달라 마리아의 전갈을 받고 베드로와 요한이 달려와서 무덤이 비었음을 보다	눅 24:12; 요 20:3-10
마리아가 무덤으로 돌아와서 예수를 만나다	요 20:11-18
예수가 엠마오 도상에서 글로바와 또 한 친구에게 나타나다	눅 24:13-35
그날 저녁 예수가 예루살렘의 한 집에서 (도마를 제외한) 열한 제자들에게 나타나다	눅 24:36-43; 요 20:19-23

예수의 마지막 출현과 승천

예수가 (도마를 포함한) 열한 제자에게 나타나다	요 20:24-31
예수가 갈릴리 호수에서 몇몇 제자들에게 나타나다	요 21
대위임령	마 28:16-20(또한 눅 24:45-49; 요 20:21-23; 행 1:8을 보라)
승천	눅 24:50-53; 행 1:9-11

한 주간의 초반

왕이 자기 왕국에 오다
(일-화)

해는 AD 33년이었다.[1] 예루살렘의 시원한 봄 공기에 흥분이 감지되었다. 수천 명의 유대인 순례자들이 다가오는 유월절 절기를 위해 전 세계에서 모여들었다. 예수에 관한 말이 퍼졌다. 삼십 세 가량의 갈릴리 출신 순회설교자이자, 랍비, 선지자, 치유자인 예수가 죽은 나사로를 살렸고, 베다니 ─ 예루살렘 동쪽 약 3킬로미터 거리에 있는 마을 ─ 에서 빈들 가까운 에브라임 동네로 물러갔다가(요 11:54), 유월절을 앞둔 한 주 동안에는 베다니에 머물 것이라는 소식이었다(요 11:55-12:1,

---

[1]   대부분의 학자들은 예수가 AD 30년에 십자가에 못 박혔다고 믿는다. 우리는 증거들이 AD 33년을 가리킨다고 믿는다. 이 이슈들에 관한 논의를 소개하는 글로서, Andreas J. Köstenberger의 "예수 십자가형의 날짜"(The Date of Jesus's Crucifixion)를 보라(*ESV Study Bible*, ed, Wayne Grudem, 2008, 1809-10). 또한 W. G. Waddington의 "유대인 달력, 월식(月蝕)과 그리스도의 십자가형 날짜"(The Jewish Calendar, A Lunar Eclipse and the Date of Christ's Crucifixion)를 보라(*Tyndale Bulletin* 43.2, 1992, 331-51).

9-11).[2] 많은 사람들이 예수와 나사로를 보려고 베다니로 갔다. 그 결과 그들은 예수를 믿었고 수도로 돌아와 죽은 자를 살리는 기적의 능력에 관해 소식을 퍼뜨렸다(요 12:9-11, 17-18). 예루살렘에 모여든 유월절 군중은 점화할 준비가 되어 있는 화약통과 같았다. 그들은 메시야에 대한 열망과 로마 통치에 대한 증오심으로 가득하였다.

혁명의 바람이 1세기 동안 줄곧 팔레스타인의 공기를 휘저었다. 예수는 그의 가르침의 권세와 대중의 상상력을 사로잡는 능력으로, 득히 치유의 능력과 죽은 자를 살리는 능력으로, 오래 기다려 온 메시야인 것처럼 여겨졌다. 권력을 획득하고 유지하기 위해, 로마인들은 사람을 죽일 수 있었지만 — 이런 일을 그들은 효과적으로 수행하였다 — 죽은 자를 언제든 살릴 수 있는 지도자를 어떻게 꺾을 수 있을 것인가?

베다니에서 안식일(금요일 저녁에서 토요일 저녁까지)을 보낸 후에, 예수는 일요일 아침에 일어나 예루살렘 성으로 들어갔다. 그날은 AD 33년 3월 29일, 그의 지상 생애의 마지막 주간의 첫날이었다.

---

2   많은 유대인들이 의례적으로 스스로 정결케 하고 유월절을 준비하기 위해 일주일 앞서 예루살렘에 왔다.

일요일

주후 33년 3월 29일

예수가 예루살렘에 들어가다

(마 21:1-11; 막 11:1-10; 눅 19:29-44; 요 12:12-19)

유월절 군중과 예루살렘 주민들은 메시야적 기대로 가득했고, 예수는 기대를 저버리지 않는다. 일요일 아침, 예수와 그의 제자들은 감람산에 있고 예루살렘으로 가는 중이다. 예수는 두 제자를 인근 마을(벳바게 또는 베다니)로 보내며 나귀와 나귀 새끼를 끌고 오도록 지시한다. 예루살렘 입성 때 타기 위해서이다.

이 의도적이고 상징적인 행동으로써, 예수는 스가랴서 9:9의 예언을 성취하고, 기대에 찬 유월절 순례 군중들에게 그의 왕권을 분명히 알릴 것이다. 스가랴서의 예언은, 왕으로 선포되었을 때 솔로몬의 예루살렘 입성을 본따, 이스라엘의 장래의 왕이 나귀의 작은 것 곧 나귀 새끼를 타고 온다는 것이었다.[1]

호산나 다윗의 자손이여!

찬송하리로다 주의 이름으로 오시는 이여!

가장 높은 곳에서 호산나!

찬송하리로다 오는 우리 조상 다윗의 나라여!

(마 21:9; 막 11:10; 이사야 9:7을 보라)

무리는 공공연하게 가이사 대신 예수를 왕으로 선포하고 있다!

예수와 관련된 일련의 사건들로 온 성이 요동하고, 무리는 예루살렘 성내에서 아직 예수에 대해 듣지 못한 이들에게 소문을 퍼뜨린다(마 21:10-11). 일부 바리새인들은 무리의 위험한 메시야적 열광 때문에 예수에게 그들을 꾸짖으라고 요구한다. 하지만 예수는 그들의 요구를 거절하여, 자기의 입성을 둘러싼 무리의 흥분을 교정하거나 가라앉히려고 시도하지 않는다(마 21:15-17; 눅 19:39-40).

예수의 행동에 자극받은 정치적·종교적 휘발성을 과대평가하기란 어렵다. 바리새인들은 놀랐으며 어떻게 대응해야 할지 몰랐다(요 12:29). 예수의 사역에서 이 시점까지, 그는 길고도 행복하고도 평화로운 삶을 영위할 수 있었다. 하지만 일요일의 그의 행동들은 오로지 둘 중 하나의 결과로 이어질 일련의 사건들을 촉발하였다 — 로마의 전복과 현세적인 종교 정부의 수립이냐, 아니면 그의 잔인한 죽음이냐? 그

---

1   열왕기상 1:32-40. 마태는 두 마리의 동물 즉 나귀 새끼(예수를 태웠을 그 동물)와 나귀(아마도 그 나귀 새끼의 어미)를 언급한다. 마가와 누가는 둘 다 나귀 새끼만을 언급하고 또 아무도 그 위에 타본 적이 없었다고 해설한다(막 11:2; 눅 19:30). 아마도 그 어미는 그 나귀 새끼가 처음 사람을 태울 때 침착하도록 하기 위한 용도였을 것이다.

는 돌아올 수 없는 지점을 지났다. 돌이킬 수는 없었다. 가이사는 경쟁적인 왕을 허용할 수 없었다. 그 성 가까이에 이르자, 예수는 예루살렘을 바라보며 운다(눅 19:41-44).

예수가 자기 죽음을 예고하다 (요 12:20-36)

유월절 순례자들 가운데서 헬라인 몇 사람이 예수를 만나보기를 청한다. 요한은 그 헬라인들의 질문을 기록하지 않는다. 하지만 예수는 그 반응으로 자기 죽음을 예고하고, 그것이 바로 그가 세상에 온 목적이라고 묘사한다(요 12:27). 하늘에서 천둥소리 같은 한 음성이 들려와, 다가올 예수의 죽음을 통해 하나님이 자기 이름을 영광스럽게 한다고 확증한다(요 12:28-29). 예수는 계속해서 그가 어떠한 운명을 마주하게 될 것인지를 명확하게 밝힌다: 십자가 처형에 따른 죽음이다("땅에서 들리면", 요 12:32; 참조. 사 52:13). 하지만 그의 죽음에 의해, 예수는 사탄에게 치명적인 타격을 가한다(요 12:31; 눅 10:18; 창 3:15).

물론, 유대인 군중은 이런 식의 담화를 좋아하지 않으며, 모세 율법에 따르면 메시야는 영원히 존재한다고 반박한다(요 12:34). 예수는 직접적으로 그들의 반박에 답변하지 않고 그 대신 그들에게 "빛(즉, "세상의 빛"인 예수 자신, 요 8:12; 9:5)이 있을 동안에 다닐" 것과 빛이 떠나고 어둠이 오기 전에 빛의 자녀들이 되기 위하여 빛을 믿으라고 명한다(요 12:35-36).

예수가 성전을 방문하다 (마 21:14-17; 막 11:11)

이날의 끝 무렵 "열둘"과 함께 베다니로 돌아오기에 앞서, 예수는 성전 구역을 방문한다. 예수는 계속해서 종교적 체제를 뒤엎는다: 눈먼 자와 저는 자들을 고치고, 어린아이들의 찬미를 받아들이면서.

이 주초의 성전 방문은 다음 날 거기서 일어날 잊지 못할 사건들을 위하여 무대를 마련하는 것이다.

월요일

주후 33년 3월 30일

예수가 무화과나무를 저주하다 (마 21:18-19; 막 11:12-14)

월요일 아침 예수와 제자들이 예루살렘으로 되돌아갈 때, 시장하였던 예수는 한 무화과나무를 발견한다. 이스라엘은 구약에서 종종 무화과나무로 묘사되기도 한다(렘 8:13; 호 9:10,16; 욜 1:7). 따라서 예수의 무화과나무 저주는 겉보기에는 살아 있으나 열매 맺는 일에 실패한 민족에 대한 하나님의 심판을 상징한다.

예수가 성전을 정화하다 (마 21:12-13; 막 11:15-18; 눅 19:45-48)

관심을 끄는 전날의 사건들이 여전히 모든 사람의 기억에 생생하다. 월요일 아침, 예수가 성에 들어갈 때 모든 눈이 그를 주시한다. 최근에 환호를 받았던 다윗의 자손 메시야가 그의 왕국에 무슨 일이 생기게 할까? 예수는 곧장 성전으로 감으로써 시간을 지체하지 않고 이 질문에 답변한다.

전날 밤의 방문에서, 그는 그곳에서 무엇을 발견하게 될 것인지를 정확히 안다. 돈 바꾸는 자들, 희생 제사에 쓸 동물들을 파는 상인들이 이방인의 뜰(the Court of Gentiles) 구역에 있다. 이 부당 이득자들은 유월절 순례자들의 종교적 헌신을 이용한다. 순례자들은 성전세를 유대 화폐단위인 세겔로 내야 하고 제사에 쓸 흠 없는 동물들을 바쳐야 했다. 거룩한 열심과 의로운 분노에 사로잡혀, 예수는 돈 바꾸는 자들의 탁자들과 의자들을 뒤엎고 상인들과 고객들을 내어쫓는다. 그리고 팔 물건을 나르는 자들이 성전 안으로 지나다니지 못하게 한다. 그런 다음 그는 사람들에게 성전은 만민을 위한 기도의 집이어야지(참조. 사 56:7; 렘 7:11), 하나님께 대한 예배를 빙자하여 부자와 힘센 자들이 가난한 자들을 착취하는 도적의 소굴이 되어서는 안 된다고 가르친다.

이러한 행위들로써, 예수는 확연한 부패에 연루된 ― 그리고 아마도 그로부터 이득을 챙기는 ― 유대의 종교적 리더십에 직접적으로 도전한다. 대제사장들, 서기관들, 백성의 지도자들이 악에 받치어 예수를 죽일 방법을 모색하기 시작한다. 그는 유대의 권위에 직접 도전했다. 그뿐 아니라 로마인들 편에서도 치안의 불안정이 있을 때는 군사력을 활용할 필요가 있었다. 대조적으로, 일반 백성은 그들이 보는 것에 대해 반응이 좋다. 예수가 메시야가 행할 것이라고 기대하던 바대로 사태를 뒤흔들어 바로잡고 있다고 여긴다. 하지만 동시에, 성전을 정화함으로써 예수는 자기의 사형 선고에 한 걸음 더 나아간다. 권력을 쥔 자들은 그들의 권위에 대한 이 정도 수준의 도전을 참지 않을 것이다. 예수는 죽어야 한다.

날이 저물자, 예수와 그의 제자들은 다시 한 번 예루살렘을 떠난다 (막 11:19; 눅 21:37).

화요일

주후 33년 3월 31일

예수가 제자들에게 그 무화과나무와 관련하여 교훈하다

(마 21:20-22; 막 11:20-26)

전날 저주한 그 무화과나무 곁을 지날 때, 그것이 어찌하여 말랐는지 궁금히 여기는 베드로의 말을 듣고, 예수는 그것을 제자들에게 하나님께 대한 믿음을 교훈할 기회로 삼았다.[1] 그들이 의심하지 않고 믿는다면, 그들은 믿음의 기도로써 영적인 산들을 능히 옮길 수 있을 것이다. 기도하는 한편, 그들은 그들에게 잘못한 다른 사람들을 용서해야 한다. 그래야 그들 자신의 죄도 마찬가지로 하나님께 용서받을 것이기 때문이다.

---

[1]   마태는 단지 그 사건을 멀리서 조망하는 반면, 마가는 그 무화과나무에 대한 저주가 월요일에 있었고 예수의 교훈이 다음 날에 있었다고 진술한다.

예수가 성전 안에서 논쟁하다

(마 21:23-23:39; 막 11:27-12:44; 눅 20:1-21:4)

화요일 이른 아침, 백성이 예수의 말씀을 들으려고 성전으로 온다 (눅 21:38). 예수는 오늘도 앞서 이틀 동안의 흥분에 부합하는 어떤 일을 행할까?

대제사장들, 서기관들, 장로들은 예수가 성전에 들어올 때 즉시 그에게 다가가서, 전날에 있었던 그의 행위들에 관하여 거칠게 따진다: "무슨 권위로 이런 일을 하느냐? 누가 이런 일 할 권위를 주었느냐?"(막 11:28). 그들이 성전 및 그와 관련된 행동들을 관장하는 권위를 가진 자들이며, 예수에게는 그가 행했던 일을 할 권리가 없었다. 답변하는 과정에서 — 사실상 그들을 만족시킬 답변은 없었다 — 예수는 그의 행동으로 인해 체포될 수 있었다.

답변에서, 예수는 자기 질문에 먼저 대답하면 대답하겠노라고 형세를 역전시킨다: "요한의 세례가 하늘로부터냐 사람으로부터냐?"(막 11:30). 그 종교 지도자들이 걸려들었다. 예수의 단순한 질문에 답변할 수가 없다. 만약 그들이 "하늘로부터"라고 대답하면 이런 대답이 돌아올 것이 뻔하다. "그렇다면 왜 너희 지도자들은 요한이 증언한 예수를 믿지 않느냐?" 만약 그들이 "사람으로부터"라고 응수하면, 그들은 요한을 하나님으로부터 보냄을 받은 선지자라고 높이 평가하는 일반 백성의 분노를 사게 될 것이다.

이렇게 유대 지도자들의 콧대를 꺾은 후에, 예수는 그의 질문에 이어 일련의 비유들을 제시한다 — 어떤 면에서는 무리를 향해 들려주는 명백한 답변이다. 두 아들의 비유(마 21:28-32)는 명백히 예수의 메시지를 믿지 않는 종교 당국자들을 규탄한다. 한편 세리들과 창기들, 상상할 수 있는 가장 나쁜 종류의 사람들이, 종교 지도자들이라고 여겨지던 자들보다 먼저 믿고 하나님 나라에 들어가고 있다. 이 비유는 유대 당국자들을 격노케 했음이 틀림없지만, 예수는 그들을 겨냥한 추가적인 두 비유로써 불에 기름을 더한다.

소작인들의 비유에서(마 21:33-44; 막 12:1-11; 눅 20:9-18), 거역하고, 도둑질하고, 사람을 죽이기까지 하는 소작인들은 분명 서기관들, 대제사장들, 바리새인들을 가리킨다. 예수의 그 비유에는 모호한 것이 없다: 종교 지도자들은 그 비유가 자기들을 겨냥하여 말한 것이라고 알아챈다(마 21:45; 막 12:12; 눅 20:19). 그 비유는 우화적이며 내용에는 다음과 같이 상응하는 요소들이 있다.

비유	나타내는 것
포도원 주인	하나님
포도원	이스라엘
종들	하나님의 선지자들
아들	예수
악한 소작인들의 파멸	이스라엘의 불의한 지도자들에 대한 하나님의 심판
포도원을 다른 사람들에게 주는 것	이방인들을 향한 하나님 나라의 확장

소작인들의 비유

혼인 잔치의 비유에서(마 22:1-14), 예수는 유사한 점들을 지적한다. 현재의 종교적 지도력은 메시야의 혼인 연회에 오라는 하나님의 초대를 거절하였으므로 심판을 받을 것이고, 반면 그 초대는 모두를 향해 확대된다.

예수는 유대인 지배계층의 지도력 실패와 위선을 폭로하는 동안에 분명 백성의 지지와 승인을 얻고 있다. 당국자들은, 그들의 입장으로는, 이러한 모욕을 감수할 수 없어 계속해서 그를 체포할 방법을 찾아내려고 시도한다. 하지만 백성들 사이에서 예수의 폭넓은 인기 때문에 기회를 잡기가 어렵다(마 21:46; 22:15; 막 12:12-13; 눅 20:19-20). 설사 기회를 잡아도, 체포 시도가 민란을 일으킬 수 있다. 따라서 그 지도자들은 더 은밀한 책략에 의존한다. 그들은 예수가 스스로 함정에 빠지게 하려고, 바리새인들(율법을 지키려는 열심 때문에 알려진 유대 분파)과 헤롯 당원들(헤롯 왕조에 충성하는 자들)을 보내어, 예수가 어떤 대답을 하더라도 올무에 걸릴 수 있는 질문을 던진다: "가이사에게 세금을 바치는 것이 옳으니이까 옳지 아니하니이까?"(마 22:15-22; 막 12:13-17; 눅 20:20-26). 만일 예수가 "옳다"라고 대답하면, 그는 그가 메시야로서 로마의 통치를 뒤엎을 것이라고 여기던 백성의 기대를 산산조각낼 것이다. 만약 "옳지 않다"라고 대답하면, 그는 반역을 조장한 죄로 체포될 것이다.

(예수의 정치적·종교적 적대자들인) 헤롯 당원들과 바리새인들의 일시적 동맹은 예수가 현존하는 모든 권력 구조들에 대한 하나의 위협으로 인식되었음을 분명히 보여준다. 그의 재치 있는 대답은 양쪽 시나리오 모두를 허용함으로써 함정을 피하고, 어느 한쪽을 택하도록 적들이 강요한 진퇴양난을 모면한다. 데나리온에는 가이사의 형상이 새겨져 있다. 따라서 가이사가 권력을 쥐고 있는 한, 그에게 세금을 바치는 것이 적절하다(물론 메시야 왕국에서는 가이사의 형상이 동전에 새겨지지 않을 것이며, 따라서 거기서는 그럴 의무가 적용되지 않는다). 동시에, 예수는 듣는

자들에게 하나님의 것을 하나님께 바치라고 주장한다. 우리는 하나님의 형상으로 만들어졌으므로, 우리는 모든 것을 그분에게 빚지고 있다. 동전에 새겨진 가이사의 형상과 로마의 신들은 1세기의 유대인들의 감정에 깊은 상처를 냈다. 하지만 예수는 재치있게 그들의 함정을 피했으며, 그 바리새인들과 헤롯 당원들은 그의 대답에 놀라 어떻게 반응해야 할지 몰랐다.

예수가 바리새인들과 헤롯 당원들을 침묵시킨 후, 사두개인들(죽은 자들의 부활을 부인하던 유대인의 한 분파)이 나서서 한 까다로운 신학적 난제를 가지고 그를 시험하려 한다(마 22:23-33; 막 12:18-27; 눅 20:27-40). 그들의 질문은 부활에 대한 예수의 믿음이 우스꽝스럽게 보이도록 하려고 고안된 것이다. 하나님이 죽은 자들의 하나님이 아니라 산 자들의 하나님이라는 취지로 출애굽기 3:6, 15-16에 있는 하나님의 자기 선언을 인용함으로써, 예수는 다시 한 번 판세를 뒤집어 반대자들을 물리쳤다.[2] 그의 대답에 놀란 그들이, 그를 시험하려고 시도했던 다른 사람들처럼, 침묵에 빠진다.

이제 또 다른 질문자가, 바리새인들의 부추김을 받아, 예수를 시험하려고 앞에 나선다(마 22:34-35). 한 율법 전문가가 예수에게 하나님의 계명들 중에서 어느 것이 가장 큰 지를 묻는다(마 22:34-40; 막 12:28-34). 예수는 하나님 사랑과 이웃 사랑을 요구하는 신명기 6:4-5과 레위기 19:18을 인용함으로써 대답하며, 이어지는 대화에서 예수는 질문자를 칭찬한다(그리고 은밀하게 초청한다): "네가 하나님의 나라에서 멀지

---

2   예수가 오경의 한 구절을 인용한 것은 아마도 사두개인들이 오직 모세의 다섯 책에서만 교리를 끌어냈기 때문으로 보인다.

않도다"(막 12:34).

이쯤에서 예수는 그를 함정에 빠뜨리려고 시도했던 자들에게 반격을 가하며, 시편 110:1이 메시야를 다윗의 주(主)로 묘사하는 방식과 관련하여 그들에게 질문한다: "어떻게 그가 다윗의 자손도 되고 그의 주도 되겠느냐?"(마 22:41-46; 막 12:35-37; 눅 20:41-44). 다윗의 혈통이라는 것은 메시야가 주(主)가 되는 것에 문제를 제기하지 않는다. 하지만 이 혈통이 그를 단지 인간으로 여기도록 해석된다면, 그렇다면 문제가 있다. 다시금, 반대자들은 크게 당황했다: "한 마디도 능히 대답하는 자가 없고 그날부터 감히 그에게 묻는 자도 없더라"(마 22:46).

예수의 질문에 대답하지 못하는 유대 종교 지도층의 무능을 확인한 후, 예수는 서기관과 바리새인들을 향하여 길고도 통렬한 비판을 가하기 시작한다(마 23:1-39; 막 12:38-40; 눅 20:45-47). 그는 백성에게 그 "위선자들"과 "눈먼 안내자들"을 조심하라고 경계하며, 그들에게 일곱 가지 심판의 화(禍)를 선언한다. 현재의 종교적 당국자들을 향한 이 전면적인 말의 공격은 예수의 의도, 행동강령, 그리고 목표와 관련한 모든 의심을 제거한다. 그는 현재의 지도력과 제휴할 의사가 전혀 없으며, 그것을 그 자신의 지도력으로 대체하려는 것이다. 정점으로 치닫는 갈등에서 양측 모두 살아남을 가능성은 없다. 예수가 권력을 잡든지 죽음에 직면하든지 둘 중 하나인 것처럼 보인다.

예수가 미래를 예고하다
(마 24-25; 막 13:1-37; 눅 21:5-36)

예수가 성전을 떠나려 하던 화요일 저녁, 그의 제자들은 성전 건물의 크기와 장엄함을 두고 토론하고 있었다. 그에 대한 반응으로, 예수는 돌 위에 돌 하나도 남지 않을 날이 신속하게 다가오고 있음을 예고한다. 모든 것이 파괴될 것이다.

예수와 그의 제자들이 감람산에서 멈추어 쉴 때, 그를 따르는 자들이 다가와서 그 예언의 때가 언제냐고 조용히 묻는다: "우리에게 이르소서 어느 때에 이런 일이 있겠사오며 이 모든 일이 이루어지려 할 때에 무슨 징조가 있사오리이까?"(막 13:4; 눅 21:7). "어느 때에 이런 일이 있겠사오며 또 주의 임하심과 세상 끝에는 무슨 징조가 있사오리이까?"(마 24:3). 마가복음과 누가복음에 있는 제자들의 질문은 성전 파괴의 시점과 관련되었다. 반면에 마태복음에서는 종말과 관련된 질문이 포함되었으며, 이는 제자들이 종말의 때까지는 성전이 파괴되지 않으리라고 생각했다는 것을 분명히 드러낸다.

마태, 마가, 누가복음에 나오는 예수의 긴 대답은 두 사건을 미묘하게 구분한다(이 강화의 여러 부분에서 예수가 어느 사건을 언급하고 있는지에 대해서는 해석이 다양하다). 예수가 제자들에게 예루살렘의 파멸(이는 AD 70년에 발생할 것이다)과 관련하여 가르치고 있는지, 또는 그의 재림 및 종말(이는 예수의 최초의 제자들의 시점에서는 더 먼 미래이며 오늘날 우리들의 관점에서도 여전히 미래이다)에 관하여 가르치고 있는지 항상 명확하지는 않다. 예언의 관례에 따르자면, 가까운 사건 ― 성전의 파괴 ― 은 그리스도의 재림 때에 있을 전 세계적인 하나님의 심판의 한 예표(그림 혹은 전조)로서 구실을 한다. 예수의 담화에 담긴 주요 주제는 열 처녀 비유 및 소작 농부들의 비유에서 강화되며 또 선명해진다. 예수의 제자들은 증대되는 박해와 환난을 경험할 것이며, 박해와 환난은 마지막 심판의 날까지 이어질 것이다. 하지만 그들은 깨어 있어야 하고 믿음을 지켜야 한다.

결론

고난 주간의 초기 사건들에 대한 이런 개관을 염두에 둔다면, 예수의 마지막 날들을 좀 더 면밀하게 살펴볼 좋은 기초를 얻은 셈이다. 마지막 행동을 위한 무대가 준비되었다. 인물들이 등장하였다. 그들의 목표, 동기, 의도들은 선명하다. 왕이 자기 왕국에 와서 정치적·경제적·종교적 권력의 통치 구조들을 향해 직접적인 도전을 제기하였다. 이 드라마는 오직 두 방식 중 하나로 끝날 것이다. 예수가 현재의 통치 권력을 무너뜨리고 메시야 왕국을 세우든지, 아니면 그가 죽임을 당하든지이다. 당시에는 아무도 하나님의 신비로운 계획을 이해할 수 없었다. 제3의 선택지는 없었다.

수요일

주후 33년 4월 1일

예수를 해치려는 음모

예수가 성전 구역에서 가르치기를 계속하다.

누가복음 21:37-38

"예수께서 낮에는 성전에서 가르치시고 밤에는 나가 감람원이라 하는 산에서 쉬시니 모든 백성이 그 말씀을 들으려고 이른 아침에 성전에 나아가더라."

산헤드린이 예수를 죽이려고 음모를 꾸미다.

마태복음 26:3-5

"그 때에 대제사장들과 백성의 장로들이 가야바라 하는 대제사장의 관정에 모여 예수를 흉계로 잡아 죽이려고 의논하되 말하기를 '민란이 날까 하노니 명절에는 하지 말자' 하더라."

마가복음 14:1-2

"이틀이 지나면 유월절과 무교절이라 대제사장들과 서기관들이 예수를 흉계로 잡아 죽일 방도를 구하며 이르되 '민란이 날까 하노니 명절에는 하지 말자' 하더라."

누가복음 22:1-2

"유월절이라 하는 무교절이 다가오매 대제사장들과 서기관들이 예수를 무슨 방도로 죽일까 궁리하니 이는 그들이 백성을 두려워함이더라."

해설

예수의 매일 낮 가르침

수요일은 빠르게 지나간다. 도시를 뒤흔들어놓았던 지난 일요일(승리의 입성), 월요일(성전 정화), 그리고 화요일(성전 논쟁들)의 사건들과 비교하면 특히 그렇다. 예수는 성전 구역에서 백성들을 가르치기 위해 이른 아침 베다니에서 예루살렘으로 오는 여행을 지속한다. 기록된 논쟁들은 따로 없는 것으로 보이지만, 누가는 예수의 가르침을 들으려고 모여드는 무리에 주목한다. 백성들이 보기에는 그의 권위와 행동들과 가르침이 그를 명사로 만들었다.

하지만 모두가 우호적이진 않다. 예수에게는 강력하고 결의에 찬 원수들의 대표단이 있다.

산헤드린의 음모

마태, 마가, 누가는 "유월절과 무교절 이틀 전에"(막 14:1) 대제사장들과 서기관들과 장로들의 예수 살해 음모를 묘사한다. 마태는 이 회동이 대제사장 가야바의 "관정"(그의 사저, 마 26:3)[1]에서 이루어졌음을 알린다. 유대 지도자들로 구성된 이 엘리트 그룹은 산헤드린을 대표한다 (성경 본문이 이때 산헤드린 전체가 모였다고 진술하진 않는다). 이들이 모인 것은 백성 중에서 큰 소요가 일어나지 않도록 은밀하게 예수를 죽일 방안을 짜내기 위한 것이다. 전체적인 합의는 무교절(니산월 21일 즉 4월 9일 목요일에 끝나는 한 주간의 축제) 후까지는 기다려야 한다는 것이다. 축제가 끝나면 백성은 흩어져 자기 고향으로 돌아갈 것이다. 그 시점이면, 소요를 자극할 우려 없이 자유롭게 예수를 체포하고 죽일 수 있을 것이다. 그들은 기꺼이 때를 기다리기로 한다. 그들이 힘과 권세를 가진 위치에 있으므로, 예수를 제거할 적당한 때를 기다린다면, 결국에는 그들이 승리할 것이라고 믿기 때문이다.

그들의 마음은 정해졌고, 그들의 판결은 내려졌다.

---

1   "관정"(palace)은 군주의 저택임을 시사하기도 하지만, 이 맥락에서는 가야바의 집을 가리킨다.

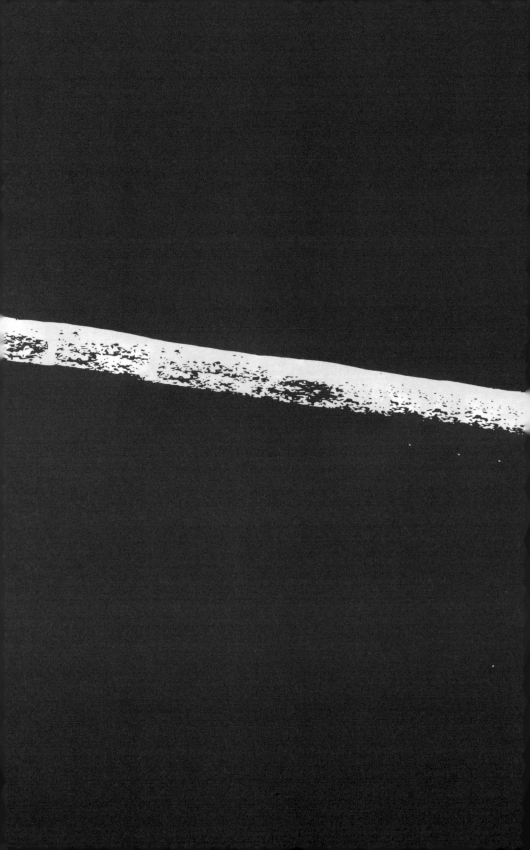

목요일
주후 33년 4월 2일

유월절을 위한 준비

예수는 베드로와 요한에게 예루살렘 성내 어느 집에 있는 커다란 다락방을 확보하여 유월절 식사를 준비하도록 지시한다.

마태복음 26:17-19

무교절의 첫날에 제자들이 예수께 나아와서 이르되,

　"유월절 음식 잡수실 것을 우리가 어디서 준비하기를 원하시나이까?"

이르시되,

　"성안 아무에게 가서 이르되 '선생님 말씀이 내 때가 가까이 왔으니 내 제자들과 함께 유월절을 네 집에서 지키겠다 하시더라' 하라" 하시니

제자들이 예수께서 시키신 대로 하여 유월절을 준비하였더라.

마가복음 14:12-16

무교절의 첫날 곧 유월절 양 잡는 날에 제자들이 예수께 여짜오되,

"우리가 어디로 가서 선생님께서 유월절 음식을 잡수시게 준비하
기를 원하시나이까" 하매

예수께서 제자 중의 둘을 보내시며 이르시되,

"성내로 들어가라 그리하면 물 한 동이를 가지고 가는 사람을 만
나리니 그를 따라가서 어디든지 그가 들어가는 그 집 주인에게 이
르되, '선생님의 말씀이 내가 내 제자들과 함께 유월절 음식을 먹
을 나의 객실이 어디 있느냐? 하시더라' 하라. 그리하면 자리를 펴
고 준비한 큰 다락방을 보이리니 거기서 우리를 위하여 준비하라"
하시니

제자들이 나가 성내로 들어가서 예수께서 하시던 말씀대로 만나 유
월절 음식을 준비하니라.

누가복음 22:7-13

유월절 양을 잡을 무교절날이 이른지라.

예수께서 베드로와 요한을 보내시며 이르시되,

"가서 우리를 위하여 유월절을 준비하여 우리로 먹게 하라"

여짜오되,

"어디서 준비하기를 원하시나이까?"

이르시되,

"보라 너희가 성내로 들어가면 물 한 동이를 가지고 가는 사람을
만나리니 그가 들어가는 집으로 따라 들어가서 그 집 주인에게 이
르되, '선생님이 네게 하는 말씀이 내가 내 제자들과 함께 유월절

을 먹을 객실이 어디 있느냐? 하시더라' 하라. 그리하면 그가 자리를 마련한 큰 다락방을 보이리니 거기서 준비하라" 하시니

그들이 나가 그 하신 말씀대로 만나 유월절을 준비하니라.

해설

유대인의 계산에 따르면, 새로운 날은 해질녘에 시작되었다. 따라서 수요일 일몰에서 목요일 일몰까지(니산월 14일)가 유월절 식사를 위한 준비의 날이었다. 구운 양고기, 쓴 나물, 무교병, 과일 소스, 포도주 넉 잔을 포함하는 유월절 음식 자체는 그 날 저녁 일몰 이후(니산월 15일, 목요일 일몰에서 금요일 일몰까지)에 배분될 수 있었다.[1] 본래의 유월절에서는, 어린 양의 피가 이스라엘 백성의 가정들에 발라졌는데, 이는 애굽인들에게 퍼부어지는 하나님의 진노로부터 그들을 보호하기 위해서였다(출 12:7, 12-13, 22-28).[2]

4월 2일	니산월 14일	목요일 (수요일 일몰에서 목요일 일몰까지)	유월절 준비의 날

---

1   요한복음 13:1; 18:28; 19:14은 유월절 식사 때가 아직 오지 않은 것으로 묘사하는데, 그것이 모순을 나타내진 않는다. 유월절과 7일간의 무교절의 축하는 서로 연결되어 준수되었다(마 26:17; 막 14:12; 눅 22:1,7을 보라). 따라서 요한복음 18:28과 19:14은 부정해지는 것을 피하여, 진행되는 축제에 계속 참여하고자 하는 유대 지도자들의 바람을 나타낸 것으로 보인다.

2   초대 그리스도인들은 예수의 죽음을 최후의 유월절 어린양의 죽음으로, 곧 그 피로써 죄 많은 인류를 향한 하나님의 진노에서 자기 백성을 보호하는 이의 죽음으로 바르게 해석하였다. 바울은 "우리의 유월절 양 곧 그리스도께서 희생되셨느니라"(고전 5:7)고 말할 때 이 요점을 분명히 드러냈다.

		금요일 (목요일 일몰에서 금요일 일몰까지)	유월절 및 무교절 축제 가 시작되다
4월 3일	니산월 15일		
4월 4일	니산월 16일	토요일 (금요일 일몰에서 토요일 일몰까지)	안식일
4월 5일	니산월 17일	일요일 (토요일 일몰에서 일요일 일몰까지)	한 주의 첫날

예수의 마지막 날들

마태만이 유월절 어린 양이 희생되는 날 아침 예수께서 제자들에게 "내 때가 가까이 왔다"고 말씀하신 것을 기록한다(마 26:18). 예수는 그가 곧 죽을 것을 알고 있지만, 그의 제자들과 초기 청중들은 여전히 예수가 예고하는 바가 무엇인지 그 실체를 파악하지 못한다. 그들은 예수의 진술을 그들 자신의 메시야적 기대의 관점에서 이해한 듯하다: 그는 최후의 대치를 피할 수 없을 것이고, 결국 유대 종교 지도자들과 로마의 통치자들에게 승리를 얻을 것이다.[3] 하지만 자기의 때가 왔다고 한 예수의 말은 온 세상의 죄를 속하기 위하여 하나님의 어린 양으로서 희생된다는 의미이다.

구약성경의 규정에 따르면(신 16:5-6), 유월절 음식은 예루살렘 성내에서 먹어야 했다. 유명인사가 된 예수의 지위 탓에, 그를 해하려는 음모와 유월절 준비는 비밀스럽게 이루어졌다. 이 준비에는 조달, 희생, 양 굽는 일이 포함되며, 준비할 공간 및 곁들여 먹을 음식도 필요하다. 예수는 제자 둘(누가복음 22:8은 그들이 베드로와 요한이라고 언급한다)을

---

3   마태복음 16:21; 17:22-23; 20:17-19; 26:2.

성내로 보내어, 어느 무명의 인사를 만나면 그가 그들에게 유월절을 먹을 객실을 안내해줄 것이라고 지시한다. 아마도 예수는 성내의 지지자들과 미리 그렇게 하기로 조용히 의논했을 것이다. 당시 문화에서는 대개 여인들이 물동이를 운반하였으므로, 남자가 물동이를 들고 가는 특이한 광경은 미리 짜놓은 신호일 것이라고 암시된다. 물동이를 들고 있는 그 사람은 제자들을 기다리고 있었고, 베드로와 요한은 정확히 예수가 일러준 대로 그 사람을 만난다.[4]

마지막 유월절: 공관복음서

저녁에 예수는 그 열둘과 함께 유월절 음식을 먹고, 다가오는 배반에 대해 말하고, 주의 만찬을 제정한다.

마태복음 26:20-29

저물 때에 예수께서 열두 제자와 함께 앉으셨더니 그들이 먹을 때에 이르시되,

> "내가 진실로 너희에게 이르노니 너희 중의 한 사람이 나를 팔리라" 하시니

그들이 몹시 근심하여 각각 여짜오되,

> "주여, 나는 아니지요?"

대답하여 이르시되,

---

4   마가복음 14:16; 누가복음 22:13.

"나와 함께 그릇에 손을 넣는 그가 나를 팔리라. 인자는 자기에 대하여 기록된 대로 가거니와 인자를 파는 그 사람에게는 화가 있으리로다. 그 사람은 차라리 태어나지 아니하였더라면 제게 좋을 뻔하였느니라."

예수를 파는 유다가 대답하여 이르되,

"랍비여, 나는 아니지요?"

대답하여 이르시되,

"네가 말하였도다" 하시니라.

그들이 먹을 때에 예수께서 떡을 가지사 축복하시고 떼어 제자들에게 주시며 이르시되,

"받아서 먹으라 이것은 내 몸이니라" 하시고

또 잔을 가지사 감사 기도 하시고 그들에게 주시며 이르시되,

"너희가 다 이것을 마시라. 이것은 죄 사함을 얻게 하려고 많은 사람을 위하여 흘리는 바 나의 피 곧 언약의 피니라. 그러나 너희에게 이르노니 내가 포도나무에서 난 것을 이제부터 내 아버지의 나라에서 새것으로 너희와 함께 마시는 날까지 마시지 아니하리라" 하시니라.

마가복음 14:17-25

저물매 그 열둘을 데리시고 가서 다 앉아 먹을 때에 예수께서 이르시되,

"진실로 너희에게 이르노니 너희 중의 한 사람 곧 나와 함께 먹는 자가 나를 팔리라" 하신대

그들이 근심하여 하나씩 하나씩

"나는 아니지요?" 하고 말하기 시작하니

그들에게 이르시되,

"열둘 중의 하나 곧 나와 함께 그릇에 손을 넣는 자니라. 인자는 자기에 대하여 기록된 대로 가거니와 인자를 파는 그 사람에게는 화가 있으리로다. 그 사람은 차라리 나지 아니하였더라면 자기에게 좋을 뻔하였느니라" 하시니라.

또 잔을 가지사 감사 기도 하시고 그들에게 주시니 다 이를 마시매 이르시되,

"이것은 많은 사람을 위하여 흘리는 나의 피 곧 언약의 피니라. 진실로 너희에게 이르노니 내가 포도나무에서 난 것을 하나님 나라에서 새것으로 마시는 날까지 다시 마시지 아니하리라" 하시니라.

누가복음 22:14-30

때가 이르매 예수께서 사도들과 함께 앉으사 이르시되,

"내가 고난을 받기 전에 너희와 함께 이 유월절 먹기를 원하고 원하였노라. 내가 너희에게 이르노니 이 유월절이 하나님의 나라에서 이루기까지 다시 먹지 아니하리라" 하시고

이제 잔을 받으사 감사 기도 하시고 이르시되,

"이것을 갖다가 너희끼리 나누라. 내가 너희에게 이르노니 내가 이제부터 하나님의 나라가 임할 때까지 포도나무에서 난 것을 다시 마시지 아니하리라" 하시고

또 떡을 가져 감사 기도 하시고 떼어 그들에게 주시며 이르시되,

"이것은 너희를 위하여 주는 내 몸이라 너희가 이를 행하여 나를 기념하라" 하시고

저녁 먹은 후에 잔도 그와 같이 하여 이르시되,

"이 잔은 내 피로 세우는 새 언약이니 곧 너희를 위하여 붓는 것이라.

그러나 보라 나를 파는 자의 손이 나와 함께 상 위에 있도다. 인자는 이미 작정된 대로 가거니와 그를 파는 그 사람에게는 화가 있으리로다" 하시니

그들이 서로 묻되 우리 중에서 이 일을 행할 자가 누구일까 하더라.

또 그들 사이에 그 중 누가 크냐 하는 다툼이 난지라.

예수께서 이르시되,

"이방인의 임금들은 그들을 주관하며 그 집권자들은 은인이라 칭함을 받으나, 너희는 그렇지 않을지니 너희 중에 큰 자는 젊은 자와 같고 다스리는 자는 섬기는 자와 같을지니라. 앉아서 먹는 자가 크냐 섬기는 자가 크냐? 앉아서 먹는 자가 아니냐? 그러나 나는 섬기는 자로 너희 중에 있노라.

너희는 나의 모든 시험 중에 항상 나와 함께한 자들인즉 내 아버지께서 나라를 내게 맡기신 것 같이 나도 너희에게 맡겨 너희로 내 나라에 있어 내 상에서 먹고 마시며 또는 보좌에 앉아 이스라엘 열두 지파를 다스리게 하려 하노라."

해설

목요일 저녁, 예수와 그의 제자들은 이 경우를 위해 준비된 방으로 곧장 가서 유월절 음식을 먹기 시작한다. 각각의 복음서 저자는 이 일

정의 다른 측면들 및 이 최후의 식사 자리에서 일어난 사건들과 발언들과 관련하여 다양한 수준의 세부 사항을 전달한다.[5] 이러한 차이들은 모순을 나타내는 것이 아니라, 마태와 마가가 시사하듯이,[6] 오히려 "그들이 먹을 때에" 일어난 일들에 대한 선택적 설명을 나타낸다. 이러한 진술 방식은 반드시 시간 순서대로의 정확성을 요구하지 않으며 오히려 그 식사 시간의 어느 시점에 그런 말들이 오갔음을 시사한다. 마찬가지로, 예수와 그의 제자들의 말과 행동을 둘러싼 세부 묘사의 차이점들도 그 상황을 묘사하는 복음서 기자들의 신학적·문학적 선택에 기인한다. 어떤 복음서 저자도 그 날 밤에 말해지고 행해진 모든 것을 기록했다고 주장하지 않는다. 요한은 그 마지막 식사 시간에 있었던 예수의 가르침 및 발 씻김과 관련하여 가장 많은 지면을 할애하여 설명하므로 별도로 논의될 것이다.

다락방

마가복음 14:15과 누가복음 22:12은 그 "다락방"이 크고, 또 예수와 그 제자들이 도착했을 때 자리가 펴진 상태였다고 언급한다. 예루살렘에 있는 대부분의 농가들은 작았고, 복층 구조로 되어 있지만 하나의 방이 있을 뿐이었다. 큰 다락방이 있었다는 것은 그 소유주가 상당한 재산가였음을 시사한다.

---

5   두드러진 사례들로는, 누가가 두 잔에 대해 언급하며(눅 22:17-18, 20), 배반자에 대한 예수의 진술이 누가복음에서는 식사 후에 있었으나 마태복음과 마가복음에서는 식사 전에 있었던 것으로 묘사되며, 또한 요한이 주의 만찬에 대한 정보를 담지 않고 그 대신 예수가 제자들의 발을 씻기는 것을 포함하는 것 등을 꼽을 수 있다.

6   마태복음 26:21, 26; 마가복음 14:18, 22.

전형적인 식사 자리에서는 패드를 덧댄 3개의 긴 의자가 뒤집어 놓은 U자 형태로 배치되어 있었을 것이다. 음식과 음료는 낮은 식탁의 중앙에 놓여 있었을 것이다. 그들은 왼쪽 팔꿈치를 받치고, 발은 바깥으로 향한 채, 왼편으로 몸을 기울일 수 있었을 것이다. 먹는 것은 오른손을 사용했을 것이다.

이런 자세를 시각화하면, 요한복음 13:23, 25을 이해할 수 있을 터인데, 거기에서 요한이 "예수의 품에 있는 식탁에 기대어", 그리고 "예수에게 등을 기대고"(저자의 번역) 있었다고 묘사한다. 이는 그가 사랑하시던 제자 요한이 예수의 우편 영예로운 자리에 앉아 있었음을 의미한다. 아마도 예수는 가운데 놓인 긴 의자의 중앙에 앉았을 것이다. 예수가 떡 조각을 유다에게 주었다는 사실은 아마도 유다가 다른 편, 곧 예수의 좌편 영예의 자리에 앉았음을 시사한다. 베드로가 요한에게 머릿짓을 하여 예수에게 질문하도록 하였으므로(요 13:24), 아마도 베드로는 요한 반대편 긴 의자의 한쪽에 앉았을 것이다.

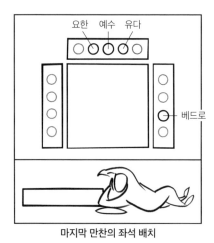

마지막 만찬의 좌석 배치

배반자

그들이 먹을 때에, 예수는 깜짝 놀랄 발언을 한다: 그 열둘 중의 하나가, 바로 그 자리에서 유월절 음식을 먹고 있는 그 사람들 가운데 하나가 그를 배반할 것이다.[7] 이는 그 제자들에게 충격적이고도 당혹스러운 소식이어서, 그들은 즉시 그 배반자가 누구일지 서로에게 묻고(눅 22:23) 또 예수에게도 묻기 시작한다.[8] 예수는 그의 배반자에 관하여 불길한 예언을 한다: "그 사람은 차라리 태어나지 아니하였더라면 제게 좋을 뻔하였느니라."[9] 이 시점에서, 유다는 자기 손에 의해 곧 그에게 닥치게 될 최후를 예견하지 못한다. 하지만 운명의 선고는 틀림없이 그의 등골을 서늘하게 했을 것이다. 제자들이 각각 예수에게 묻듯이, 유다 역시 묻는다, "나는 아니지요?" 예수는 아리송하게 대답한다, "네가 말하였도다"(마 26:25). 다른 제자들이 당시에는 이러한 암시를 알아차리지 못한 것이 분명하다. 요한은 유다가 그 직후에 만찬 자리에서 떠났다고 기록한다(요 13:27-30).

주의 만찬

그들이 먹는 사이, 예수는 주의 만찬을 제정한다. 누가는 약간의 도입의 말을 포함하여, 예수가 그의 제자들과 더불어 이 마지막 유월절 음식을 먹기를 원하였고, 하나님 나라에서 그것이 성취될 때까지 다시 유월절 음식을 먹지 않을 것을 인식했음을 표현한다(눅 22:15-18). 그

---

7   마태복음 26:21-25; 마가복음 14:18-21; 누가복음 22:21-23.

8   마태복음 26:22; 마가복음 14:19.

9   마태복음 26:24; 마가복음 14:21; 또한 누가복음 22:22을 보라.

것은 여러 면에서 "마지막 만찬"이었다: 예수가 그의 제자들과 함께 먹는 마지막 식사, 예수가 영화롭게 되기 이전의 몸으로 먹는 마지막 식사, 옛 언약의 마지막 유월절 식사. 예수가 이 식사를 간절히 고대했던 이유는, 유월절 어린양으로서 다가오는 그의 죽음이 자기 백성의 죄를 위한 메시야의 최종적 희생을 전망해왔던 오랜 유월절 축하의 성취를 가져오는 것임을 그가 알았기 때문일 것이다. 유월절 희생의 참된 의미가 곧 드러나고 실현될 것이다. 예수는 최종적 메시야의 혼인 잔치 때까지는 다시 이런 식의 축하 음식과 포도주를 먹지 않을 것이다. 메시야의 혼인 잔치 때가 이를 때 하나님의 백성은 하나님의 새 창조 안에서 영원한 부활의 생명을 경험할 것이다.[10]

계속해서 예수는 장차 그의 백성들이 주의 만찬을 축하할 때마다 반복하게 될 이 엄숙한 말을 한다: "받아서 먹으라, 이것은 내 몸이니라…너희가 다 이것을 마시라, 이것은 죄 사함을 얻게 하려고 많은 사람을 위하여 흘리는 바 나의 피 곧 언약의 피니라"(마 26:26-28). "이를 행하여 나를 기념하라"(눅 22:19). 고린도전서 11:23-26에서 주의 만찬에 대한 바울의 논의는 주의 만찬의 실행이 초대 교회 삶의 중심에 있었음을 증언한다. 바울 사도는 "너희가 이 떡을 먹으며 이 잔을 마실 때마다 그의 죽으심을 그가 오실 때까지 전하는 것이니라"(고전 11:26)고 말함으로써 성만찬 실행에 관하여 부가적인 원리를 소개한다. 이렇게 하여, 성만찬은 그리스도의 완성된 사역을 기억하여 되돌아보는 것이

---

10 그리스도의 재림 때에 있을 최종적 축하 잔치에 관하여 추가로 살펴보려면 이사야서 25:6-8; 65:13; 마태복음 8:11; 22:1-14; 25:10; 26:29; 마가복음 14:25; 누가복음 13:29-30; 22:30; 요한계시록 19:9을 보라.

고, 또한 그의 재림을 바라며 전망하는 것이기도 하다. 하나님의 백성은 이날까지 성만찬 의식을 실행해왔다.

예수 자신이 직접 떡과 잔의 의미를 설명했다.[11] 떼어진 떡은 그의 몸을 나타낸다. 그의 몸은 얼마 안 있어 구타와 채찍질과 십자가에 못 박힘으로 인해 부서질 것이다. 포도주는 그의 피를 나타낸다. 곧 그의 피는 새 언약의 시작을 위해, 그리고 많은 사람에게 죄 용서를 가져다주기 위해 쏟아질 것이다. 시내 산에서 하나님과 이스라엘 백성 사이에 맺어진 옛 언약이 희생의 피로 시작되었듯이(출 24:8), 유대인들과 이방인들을 포함하여 모든 민족들에게 죄 용서를 가져다주기 위해 세워지는 새 언약은, 로마의 십자가 형틀에서 흘려진 피로 시작되었다. 예수가 자기 몸과 관련하여 "너희를 위하여 주는"(눅 22:19) 것이라 하고, 또 자기 피와 관련하여 "많은 사람을 위하여 흘리는" 것이라고 했을 때, 그가 사용한 언어는 그의 죽음의 희생적 특징을 나타내는 것이다.[12]

그리스도의 왕국에서의 권위

누가는 주의 만찬에 관한 그의 논의를 마태복음과 마가복음에서 발견되지 않는 자료로 마무리한다(눅 22:24-30). 제자들은 상황이 파국으로 치닫는 것을 감지할 수 있었다. 동시에 그들은 그들이 옳은 편, 즉 승리를 거두고, 지위와 권력과 부의 결과로 이어지는 편에 있다고 여겼

11 　마태복음 26:26-28; 마가복음 14:22-24; 누가복음 22:19-20.
12 　레위기 17:11은 구약의 제사제도에서 피가 속죄와 연결되어 있음을 분명히 보여준다. 이 제도는 '피 흘림이 없은즉 사함이 없다'(히 9:22)는 원리의 전제로서뿐 아니라, 전체적으로도, 세상의 죄를 위한 궁극적인 대속(代贖)의 제물로서 예수를 예표한다.

다. 권력, 성취, 성공의 "인간적" 평가에 대한 그들의 집착은, 언제나 그렇듯이, '누가 가장 큰 자인가?'에 관한 논쟁과 다툼으로 이어졌다(눅 22:24).[13] 예수는 강력한 주장을 제기함으로써 신속히 그 논쟁을 끝장낸다: 그리스도의 왕국에서의 권위는 이방인 통치자들의 그것과는 정반대이며, 가장 큰 자는 곧 섬기는 자이다.[14] 예수는 그의 제자들이 정녕 언젠가 그와 더불어 다스릴 것이라고 단언한다(눅 22:28-30). 하지만 그 날은 아직 가까이에 있지 않다. 하나님의 위대한 이야기가 펼쳐짐에 따라, 그 사이 기간에, 예수와 그의 제자들 모두가 겪어야 할 많은 핍박과 고난이 있음이 점점 더 분명해진다.

마지막 만찬 및 제자들을 씻기시는 예수

만찬 중 예수는 제자들의 발을 씻기고, 그들과 교제하며, 다락방 강화(講話)를 전한다.

요한복음 13-14장

유월절 전에 예수께서 자기가 세상을 떠나 아버지께로 돌아가실 때가 이른 줄 아시고, 세상에 있는 자기 사람들을 사랑하시되 끝까지 사랑하셨다.

---

13   제자들은 이전에도 그들 중 누가 가장 큰 자인가 하는 문제와 관련하여 유사한 논쟁을 한 적이 있다(마 20:20-28; 막 9:33-34; 눅 9:46-48).

14   이 주장은, 비록 누가는 기록하지 않았지만, 예수가 제자들의 발을 씻길 때 강력하게 예시되었다(요 13:3-17).

마귀는 이미 가룟 유다의 마음에 예수를 팔려는 생각을 넣었다. 저녁 먹는 중, 예수는 아버지께서 모든 것을 자기 손에 맡기신 것과 또 자기가 하나님께로부터 오셨다가 하나님께로 돌아가실 것을 아시고, 저녁 잡수시던 자리에서 일어나셨다.

그는 겉옷을 벗고, 수건을 가져다가 허리에 두르셨다. 그리고는 대야에 물을 떠서 제자들의 발을 씻으시고 그 두르신 수건으로 닦기를 시작하셨다.

시몬 베드로에게 이르시니 베드로가 이르되,
"주여, 주께서 내 발을 씻으시나이까?"
예수께서 대답하여 이르시되,
"내가 하는 것을 네가 지금은 알지 못하나 이 후에는 알리라."
베드로가 이르되,
"내 발을 절대로 씻지 못하시리이다."
예수께서 대답하시되,
"내가 너를 씻어 주지 아니하면 네가 나와 상관이 없느니라."
시몬 베드로가 이르되,
"주여 내 발뿐 아니라 손과 머리도 씻어 주옵소서."
예수께서 이르시되,
"이미 목욕한 자는 발밖에 씻을 필요가 없느니라. 온 몸이 깨끗하니라. 너희가 깨끗하나 다는 아니니라."

이는 자기를 팔 자가 누구인지 아심이라, 그러므로 "다는 깨끗하지 아니하다" 하시니라.

그들의 발을 씻으신 후에 옷을 입으시고 다시 앉아 그들에게 이르시되,

"내가 너희에게 행한 것을 너희가 아느냐? 너희가 나를 선생이라 또는 주라 하니 너희 말이 옳도다, 내가 그러하다. 내가 주와 선생이 되어 너희 발을 씻었으니 너희도 서로 발을 씻어 주는 것이 옳으니라. 내가 너희에게 행한 것 같이 너희도 행하게 하려 하여 본을 보였노라. 내가 진실로 진실로 너희에게 이르노니 종이 주인보다 크지 못하고 보냄을 받은 자가 보낸 자보다 크지 못하나니, 너희가 이것을 알고 행하면 복이 있으리라. 내가 너희 모두를 가리켜 말하는 것이 아니니라. 나는 내가 택한 자들이 누구인지 앎이라. 그러나 '내 떡을 먹는 자가 내게 발꿈치를 들었다'[시 41:9] 한 성경을 응하게 하려는 것이니라.

지금부터 일이 일어나기 전에 미리 너희에게 일러둠은 일이 일어날 때에 내가 그인 줄 너희가 믿게 하려 함이로라. 내가 진실로 진실로 너희에게 이르노니 내가 보낸 자를 영접하는 자는 나를 영접하는 것이요 나를 영접하는 자는 나를 보내신 이를 영접하는 것이니라."

예수께서 이 말씀을 하시고 심령이 괴로워 증언하여 이르시되,

"진실로 진실로 너희에게 이르노니 너희 중 하나가 나를 팔리라."

제자들이 서로 보며 누구에게 대하여 말씀하시는지 의심하더라.

예수의 제자 중 하나 곧 그가 사랑하시는 자가 예수의 품에 의지하여 누웠는지라. 시몬 베드로가 머릿짓을 하여 말하되 말씀하신 자가 누

구인지 말하라 하니, 그가 예수의 가슴에 그대로 의지하여 말하되,

"주여, 누구니이까?"

예수께서 대답하시되,

"내가 떡 한 조각을 적셔다 주는 자가 그니라."

곧 한 조각을 적셔서 가룟 시몬의 아들 유다에게 주시니, 조각을 받은 후 곧 사탄이 그 속에 들어간지라. 이에 예수께서 유다에게 이르시되,

"네가 하는 일을 속히 하라."

이 말씀을 무슨 뜻으로 하셨는지 그 앉은 자 중에 아는 자가 없고, 어떤 이들은 유다가 돈궤를 맡았으므로 명절에 우리가 쓸 물건을 사라 하시는지 혹은 가난한 자들에게 무엇을 주라 하시는 줄로 생각하더라. 유다가 그 조각을 받고 곧 나가니 밤이러라.

그가 나간 후에 예수께서 이르시되,

"지금 인자가 영광을 받았고 하나님도 인자로 말미암아 영광을 받으셨도다. 만일 하나님이 그로 말미암아 영광을 받으셨으면 하나님도 자기로 말미암아 그에게 영광을 주시리니 곧 주시리라. 작은 자들아, 내가 아직 잠시 너희와 함께 있겠노라. 너희가 나를 찾을 것이나 일찍이 내가 유대인들에게 '너희는 내가 가는 곳에 올 수 없다'고 말한 것과 같이 지금 너희에게도 이르노라. 새 계명을 너희에게 주노니 서로 사랑하라. 내가 너희를 사랑한 것 같이 너희도 서로 사랑하라. 너희가 서로 사랑하면 이로써 모든 사람이 너희가 내 제자인 줄 알리라."

시몬 베드로가 이르되,

"주여, 어디로 가시나이까?"

예수께서 대답하시되,

"내가 가는 곳에 네가 지금은 따라올 수 없으나 후에는 따라오리라."

베드로가 이르되,

"주여 내가 지금은 어찌하여 따라갈 수 없나이까? 주를 위하여 내 목숨을 버리겠나이다."

예수께서 대답하시되,

"네가 나를 위하여 네 목숨을 버리겠느냐? 내가 진실로 진실로 네게 이르노니 닭 울기 전에 네가 세 번 나를 부인하리라.

너희는 마음에 근심하지 말라. 하나님을 믿으니 또 나를 믿으라. 내 아버지 집에 거할 곳이 많도다. 그렇지 않으면 너희에게 일렀으리라. 내가 너희를 위하여 거처를 예비하러 가노니, 가서 너희를 위하여 거처를 예비하면 내가 다시 와서 너희를 내게로 영접하여 나 있는 곳에 너희도 있게 하리라. 내가 어디로 가는지 그 길을 너희가 아느니라."

도마가 이르되,

"주여, 주께서 어디로 가시는지 우리가 알지 못하거늘 그 길을 어찌 알겠사옵나이까?"

예수께서 이르시되,

"내가 곧 길이요 진리요 생명이니 나로 말미암지 않고는 아버지께로 올 자가 없느니라. 너희가 나를 알았더라면 내 아버지도 알았으리로다. 이제부터는 너희가 그를 알았고 또 보았느니라."

빌립이 이르되,

"주여 아버지를 우리에게 보여 주옵소서, 그리하면 족하겠나이다."

예수께서 이르시되,

"빌립아, 내가 이렇게 오래 너희와 함께 있으되 네가 나를 알지 못하느냐? 나를 본 자는 아버지를 보았거늘 어찌하여 '아버지를 보이라' 하느냐? 내가 아버지 안에 거하고 아버지는 내 안에 계신 것을 네가 믿지 아니하느냐? 내가 너희에게 이르는 말은 스스로 하는 것이 아니라, 아버지께서 내 안에 계셔서 그의 일을 하시는 것이라. 내가 아버지 안에 거하고 아버지께서 내 안에 계심을 믿으라, 그렇지 못하겠거든 행하는 그 일로 말미암아 나를 믿으라. 내가 진실로 진실로 너희에게 이르노니 나를 믿는 자는 내가 하는 일을 그도 할 것이요, 또한 그보다 큰 일도 하리니 이는 내가 아버지께로 감이라. 너희가 내 이름으로 무엇을 구하든지 내가 행하리니 이는 아버지로 하여금 아들로 말미암아 영광을 받으시게 하려 함이라. 내 이름으로 무엇이든지 내게 구하면 내가 행하리라.

너희가 나를 사랑하면 나의 계명을 지키리라. 내가 아버지께 구하겠으니 그가 또 다른 보혜사를 너희에게 주사 영원토록 너희와 함께 있게 하리니, 그는 진리의 영이라. 세상은 능히 그를 받지 못하나니 이는 그를 보지도 못하고 알지도 못함이라. 그러나 너희는 그를 아나니 그는 너희와 함께 거하심이요 또 너희 속에 계시겠음이라.

내가 너희를 고아와 같이 버려두지 아니하고 너희에게로 오리라.

조금 있으면 세상은 다시 나를 보지 못할 것이로되 너희는 나를 보리니 이는 내가 살아 있고 너희도 살아 있겠음이라. 그 날에는 내가 아버지 안에, 너희가 내 안에, 내가 너희 안에 있는 것을 너희가 알리라. 나의 계명을 지키는 자라야 나를 사랑하는 자니, 나를 사랑하는 자는 내 아버지께 사랑을 받을 것이요 나도 그를 사랑하여 그에게 나를 나타내리라."

가룟인 아닌 유다가 이르되,

"주여, 어찌하여 자기를 우리에게는 나타내시고 세상에는 아니하려 하시나이까?"

예수께서 대답하여 이르시되,

"사람이 나를 사랑하면 내 말을 지키리니 내 아버지께서 그를 사랑하실 것이요, 우리가 그에게 가서 거처를 그와 함께 하리라. 나를 사랑하지 아니하는 자는 내 말을 지키지 아니하나니, 너희가 듣는 말은 내 말이 아니요 나를 보내신 아버지의 말씀이니라.

내가 아직 너희와 함께 있어서 이 말을 너희에게 하였거니와, 보혜사 곧 아버지께서 내 이름으로 보내실 성령 그가 너희에게 모든 것을 가르치고 내가 너희에게 말한 모든 것을 생각나게 하리라. 평안을 너희에게 끼치노니 곧 나의 평안을 너희에게 주노라. 내가 너희에게 주는 것은 세상이 주는 것과 같지 아니하니라. 너희는 마음에 근심하지도 말고 두려워하지도 말라. '내가 갔다가 너희에게로 온다' 하는 말을 너희가 들었나니 나를 사랑하였더라면 내가 아버지께로 감을 기뻐하였으리라, 아버지는 나보다 크심이라. 이제 일이 일어나기 전에 너희에게 말한 것은 일이 일어날 때에 너희로 믿게 하려 함이라. 이 후에는 내가 너희와 말을 많이 하지 아니하리니 이 세상의 임금이 오겠음이라. 그러나 그는 내게 관계할 것이 없으니, 오직 내가 아버지를 사랑하는 것과 아버지께서 명하신 대로 행하는 것을 세상이 알게 하려 함이로라."

"일어나라, 여기를 떠나자."

예수와 제자들은 함께 찬미하고(아마도 시편 113-118편 중에서), 그 후 감람 산으로 떠난다.

마태복음 26:30

이에 그들이 찬미하고 감람 산으로 나아가니라.

마가복음 14:26

이에 그들이 찬미하고 감람 산으로 가니라.

누가복음 22:39

예수께서 나가사 습관을 따라 감람 산에 가시매 제자들도 따라갔더[라].

해설

요한복음에서의 배경은 마태복음, 마가복음, 누가복음에서의 마지막 만찬의 배경과 병행한다. 하지만 요한은 식사 중간과 후에 제자들을 향한 예수의 가르침에 더 집중한다. 끝이 가까운 것을 알고, 예수는 마지막 시간을 열두 제자들, 곧 새로운 메시야 공동체의 대표자들을 가르치는 데 사용한다.[15] 요한은 예수가 "자기 사람들을 사랑하시되 끝까지 사랑하셨다"(요 13:1)고 기술함으로써 이 마지막 시간의 집중적인 가르침과 섬김의 본을 묘사하기 시작한다. 시간은 짧고, 모든 말과 행동이 중요하다. 예수는 앞에 놓여 있는 고통과 역경을 분명하게 이해한다. 하지만 제자들은 여전히 이제 곧 신속하게 전개될 일련의 사건들을 알지 못하고, 예수의 떠남 및 그의 육체적 임재가 없는 상태에서 자신들의 미래의 삶에 대해서도 알지 못한다. 이 마지막 강화(講話)는 많은 것을 다루고 있다. 몇 가지 주제들은 되풀이되는데, 성령과 제자들을 통한 예수의 지속적인 선교, 제자들의 삶에서의 사랑, 기쁨, 평화의 중심성이 거기에 포함된다.[16]

실제적인 씻음: 예수가 제자들의 발을 씻기다(요 13:1-17)

예수와 그의 제자들은 그들 스스로가 당혹스러운 상황 가운데 있음을 발견한다: 손님들의 발을 씻어 줄 종이 없었다(당시 종이 손님들의 발을 씻기는 것은 문화적으로 적절했고 또 예상되었을 것이다). 제자들이 그 일을 간과해버렸거나 자존심 때문에 그런 천한 임무를 수행하려 하지 않는다. 그리하여 그들은 흙투성이 발, 예루살렘의 흙먼지 길을 걷느라

---

15 요한은 예수께서 세상을 떠나 아버지께로 돌아가실 때가 이른 줄을 아셨음을 강조한다(요 13:1, 3; 16:28; 17:11). 요한복음 13:1, 3은 예수께서 영원의 관점에서 자기에게 다가오는 수난이 일시적인 것임을 아셨음을 분명히 나타낸다. ― 그분은 이 세상을 떠나 하나님께로 돌아가려는 것이었다(히 12:2 참조).

16 이런 주제들은 다음과 같이 나타난다: 선교(요 14:15-27; 15:26-16:15; 17:18); 사랑(요 13:1, 34-35; 15:9-13; 17:26); 기쁨(요 15:11; 16:22-24; 17:13); 평안(14:27; 16:33).

더러워진 발을 그대로 둔 채 마지막 저녁을 먹는 쪽으로 기울었다. 예수는 이 상황을 두 가지 귀중한 교훈을 전달하는 기회로 여긴다.

첫째, 신자들은 "깨끗하다"(즉, 회심하고 중생하였다). 하지만 그들은 여전히 영적인 씻음이 계속해서 필요하다(즉, 죄의 자백과 용서). 예수는 이 상황에 대한 베드로의 오해에 반응하여 이 점을 강조한다(요 13:6-11). 베드로와 다른 열 제자들은 "깨끗하다." 따라서 필요한 것은 단지 부분적인 "씻음"이다. 대조적으로 유다는 깨끗하지 않으므로, 그에게는 일시적이고 부분적인 "씻음"이 충분하지 않다. 신자들은 매일 "다시 구원받을" 필요가 없지만, 매일 성령에 의해 영적으로 씻어 새로워질 필요는 있다.

둘째, 제자들의 발을 씻기신 예수의 본보기는 서로 사랑할 것과 자기희생적인 섬김의 필요를 우리에게 가르친다(요 13:12-17). "내가 너희에게 행한 것 같이 너희도 행하게 하려 하여 본을 보였노라"(요 13:15).[17]

발 씻김의 일화는 자기희생, 사랑, 섬김이라는 예수의 태도를 나타냄으로써 십자가 못 박힘을 슬쩍 예시한다. 이러한 태도는 예수를 따르는 자들의 특징이어야 한다(빌 2:1-8을 보라). 십자가에 대한 일종의 선행적인 해설로서, 발 씻김은 십자가의 중요한 동기를 보여준다: 자기가 만드신 백성들을 위한 하나님의 희생적인 사랑(참조. 요 3:16).

---

17   발 씻김의 풍습은 샌들을 신고서 온 사방을 돌아다니지 않는 대부분의 현대 문화에서는 다른 방식으로 표현되어야 한다. 그것은 겸손한 섬김의 행위를 상징한다(참조. 딤전 5:10).

비유적인 씻음: 배반자가 떠나다(요 13:18-30)

발 씻기시는 이야기 초반에, 예수는 깨끗하지 못한 한 사람 즉 배반자에게 주목하였다(요 13:10-11). 하지만 이제 그는 한 가지 주제에 온통 집중한다. 그의 심령은 괴로웠다(요 13:21). 성경 성취의 관점에서 가룟 유다의 배반을 예수가 미리 안 것은 막 일어날 일들에 대한 하나님의 주권과 통제를 강조한다.[18] 비록, 그 당시에, 배반은 열한 제자들에게 통제 불능의 악몽처럼 보였겠지만, 모든 것이 전적으로 하나님의 섭리의 관심과 그분의 주권적 계획하에 일어난 일이다(참조. 행 2:23; 4:27-28).

비록 요한이, 베드로의 신호를 받아, 예수에게 그 배반자의 신원에 대해 직접 묻지만, 제자들은 예수께서 염두에 둔 사람이 그들 중 누구인지에 대해 여전히 알지 못했다. 유다는, 그의 가장 가까운 친구들조차 그의 심중에 무엇이 있는지를 알지 못할 정도로, 자기의 동기와 의도를 꽤 잘 감추어왔다. 요한은 유다의 배반에 사탄의 개입이 있었음에 주목한다(요 13:2, 27).[19] 이런 사실이 그 문제에서 유다의 죄책이나 책임을 없애주지는 않으나, 겉으로 드러나는 인간의 행동 배후에서의 영적 싸움을 강조한다. 그 싸움은 외관상 사탄의 승리로 정점에 이르렀다가 하나님의 궁극적인 승리로 이어진다(참조. 창 3:15). 유다의 영혼의 어둠은 유다가 나갔을 때가 곧 "밤이었더라"(요 13:30)고 요한이 불길하게 진술한 대목에서 미묘하게 강조된다.

---

18 요한복음 6:70-71; 13:2, 10-11, 19절에서 예수의 예지(豫知)는 명백하다. 요한복음 13:18에서 그는 시편 41:9이 성취되고 있다고 인용한다.

19 누가복음 22:3을 참조하라.

예수의 새로운 메시야적 공동체는 이제 문자적으로나(발을 씻음) 비유적으로(배반자의 제거) 모두 정결하게 되었으며, 그리하여 그의 최후의 교훈을 위한 준비가 이루어졌다.

고별 담화가 시작되다 (요 13:31-14:31)

고별 담화의 서두에서, 예수는 무엇이 그의 제자들의 특징을 규정하는지를 강조한다: 서로 사랑하는 것이다(요 13:34-35). 이 사랑은 아주 분명하고 눈에 보이는 것이기에, 그것을 목격함으로써, 외부인들은 예수의 제자들이 그를 진정으로 따르는 자들인지를 알게 될 것이다. 슬프게도, 오늘날 믿지 않는 많은 이들이 그리스도인들의 주된 특징으로서 사랑을 꼽지 않으려 할 것이다.

이 점에서부터 시작하여, 고별 담화는 제자들의 일련의 오해들과 질문들에 대한 예수의 반응으로 진행된다. 먼저, 베드로가 예수께서 어디로 가시는지, 또 왜 그가 지금은 예수를 따를 수 없는지를 묻는다(요 13:36-37). 예수는 그가 가는 곳에 그의 제자들이 정녕 따라오겠지만, 지금은 따라올 수 없다고 대답한다(요 13:36). 그리고 그가 가는 것은 그들을 위해 거처를 예비하기 위함이라고 말한다(요 14:1-4).[20] 이러한 미래의 재결합의 관점에서, 제자들은 두려움과 반신반의(半信半疑)를 물리치고 하나님을 신뢰해야 한다(요 14:1).

---

20 베드로가 예수를 위해 자기 목숨이라도 내어놓겠다고 주장하는(요 13:37-38) 것을 기회로 삼아, 예수는 베드로의 부인(否認)을 예고한다. 예수가 그의 제자들을 위해 목숨을 버리는 것이지, 그 반대가 아니다.

그때 도마가 베드로를 대신하여 질문에 나서더니, 제자들이 길을 모르는데 어떻게 예수를 따르겠느냐고 묻는다(요 14:5). 예수가 아주 유명한 말씀으로 대답한다: "내가 곧 길이요 진리요 생명이니 나로 말미암지 않고는 아버지께로 올 자가 없느니라"(요 14:6). 도마는 인간적인 여행으로 접근할 수 있는 어떤 문자적이며, 지상에 있는 목적지를 생각하고 있었다. 반면 예수는 자기와의 연합에 의해서만 도달할 수 있는 영원한 목적지에 대해 말하고 있었다.

빌립이 다음의 진술을 한다: "주여, 아버지를 우리에게 보여주옵소서 그리하면 족하겠나이다"(요 14:8). 아주 미묘하지만, 이 요청 역시, 불신앙을 드러내거나 적어도 이해의 결핍을 드러낸다. 예수는 그 대답으로 자기와 아버지의 연합을 강조한다: "나를 본 자는 아버지를 보았다"(요 14:9). 예수는 대답으로 또 다른 "보혜사" 및 "진리의 영"에 대한 약속을 포함하는데, 그는 영원히 제자들과 함께하실 것이다(요 14:16-17). 누구든지 예수를 믿는 자는 더 큰 일을 행할 것이며(요 14:12), 누구든지 예수를 사랑하는 자는 그의 계명에 대한 순종을 통해 그 사랑을 나타내야 한다(요 14:21).

(가룟인 아닌) 유다가 이 대목에서 마지막 질문을 한다: "주여, 어찌하여 자기를 우리에게는 나타내시고 세상에는 아니하려 하시나이까?"(요 14:22). 이는 합리적인 질문으로 여겨진다. 만약 당신과 내가 그 다락방에 그 제자들과 함께 있었다면, 우리 중 하나가 아마도 예수께 같은 질문을 했을 것이다. 왜 예수는 오직 그의 제자들에게만 자기를 나타내고 믿지 않는 자들에게는 자기를 나타내지 않을까? 자기를 나타내는 것은 앞서 그를 믿지 않은 자들에게 자기 자신을 입증하는 효과적인 방법이 아닐까? 예수는 그에 대한 대답으로, 우선, 그를 사랑하고

그에게 순종하는 자들은 아버지와 예수 자신과 또 성령과 함께 거하게 됨으로써 세상과 구별될 것을 강조한다(요 14:23-26). 게다가, 계시는 오직 제자들을 위한 것이지만, 그들은 온 세상으로 보냄을 받을 것이다 (요 17:18; 20:21). 그에 더하여, 요한복음 15:1-16:4이 유다의 질문에 대한 대답으로 확장된다.

마지막으로, 시간이 많이 남지 않았다는 사실을 고려하여, 예수는 그의 임박한 떠남에도 불구하고 — 그의 떠남은 제자들에게 커다란 혼동과 불안을 야기하고 있다 — 제자들이 평안을 유지하도록 격려한다(요 14:27-31). 이 고별 담화의 앞부분은 예수가 제자들에게 일어나서 출발하자고 하는 지시로써 종결되는데, 그것은 겟세마네 동산으로의 이동을 의미한다(요 14:31).[21]

이 무렵, 예수와 제자들은 찬미하고 나서 감람산을 향해 출발한다. 유대인들은 전통적으로 유월절 절기 동안에 시편 113-118편으로 찬미의 노래를 불렀으며 시편 118편은 그 절정이었다. 따라서 시편 118편은 예수와 그의 제자들이 그 다락방을 떠나 겟세마네 동산을 향해 걷기 전에 불렀던 마지막 찬미였을 개연성이 높다. 시편 118:22-23의 매우 의미심장한 말씀은 예수가 그 앞에 놓인 전율할 만한 일을 생각할

---

21   이 대화는 실제적인 지리적 이동에 대한 아무런 언급 없이 15장으로 이어진다. 그
      런 이유로 어떤 해석자들은 출발에 대한 이 언급이 문학적 봉합(literary seam)을 시
      사한다고 생각한다. 즉, 후대의 편집자가 본래 두 가지 별도의 문학적 자료들(요한
      복음 13-14장 및 15-17장)을 결합했다고 여기는 것이다. 하지만, 예수와 그의 제자
      들은 요한복음 14:31에서 다락방을 떠났고, 요한복음 15-16장의 담화는 겟세마네
      동산으로 향하는 도중에 있었다고 보는 것이 더 타당하게 여겨진다. 아마도 예수와
      그의 제자들이 포도원 곁을 지날 때, 그것이 예수의 교훈을 위한 적절한 배경을 제
      공했을 것이다. 또 다른 가능성은 예수의 "포도나무" 비유가 성전 입구에 드리워져
      있는 황금의 포도나무에서 비롯되었다는 것이다.

때 그의 귓속에 울렸을 것이다: "건축자가 버린 돌이 집 모퉁이의 머릿돌이 되었나니 이는 여호와께서 행하신 것이요 우리 눈에 기이한 바로다." 예수는 전에 포도원 비유를 해석할 때에 이 구절을 인용한 적이 있었다. 그는 포도원 소작인들이 거부하고 죽였던 바로 그 상속자였다.[22] 그와 마찬가지로, 초대 교회의 그리스도인들은 그 구절을 예수와 연관하여 해석하였다: 그는 모퉁이의 머릿돌이고, 구원의 유일한 길이며(행 4:10-12), 하나님이 세우시고 그분의 백성들로 구성되는 영적인 집의 기초이다.[23] 이 마지막 찬미의 가사는 분명 예수에게 위안을 주었을 것이며, 다가오는 거절과 고난이 곧 하나님이 모든 믿는 자들을 위하여 그를 구원의 모퉁잇돌로 삼으시는 바로 그 수단들임을 상기시켜주었을 것이다. 이런 확신으로, 그는 다가오는 짙은 밤에 더 잘 준비될 수 있었을 것이다.

고별 담화가 계속되다

예수는 계속해서 그의 제자들을 가르치고 또 하나님께 기도한다.

요한복음 15-17장

나는 참포도나무요 내 아버지는 농부라. 무릇 내게 붙어 있어 열매를 맺지 아니하는 가지는 아버지께서 그것을 제거해 버리시고 무릇 열

---

22   마태복음 21:42; 마가복음 12:10, 11; 누가복음 20:17.

23   에베소서 2:19-20; 베드로전서 2:4-7; 이사야서 28:16을 보라.

매를 맺는 가지는 더 열매를 맺게 하려 하여 그것을 깨끗하게 하시느니라. 너희는 내가 일러준 말로 이미 깨끗하여졌으니, 내 안에 거하라. 나도 너희 안에 거하리라. 가지가 포도나무에 붙어 있지 아니하면 스스로 열매를 맺을 수 없음 같이 너희도 내 안에 있지 아니하면 그러하리라. 나는 포도나무요 너희는 가지라. 그가 내 안에, 내가 그 안에 거하면 사람이 열매를 많이 맺나니 나를 떠나서는 너희가 아무 것도 할 수 없음이라. 사람이 내 안에 거하지 아니하면 가지처럼 밖에 버려져 마르나니 사람들이 그것을 모아다가 불에 던져 사르느니라. 너희가 내 안에 거하고 내 말이 너희 안에 거하면 무엇이든지 원하는 대로 구하라. 그리하면 이루리라. 너희가 열매를 많이 맺으면 내 아버지께서 영광을 받으실 것이요 너희는 내 제자가 되리라. 아버지께서 나를 사랑하신 것 같이 나도 너희를 사랑하였으니 나의 사랑 안에 거하라. 내가 아버지의 계명을 지켜 그의 사랑 안에 거하는 것 같이 너희도 내 계명을 지키면 내 사랑 안에 거하리라. 내가 이것을 너희에게 이름은 내 기쁨이 너희 안에 있어 너희 기쁨을 충만하게 하려 함이라.

내 계명은 곧 내가 너희를 사랑한 것 같이 너희도 서로 사랑하라 하는 이것이니라. 사람이 친구를 위하여 자기 목숨을 버리면 이보다 더 큰 사랑이 없나니, 너희는 내가 명하는 대로 행하면 곧 나의 친구라. 이제부터는 너희를 종이라 하지 아니하리니 종은 주인이 하는 것을 알지 못함이라. 너희를 친구라 하였노니 내가 내 아버지께 들은 것을 다 너희에게 알게 하였음이라. 너희가 나를 택한 것이 아니요 내가 너희를 택하여 세웠나니 이는 너희로 가서 열매를 맺게 하고 또 너희 열매가 항상 있게 하여 내 이름으로 아버지께 무엇을 구하든지 다 받게 하려 함이라. 내가 이것을 너희에게 명함은 너희로 서로 사랑하게 하려 함이라.

세상이 너희를 미워하면 너희보다 먼저 나를 미워한 줄을 알라. 너희가 세상에 속하였으면 세상이 자기의 것을 사랑할 것이나 너희는 세상에 속한 자가 아니요 도리어 내가 너희를 세상에서 택하였기 때문에 세상이 너희를 미워하느니라. 내가 너희에게 '종이 주인보다 더 크지 못하다' 한 말을 기억하라. 사람들이 나를 박해하였은즉 너희도 박해할 것이요 내 말을 지켰은즉 너희 말도 지킬 것이라. 그러나 사람들이 내 이름으로 말미암아 이 모든 일을 너희에게 하리니 이는 나를 보내신 이를 알지 못함이라. 내가 와서 그들에게 말하지 아니하였더라면 죄가 없었으려니와 지금은 그 죄를 핑계할 수 없느니라. 나를 미워하는 자는 또 내 아버지를 미워하느니라. 내가 아무도 못한 일을 그들 중에서 하지 아니하였더라면 그들에게 죄가 없었으려니와 지금은 그들이 나와 내 아버지를 보았고 또 미워하였도다. 그러나 이는 그들의 율법에 기록된 바 '그들이 이유 없이 나를 미워하였다'[시 69:4] 한 말을 응하게 하려 함이라.

내가 아버지께로부터 너희에게 보낼 보혜사 곧 아버지께로부터 나오시는 진리의 성령이 오실 때에 그가 나를 증언하실 것이요, 너희도 처음부터 나와 함께 있었으므로 증언하느니라.

내가 이것을 너희에게 이름은 너희로 실족하지 않게 하려 함이니, 사람들이 너희를 출교할 뿐 아니라 때가 이르면 무릇 너희를 죽이는 자가 생각하기를 이것이 하나님을 섬기는 일이라 하리라. 그들이 이런 일을 할 것은 아버지와 나를 알지 못함이라. 오직 너희에게 이 말을 한 것은 너희로 그 때를 당하면 내가 너희에게 말한 이것을 기억나게 하려 함이요 처음부터 이 말을 하지 아니한 것은 내가 너희와 함께 있었음이라. 지금 내가 나를 보내신 이에게로 가는데 너희 중에서 나더러 어디로 가는지 묻는 자가 없고, 도리어 내가 이 말을 하므로 너희 마음에 근심이 가득하였도다. 그러나 내가 너희에게 실상을 말하노니 내가 떠나가는 것이 너희에게 유익이라. 내가 떠나가지 아니하면 보혜사가 너희에게로 오시지 아니할 것이요 가면 내가 그를 너희에게로 보내리니, 그가 와서 죄에 대하여, 의에 대하여, 심판에 대하여 세상을 책망하시리라. 죄에 대하여라 함은 그들이 나를 믿지 아니함이요, 의에 대하여라 함은 내가 아버지께로 가니 너희가 다시 나를 보지 못함이요, 심판에 대하여라 함은 이 세상 임금이 심판을 받았음이라.

내가 아직도 너희에게 이를 것이 많으나 지금은 너희가 감당하지 못하리라. 그러나 진리의 성령이 오시면 그가 너희를 모든 진리 가운데로 인도하시리니 그가 스스로 말하지 않고 오직 들은 것을 말하며 장래 일을 너희에게 알리시리라. 그가 내 영광을 나타내리니 내 것을 가지고 너희에게 알리시겠음이라. 무릇 아버지께 있는 것은 다 내 것이라 그러므로 내가 말하기를 '그가 내 것을 가지고 너희에게 알리시리라' 하였노라.

"조금 있으면 너희가 나를 보지 못하겠고 또 조금 있으면 나를 보리라" 하시니,

제자 중에서 서로 말하되,

　"우리에게 말씀하신 바 '조금 있으면 나를 보지 못하겠고 또 조금
　있으면 나를 보리라' 하시며 또 '내가 아버지께로 감이라' 하신 것
　이 무슨 말씀이냐?" 하고

또 말하되,

　"'조금 있으면'이라 하신 말씀이 무슨 말씀이냐? 무엇을 말씀하시
　는지 알지 못하노라" 하거늘

예수께서 그 묻고자 함을 아시고 이르시되,

　"내 말이 '조금 있으면 나를 보지 못하겠고 또 조금 있으면 나를
　보리라' 하므로 서로 문의하느냐?"

　"내가 진실로 진실로 너희에게 이르노니 너희는 곡하고 애통하겠
　으나 세상은 기뻐하리라. 너희는 근심하겠으나 너희 근심이 도리
　어 기쁨이 되리라. 여자가 해산하게 되면 그 때가 이르렀으므로
　근심하나 아기를 낳으면 세상에 사람 난 기쁨으로 말미암아 그 고
　통을 다시 기억하지 아니하느니라. 지금은 너희가 근심하나 내가
　다시 너희를 보리니 너희 마음이 기쁠 것이요 너희 기쁨을 빼앗을
　자가 없으리라. 그 날에는 너희가 아무 것도 내게 묻지 아니하리
　라 내가 진실로 진실로 너희에게 이르노니 너희가 무엇이든지 아
　버지께 구하는 것을 내 이름으로 주시리라. 지금까지는 너희가 내
　이름으로 아무 것도 구하지 아니하였으나 구하라, 그리하면 받으
　리니 너희 기쁨이 충만하리라.
　이것을 비유로 너희에게 일렀거니와 때가 이르면 다시는 비유로
　너희에게 이르지 않고 아버지에 대한 것을 밝히 이르리라. 그 날

에 너희가 내 이름으로 구할 것이요 내가 너희를 위하여 아버지께 구하겠다 하는 말이 아니니, 이는 너희가 나를 사랑하고 또 내가 하나님께로부터 온 줄 믿었으므로 아버지께서 친히 너희를 사랑하심이라. 내가 아버지에게서 나와 세상에 왔고 다시 세상을 떠나 아버지께로 가노라" 하시니

제자들이 말하되,

"지금은 밝히 말씀하시고 아무 비유로도 하지 아니하시니, 우리가 지금에야 주께서 모든 것을 아시고 또 사람의 물음을 기다리시지 않는 줄 아나이다 이로써 하나님께로부터 나오심을 우리가 믿사옵나이다."

예수께서 대답하시되,

"이제는 너희가 믿느냐? 보라 너희가 다 각각 제 곳으로 흩어지고 나를 혼자 둘 때가 오나니 벌써 왔도다. 그러나 내가 혼자 있는 것이 아니라 아버지께서 나와 함께 계시느니라. 이것을 너희에게 이르는 것은 너희로 내 안에서 평안을 누리게 하려 함이라. 세상에서는 너희가 환난을 당하나 담대하라 내가 세상을 이기었노라."

예수께서 이 말씀을 하시고 눈을 들어 하늘을 우러러 이르시되,

"아버지여 때가 이르렀사오니 아들을 영화롭게 하사 아들로 아버지를 영화롭게 하게 하옵소서. 아버지께서 아들에게 주신 모든 사람에게 영생을 주게 하시려고 만민을 다스리는 권세를 아들에게 주셨음이로소이다. 영생은 곧 유일하신 참 하나님과 그가 보내신 자 예수 그리스도를 아는 것이니이다. 아버지께서 내게 하라고 주

신 일을 내가 이루어 아버지를 이 세상에서 영화롭게 하였사오니, 아버지여 창세 전에 내가 아버지와 함께 가졌던 영화로써 지금도 아버지와 함께 나를 영화롭게 하옵소서.

세상 중에서 내게 주신 사람들에게 내가 아버지의 이름을 나타내었나이다. 그들은 아버지의 것이었는데 내게 주셨으며 그들은 아버지의 말씀을 지키었나이다. 지금 그들은 아버지께서 내게 주신 것이 다 아버지로부터 온 것인 줄 알았나이다. 나는 아버지께서 내게 주신 말씀들을 그들에게 주었사오며 그들은 이것을 받고 내가 아버지께로부터 나온 줄을 참으로 아오며 아버지께서 나를 보내신 줄도 믿었사옵나이다. 내가 그들을 위하여 비옵나니 내가 비옵는 것은 세상을 위함이 아니요 내게 주신 자들을 위함이니이다 그들은 아버지의 것이로소이다. 내 것은 다 아버지의 것이요 아버지의 것은 내 것이온데 내가 그들로 말미암아 영광을 받았나이다. 나는 세상에 더 있지 아니하오나 그들은 세상에 있사옵고 나는 아버지께로 가옵나니, 거룩하신 아버지여, 내게 주신 아버지의 이름으로 그들을 보전하사 우리와 같이 그들도 하나가 되게 하옵소서. 내가 그들과 함께 있을 때에 내게 주신 아버지의 이름으로 그들을 보전하고 지키었나이다. 그 중의 하나도 멸망하지 않고 다만 멸망의 자식뿐이오니 이는 성경을 응하게 함이니이다. 지금 내가 아버지께로 가오니 내가 세상에서 이 말을 하옵는 것은 그들로 내 기쁨을 그들 안에 충만히 가지게 하려 함이니이다. 내가 아버지의 말씀을 그들에게 주었사오매 세상이 그들을 미워하였사오니 이는 내가 세상에 속하지 아니함 같이 그들도 세상에 속하지 아니함으로 인함이니이다. 내가 비옵는 것은 그들을 세상에서 데려가

시기를 위함이 아니요 다만 악에 빠지지 않게 보전하시기를 위함이니이다. 내가 세상에 속하지 아니함 같이 그들도 세상에 속하지 아니하였사옵나이다. 그들을 진리로 거룩하게 하옵소서. 아버지의 말씀은 진리니이다. 아버지께서 나를 세상에 보내신 것 같이 나도 그들을 세상에 보내었고, 또 그들을 위하여 내가 나를 거룩하게 하오니 이는 그들도 진리로 거룩함을 얻게 하려 함이니이다.

내가 비옵는 것은 이 사람들만 위함이 아니요 또 그들의 말로 말미암아 나를 믿는 사람들도 위함이니, 아버지여, 아버지께서 내 안에, 내가 아버지 안에 있는 것 같이 그들도 다 하나가 되어 우리 안에 있게 하사 세상으로 아버지께서 나를 보내신 것을 믿게 하옵소서. 내게 주신 영광을 내가 그들에게 주었사오니 이는 우리가 하나가 된 것 같이 그들도 하나가 되게 하려 함이니이다. 곧 내가 그들 안에 있고 아버지께서 내 안에 계시어 그들로 온전함을 이루어 하나가 되게 하려 함은 아버지께서 나를 보내신 것과 또 나를 사랑하심 같이 그들도 사랑하신 것을 세상으로 알게 하려 함이로소이다. 아버지여 내게 주신 자도 나 있는 곳에 나와 함께 있어 아버지께서 창세 전부터 나를 사랑하시므로 내게 주신 나의 영광을 그들로 보게 하시기를 원하옵나이다. 의로우신 아버지여 세상이 아버지를 알지 못하여도 나는 아버지를 알았사옵고 그들도 아버지께서 나를 보내신 줄 알았사옵나이다. 내가 아버지의 이름을 그들에게 알게 하였고 또 알게 하리니 이는 나를 사랑하신 사랑이 그들 안에 있고 나도 그들 안에 있게 하려 함이니이다.”

해설

포도나무와 가지들(요 15:1-17)

예수는 유다[24]의 질문에 대하여 포도나무와 가지의 예증을 들어 답변을 이어간다.[25] 구약성경은 종종 포도원이나 포도나무의 이미지를 사용하여 이스라엘을 나타내는데, 특히 열매를 맺는 데 실패하여 심판의 결과를 초래한 것과 관련하여 그러하다. 여기서 예수는 그 자신을 참 포도나무, 참 이스라엘로 나타낸다. 이는 그가 이스라엘의 목적을 성취하여, 그의 제자들 — "가지들" — 로 하여금 그 안에 머묾으로써 열매를 맺게 한다는 것이다. 그와의 연합에 의하여, 예수의 제자들은 열매를 맺는 새 이스라엘의 일부가 된다.[26]

그 예증에서, 포도원 농부이신 하나님은, 가지들(예수의 제자들)의 열매 생산을 극대화하기 위해 두 가지를 하신다. 첫째, 그분은 열매를 더 맺게 하려 하여 가지치기를 하신다(요 15:2). 이 가지치기란 성장과 효율(열매 맺기)을 저해하는 무언가 — 관심, 행동, 습관들 — 를 잘라 내는 것과 관련된다. 역사적으로, 이는 최초의 제자들에게서 발견되었다. 그들은 영적으로 성숙하게 자랐으며, 하나님을 위한 사명에서 더욱 효율적인 사람들이 되었다. 둘째, 포도원 농부는 열매 맺지 않는 가지들을 제거하여 불태운다(요 15:2, 6). 가룟 유다의 경우가 그러했다. 그는

---

24 이 인물은 유다 이름을 가진 다른 제자였음을 기억하라. 배반자 유다는 악한 계획을 수행하기 위하여 이미 떠났다.

25 유다는 이렇게 질문하였다: "주여, 어찌하여 자기를 우리에게는 나타내시고 세상에는 아니하려 하시나이까?"

26 참 이스라엘로서의 예수, 그리고 참 이스라엘로서의 교회라는 개념이 민족적 이스라엘에게 미래의 희망/계획이 없음—신학자들이 "초(超)분리주의"(supersecessionism)라고 부르는 것—을 반드시 의미하진 않는다.

예수의 제자들 가운데서 제거되어 하나님의 심판의 대상이 되었다.

오늘과 예수의 재림 때까지의 모든 날에, 예수의 참된 제자들은 그 분 안에 거하며, 또한 그들의 스승이자 주님이신 분과 매일 인격적인 관계를 유지함으로써 많은 열매를 맺는다. 이 관계는 예수의 말씀을 가까이하는 것(요 15:7)과 그의 계명을 지키는 것, 특히 서로 사랑하라는 계명을 지키는 것(요 15:10-14; 참조. 13:34-35)으로 특징화되고 또 형성된다. 그리스도 안에 머무는 자들은 기도에 확신을 가지며, 하나님께서 그들의 요청을 들으시고 응답하실 것임을 안다. 그들은 그리스도께서 바라시는 것을 바라며, 그의 뜻을 따라 기도하기 때문이다(요 15:7).

끝으로, 포도나무와 가지 예화의 주된 요점 중의 하나는, 믿는 자들의 예수에 대한 완벽한 의존이다: 예수와의 매일의 관계를 유지하지 않으면, 그의 제자들은 영원의 가치가 있는 것을 아무 것도 할 수 없다(요 15:4-5). 누구도 그 자신의 힘으로 아무런 선한 일도 행할 수 없다는 것이 아니라, 참되고 지속적인 의미가 있는 그 어떤 것이든 우리를 통해 하나님에 의해 행해진다는 것이다. 믿는 자들은 자라기 위해 그리스도 안에 머물러야 할 매일의 필요가 있다. 제자들이 포도나무에 연결됨으로써 세상과 구별되었음을 설명하였으니, 예수는 이제 유다의 질문에 대해 일부 답변을 마친 셈이다(요 14:22). 예수는 성령을 통해 제자들에게 자기를 나타낼 터인데, 이는 그들이 그분 안에 거하기 때문이다.

예수의 제자들에 대한 세상의 미움(요 15:18-16:4a)

이제 예수는 유다의 질문 뒷부분(요 14:22), 즉 왜 자기를 세상에는 나타내려 하지 않는지에 대해 답변을 이어간다. 예수와 독특한 사랑의 관계를 유지하는 제자들과 달리, 세상은 아버지(성부)를 미워하듯이 예수와 그의 제자들을 미워한다. 예수는 제자들에게 세상이 먼저 그를 미워하였듯이, 틀림없이 예수를 따른다는 이유로 그들도 미워할 것이라고 확언한다. 영적으로 말하자면, 제자들은 더 이상 세상의 일부가 아니기 때문이다(요 15:18-19).

세상의 미움과 박해는 그 죄를 가중할 뿐이다. 예수의 신적인 활동에도 불구하고 세상의 미움은 증대될 뿐이었다(요 15:21-25). 죄를 범한 사람들에게 장차 심판이 임하는 것은 그들이 회개할 기회를 얻지 못했기 때문이 아니라 — 정반대로, 그들은 예수의 표적들을 보고 그의 가르침을 들었다 — 그들이 회개할 충분한 기회를 얻었음에도 믿기를 거부했기 때문이다(참조. 요 12:37-40).

세상의 미움은 구체적인 박해의 행동으로 표현될 것이다(요 15:20). 예수의 말씀에 따르면, 장래에 그의 제자들은 믿음 때문에 회당에서 쫓겨나고 심지어 죽임까지 당할 것이다(요 16:2). 예수가 미리 경고하는 부분적인 목적은 그의 제자들이 박해의 와중에 넘어지지 않도록 준비되도록 하는 것이었다(요 16:1). 일단 세상이 그를 죽였으니, 앞으로 세상은 그의 제자들을 표적으로 삼을 것이다. 예수는 제자들에게 증오에 찬 세상 가운데서도 성령은 계속하여 증언할 것임을 알리며, 그들도 신실한 증인들이 되도록 격려한다. 그리하여 예수의 지상 사역은 그가 더 이상 육체로 그들과 함께 있지 않은 동안에도 계속될 것이다(요 15:26-27).

예수의 떠남이 주는 유익(요 16:4b-15)

예수의 떠남이 임박한 것을 제자들이 서서히 인식하기 시작하면서

(비록 여전히 세부적으로 완벽하게 이해하지는 못했지만), 예수는 그들의 슬픔과 두려움과 불안을 덜어주기 위해 적극적으로 말씀하신다. 직관과는 반대로, 예수는 자신이 떠나는 것이 사실상 더 낫다고 주장한다. 자신이 떠나야만 성령을 보낼 수 있기 때문이다. 성령은 죄에 대하여, 의의 결핍에 대하여, 다가올 심판에 대하여 세상을 책망할 것이며, 또한 제자들을 모든 진리 가운데로 인도하실 것이다. 미래에, 성령은 예수와 그의 제자들 사이를 잇는 다리처럼 역할을 할 것이며, 예수에게 속한 것을 가지고 제자들에게 알릴 것이다(요 16:13-15). 지상으로부터 예수의 육체적인 떠남은 성령의 새 시대, 구원 역사의 다음 무대를 출범시킬 것이다.

"조금 있으면"(요 16:16-33)

이어서 예수는 제자들을 어리둥절하게 하고 또 토론을 불러일으키는 진술을 한다: "조금 있으면 너희가 나를 보지 못하겠고 또 조금 있으면 나를 보리라"(요 16:16). "조금 있으면"이라고 말씀하신 것이 무슨 의미일까(요 16:17-19)? 예수는 사람의 출산에 비유하여 제자들의 혼동을 해소한다. 해산 때의 큰 고통과 슬픔 뒤에는 큰 기쁨이 따른다(요 16:21-22). 고통과 기다림은 그 결과로 따르는 복된 즐거움과 비하면 대수롭지 않다고 할 수 있다(참조. 고후: 4:17).

이 담화는 목요일 밤에 있었고 예수는 금요일 오후에 십자가에 못 박힐 것이기 때문에, 첫 번째 "조금 있으면"은 24시간 이내에 해당한다. 십자가형은 고통과 근심의 기간으로 이어질 것인데 — 두 번째 "조금 있으면" — 그 기간은 예수의 부활과 나타나심 때까지 지속할 것이다. 예수가 부활하여 나타나실 때 제자들의 슬픔과 고통은 빼앗길 수 없는 엄청난 기쁨으로 대체될 것이다(요 16:22). 부활 이후에, 예수의 제자들은 확신 있게 예수의 이름으로 아버지께 기도해야 한다. 하나님께서 그들의 기도를 들으시고 응답하실 것을 알기 때문이다(요 16:23-24).

예수는 더 나아가 장래에는 — 부활의 출현 이후 — 더 이상 비유로 말하지 않을 것이라고 진술한다(요 16:25). 제자들은 이것이 큰 뉴스라고 인식했고, 그들이 실제 아는 것보다 더 많은 것을 이해했다고 추측했다(요 16:29-31). 다가올 사건들의 중요성을 알아채고 이해하는 면에서, 그들은 여전히 부족했으며, 예수가 죽은 자 가운데서 부활할 때까지, 그들은 그분 말씀의 의미를 진정으로 이해하지 못할 것이다.

예수는 작별 대화를 마무리하고 이따금 그의 "대제사장적인 기도"(High Priestly Prayer)라고 불리는 대목으로 전환한다(요 17장). 그의 제자들이 그의 신적 기원을 믿는 것을 인정하지만, 그들 모두는 곧 그를 버리고 흩어질 것이다(요 16:32).

이 불길한 예언에도 불구하고, 예수는 위로의 말씀으로 결론을 맺는다: "이것을 너희에게 이르는 것은 너희로 내 안에서 평안을 누리게 하려 함이라 세상에서는 너희가 환난을 당하나 담대하라 내가 세상을 이기었노라"(요 16:33).

예수께서 자기를 위해 기도하시다(요 17:1-5)

요한은 신약성경 전체를 통틀어서 가장 긴 예수의 기도를 기록함으로서, 고별 담화에 대한 설명을 종결한다. 여기서 예수의 기도는, 임박한 그의 체포, 시련, 십자가형을 앞둔 기도로서, 일찍이 중요한 결정과 사건들을 앞두고 기도하시던 그의 오랜 기간의 습관과 잘 어우러진다.[27] 예수의 기도는 세 부분으로 적절하게 구분된다: 자기 자신을 위한 기도, 제자들을 위한 기도, 미래의 신자들을 위한 기도.

아버지께서 아들에게 주심	요 17장
영생을 주는 권세	2절
세상에서 그에게 속할 사람들	2,6,9,24절
이루어야 할 일	4절
말씀	8절
아버지의 이름	11,12절
영광	22,24절

아들이 믿는 자들에게 줌	요 17장
영생	2절
아버지의 말씀	8,14절
아버지의 이름을 나타냄	6,26절
영광	22절

아들이 아버지에게 구함	요 17장
그를 영화롭게 하심	1,5절
아버지의 이름으로 믿는 자들을 보전하심	11절
믿는 자들을 악한 자로부터 지키심	15절

---

27 예를 들어, 열두 제자들을 지명하기 전의 기도와(눅 6:12), 마태, 마가, 누가에 의해 기록된 겟세마네 동산에서의 기도를 보라.

믿는 자들을 진리로 거룩하게 하심	17절
믿는 자들을 하나되게 하심	21절

예수의 제자들과 세상	요 17장
그들이 세상 속으로 보내어짐	18절
그들은 세상 속에 있음	11절
그들은 세상에 속하지 않음	16절
세상이 그들을 미워하였음	14절
그들이 하나님 안에서 하나가 되는 것은 세상으로 하여 금 아버지께서 아들을 보내신 것을 믿게 하려 함임	21절

대제사장적인 기도

자기 자신을 위한 예수의 기도는 영광에 집중한다. 그는 하나님이 아들을 영화롭게 하시어 아들이 아버지를 영화롭게 하기를 위해 기도 한다(1절). 예수는 지상에서 그의 사명을 이룸으로써 하나님을 영화롭 게 하였고, 이제는 창세 전에 그가 아버지와 함께 가졌던 그 영광을 간 절히 바란다(4-5절). 이러한 기도의 첫 구절들에서, 예수는 믿는 자들이 따라야 할 본보기로서 부각된다. 그의 생애는 하나님이 그에게 하라고 주신 일을 이룸으로써 하나님의 영광을 추구하기 위해 온전히 헌신되 어 왔다. 하나님의 영광을 위하는 이러한 일편단심의 헌신과 열정은 모 든 참된 제자의 특성이 되어야 한다. 끝으로, 요한복음 17:3에 나타난 영생에 대한 예수의 정의는 아주 의미심장하다. 영생은 어떤 미래의 시 간을 위하여 전적으로 보류된 것이 아니라, 사람들이 예수를 통해 하나 님을 알고 믿게 됨으로써 실질적으로 현재에 시작되었다.

제자들을 위한 예수의 기도(요 17:6-19)

제자들을 위한 예수의 기도 대부분은 세 가지 중심적인 요청과 관련된 것이다.[28] 첫째, 예수는 하나님께서 "아버지의 이름으로 … 우리와 같이 그들도 하나가 되게 하옵소서"(11절)라고 요청한다. 예수의 가장 큰 기도는 하나님이 제자들을 넘어지지 않도록 지켜주시고 연합 — 아들이 아버지와 공유하는 바로 그 연합을 반영하는 연합이다 — 안에서 그들을 보전하시기를 바라는 기도다. 연합을 얻기 위해 결코 진리를 희생시켜서는 안 된다. 하지만 연합은 하나님의 백성 가운데서 본질적이며, 특히 세상에서 그리스도의 사명을 성취하는 일에서 한 뜻과 목적과 상호간의 사랑을 공유하는 차원에서 그러하다.

둘째, 예수는 하나님이 세상에서 그의 제자들을 데려가시도록 구하는 것이 아니라, "악에 빠지지 않게 보전하시기를" 구한다(15절). 만약 예수가 세상에서 자기 제자들을 데려간다면, 인간 역사의 남은 시간 속에서 세상을 향해 그의 사명을 수행하는 이는 아무도 없을 것이다! 그의 첫 번째 요청과 마찬가지로, 예수는 여기서 하나님이 그의 제자들을 보전하여 악한 자와 일반적인 악으로부터 지켜주시기를 구한다.

마지막으로, 예수는 하나님께 "그들을 진리로 거룩하게 하옵소서, 아버지의 말씀은 진리니이다"라고 기도한다(17절). 성화(聖化)는 일생의 과정이다. 신자들은 생각과 말과 행동에 있어서 거룩하고 순결하도록 점진적으로 자란다. 예수의 기도로부터, 우리는 하나님이 우리를 거룩하게 하시는 일에 주도적으로 관여하실 것이며, 또한 하나님의 말씀이 그 과정에서 중요한 역할을 할 것이라는 확신을 끌어낼 수 있다. 신자

---

28   세 가지 요청은 요한복음 17:11, 15, 17에 나타난다.

들의 성화는 우리로 하여금 적대적인 세상을 향하여 효과적인 증언을 가능하게 하며, 그리하여 예수의 사명은 그의 재림 때까지 계속되는 것이다.

미래의 신자들을 위한 예수의 기도(요 17:20-26)

예수는 그의 임무가 제자들에 의해 효과적으로 지속될 것임을 예상하며, 따라서 그들의 증언에 근거하여 장차 믿게 될 사람들을 위하여 기도한다. 예수의 우선적인 요청은 미래의 신자들의 하나 됨을 위한 것인데, 그 연합은 아들과 아버지의 하나 됨을 본딴 것이다. 예수는 제자들 사이의 연합이 그의 사명의 성취에서 핵심적인 요소 중의 하나이며, 또한 그것이 세상을 적대와 미움에서 믿음으로 이끌 것이라고 밝힌다(21-23절).[29] 이 기도의 종결에 이어, 요한은 예수와 그의 제자들이 겟세마네 동산에 도착하였음을 알린다(요 18:1).

베드로의 부인(否認) 예고

예수가 베드로의 부인을 예고하다.

마태복음 26:31-35

그 때에 예수께서 제자들에게 이르시되,

"오늘 밤에 너희가 다 나를 버리리라 기록된 바

---

29   이는 요한복음 13:34-35에서 신자들 사이의 사랑의 기능과 병행한다.

'내가 목자를 치리니 양의 떼가 흩어지리라'[슥 13:7] 하였느
니라.

그러나 내가 살아난 후에 너희보다 먼저 갈릴리로 가리라."

베드로가 대답하여 이르되,

"모두 주를 버릴지라도 나는 결코 버리지 않겠나이다."

예수께서 이르시되,

"내가 진실로 네게 이르노니 오늘 밤 닭 울기 전에 네가 세 번 나
를 부인하리라."

베드로가 이르되,

"내가 주와 함께 죽을지언정 주를 부인하지 않겠나이다!" 하고
모든 제자도 그와 같이 말하니라.

마가복음 14:27-31

예수께서 제자들에게 이르시되,

"너희가 다 나를 버리리라 이는 기록된 바

'내가 목자를 치리니 양들이 흩어지리라'[슥 13:7] 하였음이
니라.

그러나 내가 살아난 후에 너희보다 먼저 갈릴리로 가리라.

베드로가 여짜오되,

"다 버릴지라도 나는 그리하지 않겠나이다."

예수께서 이르시되,

"내가 진실로 네게 이르노니 오늘 이 밤 닭이 두 번 울기 전에 네
가 세 번 나를 부인하리라."

베드로가 힘있게 말하되,

"내가 주와 함께 죽을지언정 주를 부인하지 않겠나이다!" 하고 모든 제자도 이와 같이 말하니라.

누가복음 22:31-34

[예수께서 이르시되]

"시몬아, 시몬아, 보라 사탄이 너희를 밀 까부르듯 하려고 요구하 였으나 그러나 내가 너를 위하여 네 믿음이 떨어지지 않기를 기도 하였노니, 너는 돌이킨 후에 네 형제를 굳게 하라.

그가 말하되,

"주여 내가 주와 함께 옥에도, 죽는 데에도 가기를 각오하였나이 다."

이르시되,

"베드로야 내가 네게 말하노니 오늘 닭 울기 전에 네가 세 번 나를 모른다고 부인하리라" 하시니라.

해설

그들 가운데 배반자가 있다는 선언으로 제자들에게 충격을 준 이후, 예수는 그들 모두 바로 그날 밤에 예수를 버리고 떠날 것이라는 예고 로써 다시 한 번 그들을 놀라게 한다.[30] 마태와 마가에 따르면, 예수의

---

30 마태복음 26:31과 마가복음 14:27은 이 예고를 다락방을 떠난 이후의 일로 배치하 는 반면, 누가와 요한은 이 예고를 다락방 강화에서 있었던 일로 위치시킨다. 그처 럼 놀랍고 충격적인 예고가 여러 번의 대화에서 있었을 가능성이 크다. 이 가정은 누가복음과 요한복음에 포함된 각기 다른 세부 사항에 의해 힘을 얻는다. 마태와

이 예고는 스가랴서 13:7에 근거하지만, 그는 제자들에게 그가 다시 살아나서 그들보다 먼저 갈릴리로 갈 것이라고 단언한다.[31] 그들이 도망칠 것이라는 예고는 그 열한 명이 더 이상 예수의 제자가 되기를 멈춘다는 것이 아니라, 그들이 그날 밤 박해에 직면했을 때 실패한다는 것을 시사한다. 예수는 그들의 실패를 예고하면서도 그들의 회복을 약속한다.

잘 알려졌듯이 베드로는 예수의 예고를 반박한다. 그는 결코 예수를 버리지 않을 것이며 예수를 따라서 감옥이나 죽는 데까지 갈 것이라고 주장한다.[32] 베드로는 좋은 뜻에서 그런 말을 했을 테지만 결국은 거만한 주장이었다. 예수는 베드로가 닭 울기 전에 세 번 예수를 모른다 할 것이라고 직설적으로 예고한다.[33] 베드로의 근시안적인 확신의 과시에 영향을 받아, 다른 제자들도 비슷한 주장을 한다.[34]

누가는 이 상황에 대하여 약간의 추가적인 세부 사항을 알린다. 사탄이 제자들을 넘어뜨리길 원했다(눅 22:31의 "you/너희"는 복수이다). 하지만 예수는 베드로를 위하여 그(눅 22:32의 "you/너"는 단수이다)의 믿

마가는 베드로가 예수의 예고를 인정하기를 반복하여 거부하였으며, 다른 제자들도 같은 말을 한 것으로 진술하는데, 그런 상황은 아마도 대화의 반복을 야기했을 것이다.

31 예수가 갈릴리를 언급한 것은 예루살렘에서의 임박한 혁명에 대한 기대를 가라앉히기 위해서였을 것이다.

32 마태복음 26:33, 35; 마가복음 14:29, 31; 누가복음 22:33; 요한복음 13:37.

33 닭 울음에 대한 언급은 새벽이 오는 것을 묘사하는 관용적인 방식이었다. 닭은 규칙적으로 여러 번 울고, 종종 몇 분간의 간격을 두고 울기 때문에, 닭이 두 번 우는 것에 대한 마가의 언급은 일반적으로 같은 시간대를 지칭하는 것이다: 베드로는 해 뜨기 전에 그리스도를 부인할 것이다.

34 마태복음 26:35; 마가복음 14:31.

음이 떨어지지 않도록, 또 그가 회개한 이후에 다른 제자들을 굳게 하도록 기도하였다. 베드로의 믿음이 떨어지지 않도록 한 이 기도는 요한복음 17:6-17에서 제자들을 위한 예수의 기도 내용과 잘 조화된다. 사탄의 활동에 대한 언급은 그날 밤 유다의 배반에 대한 그의 개입과도 부합된다.[35] 사탄은 유다의 배반을 통해 예수만 죽이는 것을 원치 않았다. 그는 예수의 모든 제자들의 믿음을 파괴하기를 원했다. 예수는 그의 기도가 사탄의 의도를 좌절시킬 것을 확신한다.

예수가 마지막으로 실천을 위한 계명을 주다

예수가 마지막으로 준비물자에 관하여 실제적인 지침을 주다.

누가복음 22:35-38

그들에게 이르시되,

"내가 너희를 전대와 배낭과 신발도 없이 보내었을 때에 부족한 것이 있더냐?"

이르되,

"없었나이다."

이르시되,

"이제는 전대 있는 자는 가질 것이요 배낭도 그리하고 검 없는 자

---

35   누가복음 22:3; 요한복음13:2, 27; 사탄의 유사한 요구와 관련하여 욥기 1-2장을 참조하라.

는 겉옷을 팔아 살지어다.

내가 너희에게 말하노니 기록된 바:

'그는 불법자의 동류로 여김을 받았다'[사 53:12] 한 말이 내게 이루어져야 하리니 내게 관한 일이 이루어져 감이니라."

그들이 여짜오되,

"주여 보소서 여기 검 둘이 있나이다."

대답하시되,

"족하다" 하시니라.

해설

누가는 다른 복음서들의 설명에는 담기지 않은 예수의 마지막 실천적 지침들을 포함한다. 일찍이 제자들에게 전도를 위해 떠날 때 전대, 배낭, 또는 추가로 신발을 소지하지 않도록 지침을 주었던 것과 대조적으로, 이제 예수는 그들에게 자기가 떠난 후에 어떤 일이 생기더라도 잘 준비되도록 지침을 준다(눅 22:35-37).

칼의 소지에 관한 예수의 언급은 두 가지 면으로 해석될 수 있다. 첫째, 어떤 이들은 검을 사라는 예수의 명령이 비유적이며, 영적인 싸움을 위한 준비가 필요함을 지적하는 것이라고 주장한다(에베소서 6:10-17에서의 바울의 말과 비교하라). 이 해석은 잠시 후 예수가 한 제자에게 그를 보호하려고 칼을 쓰는 것을 금지한다는 사실에 의해 지지를 받는다.[36] 이 관점에서 보면, 제자들이 검 둘을 내밀었을 때 예수의 의도를

---

36   마태복음 26:51-52; 누가복음 22:49-51; 요한복음 18:10-11.

오해한 것이며, 또 예수가 "족하다"(38절)고 간단히 말했을 때는 실상 그들을 꾸짖은 셈이다.

둘째, 덜 그럴듯하게 보이지만, 예수가 제자들이 자기방어와 보호를 위해 문자 그대로 검을 소지하고 여행해야 함을 의미했을 수도 있다. 제자들이 검 둘을 소지하고 있었다는 사실은 예수가 그 전에 무기 소지를 금하지 않았음을 시사하기도 한다(물론, 그것이 아니라면, 그들은 지금의 상황에서 허락 없이 검을 소지한 것이다).

겟세마네 동산

예수와 제자들이 겟세마네로 가다. 거기서 예수는 기도의 싸움을 싸우고, 제자들은 밤늦도록 깨어 있기 위해 분투하다.

마태복음 26:36-46

이에 예수께서 제자들과 함께 겟세마네라 하는 곳에 이르러 제자들에게 이르시되,

"내가 저기 가서 기도할 동안에 너희는 여기 앉아 있으라" 하시고

베드로와 세베대의 두 아들을 데리고 가실새 고민하고 슬퍼하사, 이에 말씀하시되,

"내 마음이 매우 고민하여 죽게 되었으니 너희는 여기 머물러 나와 함께 깨어 있으라" 하시고

조금 나아가사 얼굴을 땅에 대시고 엎드려 기도하여 이르시되,

"내 아버지여 만일 할 만하시거든 이 잔을 내게서 지나가게 하옵소서. 그러나 나의 원대로 마시옵고 아버지의 원대로 하옵소서"

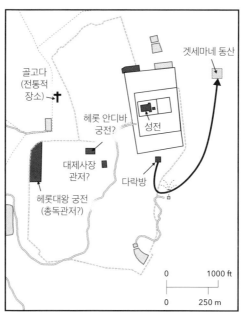

다락방에서 겟세마네 동산까지

하시고

제자들에게 오사 그 자는 것을 보시고 베드로에게 말씀하시되,

"너희가 나와 함께 한 시간도 이렇게 깨어 있을 수 없더냐? 시험
에 들지 않게 깨어 기도하라 마음에는 원이로되 육신이 약하도다"
하시고

다시 두 번째 나아가 기도하여 이르시되,

"내 아버지여 만일 내가 마시지 않고는 이 잔이 내게서 지나갈 수
없거든 아버지의 원대로 되기를 원하나이다" 하시고

다시 오사 보신즉 그들이 자니 이는 그들의 눈이 피곤함일러라.

또 그들을 두시고 나아가 세 번째 같은 말씀으로 기도하신 후

이에 제자들에게 오사 이르시되,

"이제는 자고 쉬라. 보라, 때가 가까이 왔으니 인자가 죄인의 손에 팔리느니라. 일어나라, 함께 가자. 보라 나를 파는 자가 가까이 왔느니라."

마가복음 14:32-42

그들이 겟세마네라 하는 곳에 이르매

예수께서 제자들에게 이르시되,

"내가 기도할 동안에 너희는 여기 앉아 있으라" 하시고

베드로와 야고보와 요한을 데리고 가실새 심히 놀라시며 슬퍼하사, 말씀하시되,

"내 마음이 심히 고민하여 죽게 되었으니 너희는 여기 머물러 깨어 있으라" 하시고

조금 나아가사 땅에 엎드리어 될 수 있는 대로 이 때가 자기에게서 지나가기를 구하여, 이르시되,

"아빠 아버지여 아버지께는 모든 것이 가능하오니 이 잔을 내게서 옮기시옵소서. 그러나 나의 원대로 마시옵고 아버지의 원대로 하옵소서" 하시고

돌아오사 제자들이 자는 것을 보시고 베드로에게 말씀하시되,

"시몬아 자느냐? 네가 한 시간도 깨어 있을 수 없더냐? 시험에 들지 않게 깨어 있어 기도하라. 마음에는 원이로되 육신이 약하도다" 하시고

다시 나아가 동일한 말씀으로 기도하시고

다시 오사 보신즉 그들이 자니 이는 그들의 눈이 심히 피곤함이라. 그들이 예수께 무엇으로 대답할 줄을 알지 못하더라.

세 번째 오사 그들에게 이르시되,

"이제는 자고 쉬라, 그만 되었다. 때가 왔도다, 보라 인자가 죄인의 손에 팔리느니라. 일어나라, 함께 가자, 보라 나를 파는 자가 가까이 왔느니라."

누가복음 22:40-46

그 곳에 이르러 그들에게 이르시되,

"유혹에 빠지지 않게 기도하라" 하시고

그들을 떠나 돌 던질 만큼 가서 무릎을 꿇고 기도하여, 이르시되,

"아버지여 만일 아버지의 뜻이거든 이 잔을 내게서 옮기시옵소서. 그러나 내 원대로 마시옵고 아버지의 원대로 되기를 원하나이다" 하시니

[천사가 하늘로부터 예수께 나타나 힘을 더하더라.

예수께서 힘쓰고 애써 더욱 간절히 기도하시니 땀이 땅에 떨어지는 핏방울 같이 되더라.][37]

기도 후에 일어나 제자들에게 가서 슬픔으로 인하여 잠든 것을 보시고, 이르시되,

"어찌하여 자느냐? 시험에 들지 않게 일어나 기도하라" 하시니라.

---

37   아주 오래되고 가치 있다고 여겨지는 사본들 중 다수는 43절과 44절을 빠뜨린다. 이는 이 구절들이 누가복음 원문의 일부가 아님을 강력하게 시사한다.

해설

겟세마네

신명기 16:1-7에서 유월절 저녁은 예루살렘(감람산도 포함하여)에서 보내야 함을 지시하고 있으므로, 예수와 그의 열한 명의 남은 제자들은, 주간에 줄곧 그랬던 것과 달리 베다니로 돌아가지 않는다. 그 대신, 다락방과 유월절 식사 자리를 떠난 후, 그들은 기드론 시내를 건너 성벽 동편으로 갔다가 겟세마네 동산으로 올라간다. 그 장소는 명백히 제자들이 잘 알고 있는 곳이었다. 거기서 그들은 종종 예수와 함께 시간을 보내곤 했었다(요 18:2). 겟세마네는 "기름 틀"을 의미하는 단어에서 유래한 곳으로, 감람산 기슭에 위치하고 있었으며, 예루살렘 성전 언덕에서 북동쪽으로 약 274m 떨어져 있었다. 예수와 그의 제자들이 그 동산으로 들어갔다고 한 요한의 언급은(요 18:1) 그곳이 울타리가 있는 정원이었음을 시사한다.

이제 밤이 늦었다. 그 동산에 들어가자마자, 예수는 그의 제자들에게, 가장 가까운 제자들 곧 베드로와 야고보와 요한과 함께 좀 더 멀리 가 있는 동안, 어느 특정한 곳에 앉아 있을 것을 지시한다. 토론과 가르침을 위한 시간은 이제 끝났다. 예수는 다가올 사건들을 예상하고는 슬픔과 고뇌로 가득하다. 그는 자신의 고통을 사람 중에서 그의 가장 가까운 벗들과 나눈다: "내 마음이 매우 고민하여 죽게 되었으니 너희는 여기 머물러 나와 함께 깨어 있으라"(마 26:38). 예수의 신성이 그의 인성을 가린 것이 아니었다(요 11:35을 보라). 그는 마지막 시간들을 보내는 동안 인간적인 지지와 동료애의 필요를 예민하게 느꼈다. 그렇다고 그것이 죽음의 면전에서 동료애와 지지를 바라는 연약함의 표징은 아니었다.

예수는 기도하시다

조금 더 가서(누가복음 22:41에 따르면 "돌 던질 만큼"의 거리), 예수는 뜨거운 개인적인 기도에 몰입한다. 아버지께 부르짖으며 — 만일 다른 길이 가능하다면 — 다른 길을 찾기를 탄원하지만, 그럼에도 결국 하나님의 뜻에 복종한다: "아빠 아버지여, 아버지께는 모든 것이 가능하오니 이 잔을 내게서 옮기시옵소서. 그러나 나의 원대로 마시옵고 아버지의 원대로 하옵소서"(막 14:36). 예수는 곧 세상의 죄를 위한 대속의 제물로서 죄에 대한 하나님의 심판을 감당해야 하는 것을 안다. "잔"은 일반적인 은유로서 죄인들에게 쏟아지는 하나님의 의로운 진노를 나타낸다.[38] 예수는 다른 사람들을 대신하여 곧 이 "잔"을 마실 것이다. 오직 그만이 그렇게 할 수 있다.

예수에게는 가장 어두운 시간인 이 때에, 그는 제자들과 미래의 믿는 자들을 위하여 하나님의 뜻에 온전히 순종하는 모범을 보인다. 순종이 언제나 즐거운 것은 아니며, 종종 고통스럽긴 하지만, 언제나 그럴 가치가 있다. 히브리서 저자는 이 최후의 기도 시간에 대해 이렇게 언급한다: "그는 육체에 계실 때에 자기를 죽음에서 능히 구원하실 이에게 심한 통곡과 눈물로 간구와 소원을 올렸고 그의 경건하심으로 말미암아 들으심을 얻었느니라"(히 5:7).

제자들은 잠자다

잠시 휴식을 취하면서, 예수는 제자들에게 돌아왔으나, 그들이 잠자고 있는 모습을 발견할 뿐이었다. 그의 삶의 가장 힘든 순간들을 보내

38　이사야 51:17-23; 예레미야 25:15-18; 예레미야애가 4:21; 에스겔 23:31-33.

는 동안, 인간적인 지지와 도움은 의지할 만한 것이 되지 못함이 판명되었다. 상황이 이러함에도, 예수는 자신보다 제자들의 안녕을 더욱 염려한다. 그는 그들 역시도, 앞에 있는 유혹들과 역경들에 맞설 준비가 되려면, 기도해야 함을 안다. "시험에 들지 않게 깨어 기도하라. 마음에는 원이로되 육신이 약하도다"(마 26:41). 시험을 당하는 것은 예수만이 아니다. 누가는 이 상황을 단 한 번만 언급하고 있지만, 마태와 마가는 이런 일이 세 번 반복되었음을 상세히 알려준다. 매번 예수는 그들을 떠나 기도하였고, 하나님께 다른 길을 찾도록 탄원하였지만 결국 그 자신의 뜻을 하나님의 뜻에 복종시킨다. 그리고 그가 떠나 있을 때마다 제자들은 잠에 떨어진다. 마가는 제자들이 "예수께 무엇으로 대답할 줄을 알지 못하더라"고 상세히 전한다(막 14:40). 그들은 부끄럽고 당황스러웠을 테지만, 그럼에도 너무 피곤하여 스스로 어쩌지를 못했다.

누가는 두 가지 세부 사항을 추가한다. 인간적인 지원이 없는 상태에서, 하나님이 예수를 홀로 버려두지 않으시고 한 천사를 보내어 그의 힘을 돕는다(눅 22:43; 마태복음 4:11을 참조하라. 거기서 천사들이 힘이 없을 때의 예수를 수종들었다). 하지만 천사의 지원이 고뇌를 제거할 수는 없었으니, 누가는 예수의 극심한 정신적 육체적 상태에 대해 "땀이 땅에 떨어지는 핏방울 같이 되더라"는 표현으로 묘사한다(눅 22:44). "같이"(like)라는 단어는 은유의 사용으로 보이지만, 예수가 혈한증(血汗症)을 경험했을 수도 있다. 그것은 희귀한 의학적 상태로서, 극도의 고통이나 육체적 스트레스를 받을 때 혈관들이 터지고 땀이 피와 섞인다. 예수는 자기가 곧 값비싼 희생을 치를 것을 알았으며, 벗어나는 유일한 길은 앞으로 나아가는 것이었다.

예수가 세 번째로 제자들을 깨울 때, 그는 무리가 접근하고 있는 것을 분명히 보았거나 들었으며, 따라서 제자들에게 주의를 주었다. 배반자와 때가 가까이 왔다. 잠자는 시간은 끝났다. 예수는 마음을 쏟아 기도했으며 이제 확신을 가지고 다가오는 죽음을 맞이할 준비가 되었다.

금요일

주후 33년 4월 3일

배반과 예수의 체포

예수가 유다에게 배신당하고 당국자들에 의해 체포되다(아마도 자정 이후, 금요일 이른 아침).

마태복음 26:47-56

말씀하실 때에 열둘 중의 하나인 유다가 왔는데 대제사장들과 백성의 장로들에게서 파송된 큰 무리가 칼과 몽치를 가지고 그와 함께 하였더라.

예수를 파는 자가 그들에게 군호를 짜 이르되,

"내가 입맞추는 자가 그이니 그를 잡으라" 한지라.

곧 예수께 나아와

"랍비여 안녕하시옵니까?" 하고 입을 맞추니

예수께서 이르시되,

"친구여 네가 무엇을 하려고 왔는지 행하라" 하신대

이에 그들이 나아와 예수께 손을 대어 잡는지라.

예수와 함께 있던 자 중의 하나가 손을 펴 칼을 빼어 대제사장의 종을 쳐 그 귀를 떨어뜨리니

이에 예수께서 이르시되,

"네 칼을 도로 칼집에 꽂으라 칼을 가지는 자는 다 칼로 망하느니라. 너는 내가 내 아버지께 구하여 지금 열두 군단 더 되는 천사를 보내시게 할 수 없는 줄로 아느냐? 내가 만일 그렇게 하면 이런 일이 있으리라 한 성경이 어떻게 이루어지겠느냐?" 하시더라.

그 때에 예수께서 무리에게 말씀하시되,

"너희가 강도를 잡는 것 같이 칼과 몽치를 가지고 나를 잡으러 나왔느냐? 내가 날마다 성전에 앉아 가르쳤으되 너희가 나를 잡지 아니하였도다. 그러나 이렇게 된 것은 다 선지자들의 글을 이루려 함이니라" 하시더라.

이에 제자들이 다 예수를 버리고 도망하니라.

마가복음 14:43-52

예수께서 말씀하실 때에 곧 열둘 중의 하나인 유다가 왔는데 대제사장들과 서기관들과 장로들에게서 파송된 무리가 검과 몽치를 가지고 그와 함께 하였더라.

예수를 파는 자가 이미 그들과 군호를 짜 이르되

"내가 입맞추는 자가 그이니 그를 잡아 단단히 끌어가라" 하였는지라.

이에 와서 곧 예수께 나아와

"랍비여" 하고 입을 맞추니 그들이 예수께 손을 대어 잡거늘

곁에 서 있는 자 중의 한 사람이 칼을 빼어 대제사장의 종을 쳐 그 귀를 떨어뜨리니라.

예수께서 무리에게 말씀하여 이르시되,

"너희가 강도를 잡는 것 같이 검과 몽치를 가지고 나를 잡으러 나 왔느냐? 내가 날마다 너희와 함께 성전에 있으면서 가르쳤으되 너희가 나를 잡지 아니하였도다. 그러나 이는 성경을 이루려 함이 니라 하시더라."

제자들이 다 예수를 버리고 도망하니라.

한 청년이 벗은 몸에 베 홑이불을 두르고 예수를 따라가다가 무리에 게 잡히매, 베 홑이불을 버리고 벗은 몸으로 도망하니라.

누가복음 22:47-53

말씀하실 때에 한 무리가 오는데 열둘 중의 하나인 유다라 하는 자가 그들을 앞장서 와서 예수께 입을 맞추려고 가까이 하는지라.

예수께서 이르시되,

"유다야 네가 입맞춤으로 인자를 파느냐?" 하시니

그의 주위 사람들이 그 된 일을 보고 여짜오되

"주여 우리가 칼로 치리이까?" 하고

그 중의 한 사람이 대제사장의 종을 쳐 그 오른쪽 귀를 떨어뜨린지라.

예수께서 일러 이르시되,

"이것까지 참으라" 하시고 그 귀를 만져 낫게 하시더라.

예수께서 그 잡으러 온 대제사장들과 성전의 경비대장들과 장로들

에게 이르시되,

"너희가 강도를 잡는 것 같이 검과 몽치를 가지고 나왔느냐? 내가
날마다 너희와 함께 성전에 있을 때에 내게 손을 대지 아니하였도
다. 그러나 이제는 너희 때요 어둠의 권세로다" 하시더라.

요한복음 18:2-12

그곳은 가끔 예수께서 제자들과 모이시는 곳이므로 예수를 파는 유
다도 그곳을 알더라. 유다가 군대와 대제사장들과 바리새인들에게서
얻은 아랫사람들을 데리고 등과 횃불과 무기를 가지고 그리로 오는지
라.

예수께서 그 당할 일을 다 아시고 나아가 이르시되,

"너희가 누구를 찾느냐?"

대답하되

"나사렛 예수라" 하거늘

이르시되

"내가 그니라" 하시니라.

그를 파는 유다도 그들과 함께 섰더라.

예수께서 그들에게 "내가 그니라" 하실 때에 그들이 물러가서 땅에
엎드러지는지라.

이에 다시

"누구를 찾느냐?"고 물으신대

그들이 말하되

"나사렛 예수라" 하거늘

예수께서 대답하시되,

"너희에게 '내가 그니라' 하였으니 나를 찾거든 이 사람들이 가는
것은 용납하라" 하시니

이는 "아버지께서 내게 주신 자 중에서 하나도 잃지 아니하였사옵나
이다" 하신 말씀을 응하게 하려 함이러라.

이에 시몬 베드로가 칼을 가졌는데 그것을 빼어 대제사장의 종을 쳐
서 오른편 귀를 베어버리니 그 종의 이름은 말고라.

예수께서 베드로더러 이르시되,

"칼을 칼집에 꽂으라 아버지께서 주신 잔을 내가 마시지 아니하겠
느냐?" 하시니라.

이에 군대와 천부장과 유대인의 아랫사람들이 예수를 잡아 결박하
여 [끌고갔더라].

해설

배경

장면은 겟세마네 동산이다. 그곳을 유다도 잘 알던 장소였는데, 예수
께서 거기서 종종 제자들과 만나셨기 때문이다.[1] 때는 자정을 넘어, 금
요일 이른 아침이었을 것이다. 유다의 등장은 예수의 임박한 서거(逝
去)를 알리는 불길한 신호이다. 마태, 마가, 누가는 모두 유다가 "열둘
중의 하나"였다는 사실에 주의를 끈다.[2] 독자들이 복음서 저자들의 설
명에서 역겨움과 불신이 뒤섞여있음을 알아차릴 수 있을 정도이다. 열

---

1   요한복음 18:2.
2   마태복음 26:47; 마가복음 14:43; 누가복음 22:47.

둘 중의 하나가, 예수의 측근이, 그에게 배반의 등을 돌렸고, 자기 스승을 팔았다.

"큰 무리"

유다가 한 무리 — 마태는 "큰 무리"라고 말할 정도이다[3] — 를 이끌고 온다. 그들은 칼과 몽치를 들었고, 대제사장들, 서기관들, 장로들(즉 유대인 공회 산헤드린; 누가복음에는 세부 언급이 생략되었다)에게서 파송된 자들이다. 유다는 한 무리의 군인들(로마 수비대)과 대제사장들 및 바리새인들에게서 보내어진 일부 장교들을 확보하였는데, 그들은 등과 횃불, 그리고 다양한 무기들을 가지고 도착한다.[4] 등과 횃불은 때가 밤인 것을 알려준다. 거의 우스꽝스러울 정도의 과잉 장면에서 독자는 어안이 벙벙할 뿐이다. 예수를 체포하기 위해, 정말이지 칼과 몽치 그리고 아마도 다른 무기들로 무장된 "큰 무리"의 사람들이 필요했단 말인가? (아래에서 보듯이 베드로와 관련된 우발적 사고가 있긴 했으나) 이는 복음서에서 설명하듯이 3년 동안의 지상 사역에서 나타난 악의 없고, 평화로우며, 공격적이지 않은 예수의 행동과는 날카롭게 대조된다.

유다의 입맞춤

다음 장면에서, 우리는 유다가 그와 함께 있던 자들과 예수가 누군지 — 체포해야 할 자가 누군지 — 신원 확인을 위해 미리 암호를 짜두었음을 보게 된다. 그 암호는 입맞춤, 저 유명한 "유다의 입맞춤"이었다.

---

3   마태복음 26:47.
4   요한복음 18:3.

다시 한 번, 반어법(反語法)이 뚜렷하다. 통상적으로 입맞춤이란 깊은 사랑과 애정의 표시이다. 하지만 이번 경우에 그것은 유다의 배신 — 최종적인 변절 — 의 징표이다. "랍비"[5](아람어로 "교사"라는 뜻)라는 의례적인 호칭으로 예수에게 인사를 한 후, 유다는 자기 스승에게 입을 맞추어, 배반의 정점을 찍는다. 누가의 기록에 따르면, 예수가 이렇게 묻는다: "유다야 네가 입맞춤으로 인자를 파느냐?"(눅 22:48). 이는 한편으론 부드러운 책망이면서 또한 이제 막 펼쳐지기 시작할 말할 수 없는 비극과 변장한 정의에 대해 깊이 느껴지는 아픔의 표현이다.

예수의 주도

몇몇 복음서 기자들은 예수의 체포 당시, 예수가 수동적인 희생자가 아니라 능동적으로 또 반복적으로 주도권을 쥐었음을 적시한다. 마태복음에 의하면, 예수는 유다에게 이렇게 말한다: "친구여, 네가 무엇을 하려고 왔는지 행하라."[6] 요한은, 예수가 그에게 일어날 일들을 다 알고 있음을 강조하며, 예수가 앞으로 나서 무리에게 질문하는 모습을 언급한다. "너희가 누구를 찾느냐?" 그들이 "나사렛 예수"라고 대답할 때, 예수는 "내가 그다(I am he)"라고 대답하는데, 이는 구약성경에서 하나님의 이름 중의 하나인 "나는 ~이다(I AM)"를 연상하게 하는 표현이다(출 3:14). 그들이 찾는 이가 자기임을 예수가 되풀이해서 밝힐 때, 군인들이 뒤로 물러나 땅에 엎드러진다. 신현(하나님의 임재의 현시; 예. 출 3:1-6; 19:16-24) 때의 일반적 반응과 유사하다. 예수는 군인들에게 자기를

---

5   마태복음 26:49; 마가복음 14:45.

6   마태복음 26:50.

체포하되 그의 제자들이 가는 것을 용납하라고 말한다. 이는 자기 "양들"을 보호하는 "선한 목자"의 당당한 태도일 뿐 아니라, 아버지께서 그에게 주신 자들을 모두 보전하였다고 한 성경의 예언을 성취하려는 의도적인 행동이기도 하다.[7] 이런 식으로, 심지어 죄인들이 예수를 체포하러 나선 때에도, 궁극적으로는 예수가 여전히 주도적 위치에 있음을 복음서 기자들은 분명히 한다.

베드로가 말고의 귀를 자르다

이 시점에서, 복음서 기자들은 제자들 중의 하나인 베드로가 체포에 저항하기 위해 대제사장의 종(말고라는 이름의 남자)의 오른쪽 귀를 베어버렸다고 간략히 기술한다.[8] 하지만 예수는 "칼을 가지는 자는 다 칼로 망한다"[9] 하며 날카롭게 베드로를 꾸짖는다. 예수 편에서는, "아버지께서 주신 잔"[10](성경에서 "잔"은 종종 하나님의 심판이나 진노의 상징으로 쓰인다)을 마시기로 결심하였음을 재차 단언한다. 그는 또한 그가 아버지께 구할 수 있고, 아버지께서는 즉시로 천사들 열두 군단(12×6,000) 이상을 즉시 보내실 수 있음을 언급한다.[11] 그리고 그는 그 종의 귀를 만져 기적적으로 그를 치료한다.

---

7   요한복음 18:4-9.

8   오직 요한만이 베드로와 말고의 실명을 밝힌다(요한복음 18:10-11).

9   마태복음 26:52.

10   요한복음 18:11.

11   마태복음 26:53. 전형적으로 하나의 군단은 5,120명의 군단 병사들에 더하여 따르는 많은 수의 종들, 노예들, 보급부대원 등으로 구성되므로, 소속 전투원의 수는 6,000명에 이를 수 있다.

예수가 강도인가?

그 후 예수는 무기를 갖춘 무리가 그를 체포하러 온 것에 주목한다: "너희가 강도를 잡는 것 같이 칼과 몽치를 가지고 나를 잡으러 왔느냐?"[12] 예수가 지적하듯이, 그런 비밀 작전과 군대는 전적으로 불필요했다. 예수는 날마다 성전 구역에서 가르쳐왔기 때문이다. 뻔히 죄없는 사람을 잡으려고 밤에 은밀한 작전 수행하듯 병사들이 온다는 것은 예수의 진술이 참임을 뚜렷이 나타낸다: "이제는 너희 때요 어둠의 권세로다."[13] 사탄은 하나님의 백성을 해방하기 위해 온 한 분에게 일종의

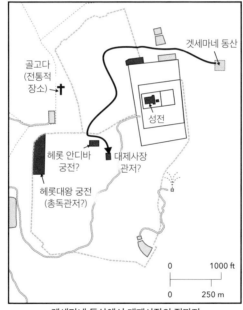

겟세마네 동산에서 대제사장의 집까지

---

12   마태복음 26:55; 마가복음 14:48.

13   누가복음 22:53.

전면 공격을 감행함으로써 메시야 곧 하나님의 아들을 멸하려고 시도했다. 이 무렵, 모든 제자들이 예수를 떠나 도망쳤으며, 그중에는 잡으려는 병사들로부터 빠져나가려고 벗은 몸으로 도망치는 한 청년도 포함되었다.[14]

유대인들의 예수 재판 (장면 1): 비공식적

예수가 안나스(전직 대제사장이며 가야바의 장인) 앞에서 열리는 비공식적 청문회에 소환된다.

요한복음 18:13-14, 19-24

먼저 안나스에게로 끌고 가니 안나스는 그 해의 대제사장인 가야바의 장인이라. 가야바는 유대인들에게 한 사람이 백성을 위하여 죽는 것이 유익하다고 권고하던 자러라….

대제사장이 예수에게 그의 제자들과 그의 교훈에 대하여 물으니 예수께서 대답하시되,

> "내가 드러내 놓고 세상에 말하였노라. 모든 유대인들이 모이는 회당과 성전에서 항상 가르쳤고 은밀하게는 아무것도 말하지 아니하였거늘 어찌하여 내게 묻느냐? 내가 무슨 말을 하였는지 들은 자들에게 물어보라. 그들이 내가 하던 말을 아느니라."

---

14 마가복음 14:51-52. 이 청년의 신분은 알려지지 않았다. 어떤 이들은 그가 마가복음의 저자 마가였을 것이라고 짐작한다.

이 말씀을 하시매 곁에 섰던 아랫사람 하나가 손으로 예수를 쳐 이르되

"네가 대제사장에게 이같이 대답하느냐?" 하니

예수께서 대답하시되,

"내가 말을 잘못하였으면 그 잘못한 것을 증언하라 바른 말을 하였으면 네가 어찌하여 나를 치느냐?" 하시더라.

안나스가 예수를 결박한 그대로 대제사장 가야바에게 보내니라.

해설

오직 요한만 안나스 앞에서의 간략한 청문회에 대한 이 설명을 포함하고 있다. 안나스는 이전 대제사장이면서 현 대제사장인 가야바의 장인이다. 안나스는 비록 현직 대제사장은 아니었지만 큰 권위와 힘을 발휘하였다.[15] 무리가 예수를 안나스에게 먼저 데려온 것을 볼 때, 유다가 자기 배신과 관련하여 대제사장들에게 접근한 이후, 안나스가 예수의 체포를 주도한 인물이었을 것이다. 첫 심문이 있었던 이 무렵은 아마도 금요일 매우 이른 아침이었을 것이다.

안나스는 예수에게 그의 교훈과 그의 제자들에 관하여 묻는다. 이는 신학적·정치적 이슈들 모두와 연관된 관심사이다. 예수는 그 답변으로

---

15 안나스와 가야바는 권력과 영향력을 공유하는 밀접한 관계였다. 누가복음 3:2은 "안나스와 가야바가 대제사장으로 있을 때에" 세례 요한이 나타나 세례를 주었다고 언급하고 있으며, 요한복음 18:19, 22, 24은 안나스와 가야바 모두를 "대제사장"으로 묘사한다. 안나스가 공식적으로 대제사장이었던 기간은 AD 6-15년이었지만, 그는 다섯 명이나 되는 그의 아들들에 더하여 그의 사위 가야바까지 대제사장으로 봉직했으므로, 여전히 상당한 영향력을 행사했다.

그가 자기의 가르침이나 다른 활동들을 숨긴 적이 없으며, 세간의 이목이 있는 곳에서 모든 것을 행하였다고 분명히 밝힌다(요 18:20). 그는 감추는 것이 없고, 그의 공개적 가르침 배후에는 어떤 사사로운 의도가 도사리고 있지 않다. 그의 이전의 말과 행동들이 그의 무죄를 입증한다. 안나스는 예수의 가르침을 들었던 자들에게 질문해야 마땅하다(요 18:21). 이 문제에서 안나스가 진실에는 진정으로 관심이 없다는 것을 예수가 알고 있다고 보는 것이 타당해 보인다. 안나스는 예수가 여태 말하고 가르쳐왔던 것을 잘 알고 있었으며, 그저 사형 선고를 제안하기 위한 근거들만 찾고 있을 뿐이었다.

가까이에 서 있던 한 관리가 "무례한" 답변이라는 이유로 예수를 격렬하게 친다. 아마도 출애굽기 22:28에 근거한 행동이었을 텐데, 거기서 이렇게 진술한다: "너는 재판장을 모독하지 말며 백성의 지도자를 저주하지 말지니라." 예수는 자신의 무죄를 주장하며 어떤 잘못된 행위가 있었음도 부인한다. 그는 고소자들에게 그가 어떤 잘못을 했는지 분명히 제시하라고 요구한다. 만약 그들이 용의점을 입증하지 못하면 왜 그가 맞아야 하는가(요 18:23)?

안나스는 질문에 답변하기를 거부하는 예수의 태도에 좌절한 탓인지, 예수를 묶어서 그의 사위인 가야바 대제사장에게로 보낸다. 예수의 재판에서 이 처음 장면은 비공식적 심문이며, 정족수가 모인 산헤드린 앞에서 열리는 좀 더 공식적인 심문의 준비인 셈이다. 로마 총독 앞에서 예수를 고발하기 위해서는, 가야바에 의한 공식적인 고발이 있어야만 한다. 가야바는 유대의 최고 법정의 수장이기도 했다. 이 장면에서, 만약 예수가 그의 가르침을 철회하고 안나스와 가야바의 종교적 권위에 순복하였더라면 곤경을 면할 수 있었을 것이다. 하지만 동산에서의 기도는 그의 결심을 굳게 하고 그의 길을 확정하였다. 앞에 놓인 숙명으로부터 돌아서는 일은 없을 것이다. 그는 죽을 것이며, 하나님의 뜻을 따라서, 하나님의 백성의 죄를 인하여 죽을 것이다. 유대의 지도자들은, 그들 편에서는, 정의라든가 공정에 관해서는 진정한 관심이 없었다. 그들은 예수가 죽기를 바랐고, 그를 제거할 수만 있다면 무슨 조치라도 취할 태세였다.

유대인들의 예수 재판 (장면 2): 좀 더 공식적

예수가 가야바 앞에서와 일부 산헤드린 앞에서 재판을 받다.

마태복음 26:57, 59-68

예수를 잡은 자들이 그를 끌고 대제사장 가야바에게로 가니 거기 서기관과 장로들이 모여 있더라.

대제사장들과 온 공회가 예수를 죽이려고 그를 칠 거짓 증거를 찾으매, 거짓 증인이 많이 왔으나 얻지 못하더니 후에 두 사람이 와서 이르되,

　"이 사람의 말이 내가 하나님의 성전을 헐고 사흘 동안에 지을 수 있다 하더라" 하니

대제사장이 일어서서 예수께 묻되,

　"아무 대답도 없느냐? 이 사람들이 너를 치는 증거가 어떠하냐?" 하되

예수께서 침묵하시거늘

대제사장이 이르되,

"내가 너로 살아 계신 하나님께 맹세하게 하노니 네가 하나님의 아들 그리스도인지 우리에게 말하라."

예수께서 이르시되,

"네가 말하였느니라. 그러나 내가 너희에게 이르노니 이 후에 인자가 권능의 우편에 앉아 있는 것과 하늘 구름을 타고 오는 것을 너희가 보리라" 하시니

이에 대제사장이 자기 옷을 찢으며 이르되,

"그가 신성모독 하는 말을 하였으니 어찌 더 증인을 요구하리요? 보라 너희가 지금 이 신성모독 하는 말을 들었도다. 너희 생각은 어떠하냐?"

대답하여 이르되,

"그는 사형에 해당하니라" 하고

이에 예수의 얼굴에 침 뱉으며 주먹으로 치고 어떤 사람은 손바닥으로 때리며 이르되

"그리스도야 우리에게 선지자 노릇을 하라 너를 친 자가 누구냐?" 하더라.

마가복음 14:53, 55-65

그들이 예수를 끌고 대제사장에게로 가니 대제사장들과 장로들과 서기관들이 다 모이더라.

대제사장들과 온 공회가 예수를 죽이려고 그를 칠 증거를 찾되 얻지 못하니 이는 예수를 쳐서 거짓 증언 하는 자가 많으나 그 증언이 서로 일치하지 못함이라.

어떤 사람들이 일어나 예수를 쳐서 거짓 증언 하여 이르되,

　　"우리가 그의 말을 들으니 손으로 지은 이 성전을 내가 헐고 손으
　　로 짓지 아니한 다른 성전을 사흘 동안에 지으리라 하더라" 하되

그 증언도 서로 일치하지 않더라.

대제사장이 가운데 일어서서 예수에게 물어 이르되,

　　"너는 아무 대답도 없느냐? 이 사람들이 너를 치는 증거가 어떠하
　　냐?" 하되

침묵하고 아무 대답도 아니하시거늘 대제사장이 다시 물어 이르되,

　　"네가 찬송 받을 이의 아들 그리스도냐?"

예수께서 이르시되,

　　"내가 그니라. 인자가 권능자의 우편에 앉은 것과 하늘 구름을 타
　　고 오는 것을 너희가 보리라" 하시니

대제사장이 자기 옷을 찢으며 이르되,

　　"우리가 어찌 더 증인을 요구하리요? 그 신성모독 하는 말을 너희
　　가 들었도다. 너희는 어떻게 생각하느냐?" 하니

그들이 다 예수를 사형에 해당한 자로 정죄하고, 어떤 사람은 그에
게 침을 뱉으며 그의 얼굴을 가리고 주먹으로 치며 이르되,

　　"선지자 노릇을 하라" 하고

하인들은 손바닥으로 치더라.

누가복음 22:63-71

지키는 사람들이 예수를 희롱하고 때리며 그의 눈을 가리고 물어 이
르되,

　　"선지자 노릇 하라. 너를 친 자가 누구냐?" 하고

이 외에도 많은 말로 욕하더라. 날이 새매 백성의 장로들 곧 대제사장들과 서기관들이 모여서 예수를 그 공회로 끌어들여 이르되,

"네가 그리스도이거든 우리에게 말하라."

대답하시되,

"내가 말할지라도 너희가 믿지 아니할 것이요, 내가 물어도 너희가 대답하지 아니할 것이니라. 그러나 이제부터는 인자가 하나님의 권능의 우편에 앉아 있으리라" 하시니

다 이르되,

"그러면 네가 하나님의 아들이냐?

대답하시되,

"너희들이 내가 그라고 말하고 있느니라."

그들이 이르되,

"어찌 더 증거를 요구하리요? 우리가 친히 그 입에서 들었노라." 하더라.

해설

공회가 모이다

길고 어두운 아침이 지나가는 동안, 유대 종교 지도자들 ― 대제사장들, 장로들, 서기관들 ― 에게 예수의 체포를 알리고 신속한 재판을 위해 신속히 가야바의 집으로 모이라는 말이 전달되었다. 가야바의 집은 대저택으로서 예루살렘 성내 북부에서 성전 구역이 내려다보이는 위치에 있었다. 여기서 "온 공회"를 언급한 것은 정족수(적어도 23명의 회원)를 언급한 것으로 보이며, 그 시각에 산헤드린 회원 총원이 모였

음을 가리키진 않는다. 회원들은 계속해서 도착 중이었고, 해가 뜨고 얼마 안 있어 최종 평결이 내려졌다.

기소와 침묵

유대 지도자들은 서둘러 재판을 진척시켜, 날이 밝아 예수의 체포 뉴스가 유월절 순례자들 사이에 퍼지기 전에 사형 판결에 도달한다. 일단 사형 판결이 내려지게 되면, 그들은 이야기를 꾸미고 대중의 견해를 통제하는 면에서 훨씬 더 강력한 위치에 있게 될 것이다. 서둘러 재판을 진행하는 와중에, 그들은 증언자들을 고르는 일에 특별히 주의를 기울이지 않았고, 그래서인지 자꾸 모순되는 진술들만 제기된다. 최소한 두 명의 일치하는 증언자들이 없이는 어떤 기소도 할 수가 없었으며, 명백히 유대 지도자들이 증언을 요청한 증인들은 진실에 부합하지 않았다.[16] 마태는 처음부터 그들을 "거짓 증인들"이라고 묘사한다.

예수를 고발하는 자들이 제기할 수 있는 가장 심각한 건 곧 그의 다음 진술이었다: "이 성전을 헐라 내가 사흘 동안에 일으키리라"(요 2:19-21). 예수는 그의 몸을 가리켜 "성전"이라고 말한 것이었고, 또 자기 자신을 곧 로마에 의해 파괴될 물리적 성전의 대체자로서 제시한 것이었다. 예수는 한 인격으로서 곧 그를 통해 하나님의 백성들은 완벽하게 또 방해받지 않고 하나님께 갈 수 있게 될 것이다. 하지만 그의 말은 물리적 성전에 대한 위협으로("내가 이 성전을 헐리라," 막 14:58) 오해되었고 또 왜곡되었다. 마치 예수가 어떤 식으로든 무장 폭도들을 동원

---

16   이 증인들은 한 가지 관련된 이야기에도 일치하지 못했기 때문에, 그들의 증언은 공식 기소의 근거로 사용될 수 없었다(참조. 신 17:6).

하여 그 물리적 성전을 파괴하기를 원했던 것처럼! 하지만 그 증언에 서조차, 예수의 고발자들은 일치하지 않는다(막 14:59).

이러한 주장들에 대해 예수는 철저히 침묵으로 대응한다. 그를 고소하는 진행 과정의 결말이 이미 정해졌고, 무슨 말을 하든 곧바로 그를 공격하기 위한 목적으로 왜곡될 것임을 알기 때문이다. 법정은 이미 그 뜻을 정했고, 단지 사형 선고를 내리기 위해 자그마한 근거라도 찾고 있을 뿐이다. 예수의 침묵은 또한 이사야서의 고난받는 종에 관한 예언을 성취하는 것이기도 하다: "그가 곤욕을 당하여 괴로울 때에도 그의 입을 열지 아니하였음이여 마치 도수장으로 끌려가는 어린 양과 털 깎는 자 앞에 잠잠한 양같이 그의 입을 열지 아니하였도다"(사 53:7). 예수의 침묵은 재판의 결과에 대한 모든 책임을 기소자들에게 지우는 셈이다.

예수의 주장

재판 진행 상황과 여러 허위 증언들에 대한 예수의 답변 거부가 점차 대제사장을 참을성 없게 만들었다. 그는 예수에게 그가 하나님의 아들 그리스도인지 직접적으로 묻는다.[17] 단정적인 답변은 가야바에게 본디오 빌라도에게 사형 판결을 요구하기 위한 합법적 근거를 제공할 것

---

17 마태복음 26:63; 마가복음 14:61; 누가복음 22:67. 누가의 설명(눅 22:63-71)은 유대 재판에서 이 한 가지 질문 및 예수의 답변을 둘러싼 세 가지 국면들을 요약하고 정리한다. 누가의 관점에서는 바로 이 질문이 중심 이슈이자 고소의 핵심임을 시사하며, 독자들도 그렇게 읽도록 의도한다. 예수의 메시야 정체성과 관련된 질문은 그의 공적 사역 전체와 관련된다. 한편으로, 그의 말과 행동들은 메시야적 기대와 꼭 들어맞지만, 그는 메시야임을 결코 공개적으로 주장하지 않았다(요 10:24; 또한 마태복음 16:20, 마가복음 8:30에서 제자들을 향한 그의 은밀한 지시들을 보라).

이다: 내란과 반역. 진짜 중요한 질문은 바로 이 한 가지였으며, 예수의 답변은 실망시키지 않는다: 예수는 단정적인 답변으로 침묵을 깰 뿐 아니라, 더 나아가 다니엘서 7:13-14과 시편 110:1-2 모두를 자기에게 적용한다. 그는 여호와의 우편에 앉으며 또한 영원하고 우주적인 그의 왕국을 얻기 위해 구름을 타고 오실 신적인 인자(the divine Son of Man)이다.

그 단언이 신학적·정치적 양면에서 예수의 죽음을 확정하는 근거이다. 신학적으로, 예수는 하나님의 아들이라고 주장함으로써 신성모독을 범했다. 이는 유대 지도자들에게 결코 용인될 수 없었다. 정치적으로, 예수는 하나님의 대리자로서 우주적 왕권을 받기 위해 오는 이라고 주장하였다. 이는 하나의 유일한 황제를 인정하는 로마인들에게 용인될 수 없었다.

산헤드린은 이제 그들이 원하는 것을 얻었다. 예수는 분명하고, 스스로 유죄임을 밝히는 진술을 많은 증인들 앞에서 한 것이다. 예수는 여호와 하나님과의 독특한 신적 관계를 표명하고, 로마를 비롯하여 지상의 모든 왕국들을 뒤엎고 지상에 하나님 나라를 세우려는 그의 의도를 선언한 것이다. 아이러니하게도, 이는 정확하게도 1세기의 많은 유대인들이 원했고 또 갈망했던 것이다. 하지만 유대의 지도자들은 예수는 그들이 기다리는 자가 아니라고 이미 결정했다. 결국, 예수는 현재의 기득권 성전 리더십을 지지하지 않는데, 그가 어떻게 하나님의 메시야일 수 있단 말인가?

예수의 놀랄 만하고 예기치 않았던 선언에 이어, 대제사장은 자기 옷을 찢고 더 이상의 증언들을 그만두게 한다: "어찌 더 증인을 요구하리요?"[18] 대제사장들은 옷을 찢는 상징적 행동을 하는 것이 금지되었지만(레 10:6; 21:10), 예수의 "신성모독적인" 답변이 율법 세부조항 사항에 대한 고려 없이 즉각적이고 격렬한 반응을 일으킨 것이다: "그들이 다 예수를 사형에 해당한 자로 정죄하였다."[19]

산헤드린에 의한 예수의 사형 판결에도 불구하고, 로마법에 의하면 유대인들이 개인을 사형시킬 수는 없었다.[20] 로마 정권이 유대인들에게 그들 자신들의 송사와 관련하여 어느 정도 사법적 자유를 허용하긴 했지만, 사형의 경우에는 최종 선고를 유보시켰다. 예수는 자기 목숨이 달린 재판에서 로마 총독 빌라도 앞에 서게 될 것이다.

매질이 시작되다

유대인 방식의 공식 판결을 내리고 로마 총독의 승인을 얻으려면, 유대 지도자들은 금요일 아침 해 뜰 때까지 기다릴 필요가 있었다. 하지만 결과에 의심의 여지가 없다고 여겼는지, 조롱과 폭행이 시작되었다. 둘러싼 수비대원들, 아마도 성전 경찰의 상급자들이, 예수에게 침을 뱉고 때리기 시작한다. 이러한 육체적 학대는 이사야의 예언을 이루는 것이다: "전에는 그의 모양이 타인보다 상하였고 그의 모습이 사람들보다 상하였으므로…"(사 52:14), "나를 때리는 자들에게 내 등을 맡기며 나의 수염을 뽑는 자들에게 나의 뺨을 맡기며 모욕과 침 뱉음을 당하여도 내 얼굴을 가리지 아니하였느니라"(사 50:6).

---

18   마태복음 26:65; 마가복음 14:63; 누가복음 22:71.
19   마가복음 14:64; 마태복음 26:66.
20   요한복음 18:31을 참조하라.

수비병들이 예수의 눈을 가리고, 치면서, 또 친 자가 누군지 알아 맞추어보라고 질문하면서, 하나님의 메시야라는 그의 주장을 조롱한다.[21] 그들이 그를 "그리스도"라 부르지만, 그것은 조롱이지 진담이 아니다. 누가는 그들이 이 외에도 많은 말로 욕했다고 밝힌다.[22] 이런 조롱과 육체적 학대는 예수가 로마 병사들의 손에 의해 곧 경험하게 될 일의 전조일 뿐이다.

베드로가 예수를 부인하다

예고된 대로, 베드로는 예수를 부인하고 닭이 운다.

마태복음 26:58, 69-75

베드로가 멀찍이 예수를 따라 대제사장의 집 뜰에까지 가서 그 결말을 보려고 안에 들어가 하인들과 함께 앉아 있더라…

베드로가 바깥 뜰에 앉았더니 한 여종이 나아와 이르되,

"너도 갈릴리 사람 예수와 함께 있었도다" 하거늘

베드로가 모든 사람 앞에서 부인하여 이르되,

"나는 네가 무슨 말을 하는지 알지 못하겠노라" 하며

앞문까지 나아가니 다른 여종이 그를 보고 거기 있는 사람들에게 말하되,

---

21   마태복음 26:68; 마가복음 14:65; 누가복음 22:64.

22   누가복음 22:65.

"이 사람은 나사렛 예수와 함께 있었도다" 하매

베드로가 맹세하고 또 부인하여 이르되,

"나는 그 사람을 알지 못하노라" 하더라.

조금 후에 곁에 섰던 사람들이 나아와 베드로에게 이르되,

"너도 진실로 그 도당이라 네 말소리가 너를 표명한다" 하거늘

그가 저주하며 맹세하여 이르되,

"나는 그 사람을 알지 못하노라" 하니 곧 닭이 울더라.

이에 베드로가 예수의 말씀에 '닭 울기 전에 네가 세 번 나를 부인하리라' 하심이 생각나서 밖에 나가서 심히 통곡하니라.

마가복음 14:54, 66-72

베드로가 예수를 멀찍이 따라 대제사장의 집 뜰 안까지 들어가서 아랫사람들과 함께 앉아 불을 쬐더라…

베드로는 아랫뜰에 있더니 대제사장의 여종 하나가 와서 베드로가 불 쬐고 있는 것을 보고 주목하여 이르되,

"너도 나사렛 예수와 함께 있었도다" 하거늘

베드로가 부인하여 이르되,

"나는 네가 말하는 것이 무엇인지 알지도 못하고 깨닫지도 못하겠노라" 하며 앞뜰로 나갈새

여종이 그를 보고 곁에 서 있는 자들에게 다시 이르되,

"이 사람은 그 도당이라" 하되

또 부인하더라. 조금 후에 곁에 서 있는 사람들이 다시 베드로에게 말하되,

"너도 갈릴리 사람이니 참으로 그 도당이니라."

그러나 베드로가 저주하며 맹세하되,

　"나는 너희가 말하는 이 사람을 알지 못하노라" 하니

닭이 곧 두 번째 울더라. 이에 베드로가 예수께서 자기에게 하신 말씀 곧 '닭이 두 번 울기 전에 네가 세 번 나를 부인하리라' 하심이 기억되어 그 일을 생각하고 울었더라.

누가복음 22:54b-62

…베드로가 멀찍이 따라가니라.

사람들이 뜰 가운데 불을 피우고 함께 앉았는지라. 베드로도 그 가운데 앉았더니 한 여종이 베드로의 불빛을 향하여 앉은 것을 보고 주목하여 이르되,

　"이 사람도 그와 함께 있었느니라" 하니

베드로가 부인하여 이르되,

　"이 여자여 내가 그를 알지 못하노라" 하더라.

조금 후에 다른 사람이 보고 이르되,

　"너도 그 도당이라" 하거늘

베드로가 이르되,

　"이 사람아 나는 아니로라" 하더라.

한 시간쯤 있다가 또 한 사람이 장담하여 이르되,

　"이는 갈릴리 사람이니 참으로 그와 함께 있었느니라."

베드로가 이르되,

　"이 사람아 나는 네가 하는 말을 알지 못하노라"고 아직 말하고 있

　을 때에 닭이 곧 울더라.

주께서 돌이켜 베드로를 보시니

베드로가 주의 말씀 곧 '오늘 닭 울기 전에 네가 세 번 나를 부인하리라' 하심이 생각나서 밖에 나가서 심히 통곡하니라.

요한복음 18:15-18, 25-27

시몬 베드로와 또 다른 제자 한 사람이 예수를 따르니 이 제자는 대제사장과 아는 사람이라 예수와 함께 대제사장의 집 뜰에 들어가고 베드로는 문 밖에 서 있는지라. 대제사장을 아는 그 다른 제자가 나가서 문 지키는 여자에게 말하여 베드로를 데리고 들어오니, 문 지키는 여종이 베드로에게 말하되,

"너도 이 사람의 제자 중 하나가 아니냐?" 하니

그가 말하되,

"나는 아니라" 하고

그 때가 추운 고로 종과 아랫사람들이 불을 피우고 서서 쬐니 베드로도 함께 서서 쬐더라…

시몬 베드로가 서서 불을 쬐더니 사람들이 묻되,

"너도 그 제자 중 하나가 아니냐?"

베드로가 부인하여 이르되,

"나는 아니라" 하니

대제사장의 종 하나는 베드로에게 귀를 잘린 사람의 친척이라 이르되,

"네가 그 사람과 함께 동산에 있는 것을 내가 보지 아니하였느냐?"

이에 베드로가 또 부인하니 곧 닭이 울더라.

해설

베드로의 예수 부인 사건은, 예수의 마지막 날에 일어났던 매우 가슴 아프고 기억에 남는 사건들 중의 하나로 꼽힌다. 예수의 가장 가까운 친구들 중 하나, 불과 몇 시간 전에 어떤 희생이나 대가가 따르더라도 예수를 부인하지 않겠다고 예수 옆에서 맹세했던 사람이, 예수에게 가장 어두운 시간에 그를 저버린다. 복음서의 설명은 비애(悲哀)로 젖어있다. 비극은 손에 만져질 듯 하며, 베드로는 그 장면에서 한 상심한 사람을 남겨둔다.

초기의 충성심

처음에, 베드로는 앞에서의 충성 맹세와 관련하여 잘 해나가는 듯이 보인다. "다른 제자 한 사람"(요한인 듯함)을 제외하고는, 다른 모든 제자들이 두려움으로 예수를 버리고 살 길을 찾아 도망칠 때, 베드로는 가능한 가까이 뒤를 따라 유대인 재판정에까지 이른다.[23] 어떻게 해서인지 요한은 대제사장에게 알려진 사람이고, 그래서 입장을 허락받는다. 요한이 베드로가 뜰 밖에서 서성이는 것을 보고서, 그는 문 지키는 여종에게 말하여 베드로 역시 안으로 들어오게 한다.

베드로와 요한 둘 다 이 시점에 죽음을 무릅쓴 셈이다. 그들의 스승

---

23 마태복음 26:58; 마가복음 14:54; 누가복음 22:54-55; 요한복음 18:15-16. 누가는 베드로의 부인 사건을 유대인들의 예수 재판 "장면 2" 앞에 위치시킨다. 마태와 마가는 그 사건을 "장면 2" 뒤에 위치시키며, 요한은 그것을 두 부분으로 나누어 유대인 재판의 "장면 1" 앞과 뒤에 배치한다. 이러한 차이점은 모순점이 아니라 내러티브 스토리텔링의 제약이다. 베드로의 부인이 있었던 시간 폭은 유대인들의 예수 재판 장면 1, 2와 병행한다. 그래서 각각의 내레이터는 그 사건을 재판 장면 앞 혹은 뒤에 위치시킬 수밖에 없었다. 그 사건들은 동시간대에 일어났다.

이 목숨이 달린 재판을 받고 있고, 안나스에 의해 그의 제자들에 관하여 심문을 받고 있음이 명백하다(요 18:19).[24] 이 정도로, 베드로는 목숨을 걸고서 자기 스승 가까이에 머물고 있다. 상황을 보건대, 요한은 집 안으로 들어간 듯하며, 베드로는 뜰에 남아 하인들, 관리들, 그 외 구경꾼들과 더불어 불가에서 몸을 녹인다. 그는 끝까지 예수 가까이에 머물기로 결심한 것이다(마 26:58).

의심과 부인

분명 베드로는 군중 사이에 뒤섞여 안전하게 진행 과정을 지켜보길 희망했을 것이다. 베드로를 문 안으로 들어오게 했던 그 여종이 다가와 베드로 앞에 섰을 때 문제가 시작된다: "너도 갈릴리 사람 예수와 함께 있었도다."[25] 그녀는 지난 주간 예수의 공적 사역 어느 시점에 베드로가 예수와 함께 있는 것을 분명히 보았다. 즉시로 베드로는 "모든 사람들 앞에서"(마 26:70) 예수를 아는 것을 부인한다.

잠시 후, 또 다른 여종이 같은 말을 시작하고, 곁에 섰던 자들과 같이 베드로에게 그가 예수의 제자들 중 하나가 아니냐고 묻는다.[26] 이번에 그는 예수를 아는 것을 맹세로써 부인한다.[27] 그 맹세는 주위 사람들에게 그가 예수의 제자들 중 하나가 정녕 아니라고 강조하는 것이다.

---

24 예수는 제자들에 관한 안나스의 질문에 답변을 거부했다. 이는 즉각적인 체포와 추가적인 혐의 및 괴롭힘에서 그들을 보호하기 위한 것으로 보인다(요 18:20-21).

25 마태복음 26:69; 참조, 마가복음 14:66-67; 누가복음 22:56; 요한복음 18:17.

26 마태복음 26:71; 마가복음 14:69; 누가복음 22:58; 요한복음 18:25.

27 마태복음 26:72. 예수는 맹세하지 말도록 가르쳤다(마 5:33-37). 그를 따르는 자들 사이에서는 어떤 맹세도 필요치 않았다. 모든 말이 진실해야 하기 때문이다.

세 번째로, 약 한 시간 후, 누가에 따르면, 구경꾼들이 다시 베드로에게 예수와의 관계에 대해 묻는다. 요한은 말고(베드로가 귀를 잘랐던 사람)의 한 친척이 질문공세를 주도하는 것으로 진술한다(요 18:26). 베드로의 갈릴리 억양이 그를 두드러지게 하여, 구경꾼들에게 그가 갈릴리 출신인 것을 드러낸다. 이것저것 종합하여, 그들은 결국 베드로가 예수의 추종자들 중 하나일 공산이 크다고 결론 내린다. 이 지점에서, 베드로는 상당히 두려워진다. 그의 계획은 무리 중에 섞여 익명의 안전판 뒤에서 진행과정을 지켜보는 것이었으나, 그것이 완벽하게 실패했다. 주변 사람들이 그가 예수와의 관계에 대해 거짓말을 해왔음을 알았다. 그들을 어떻게 납득시킬 것인가? 자포자기식으로, 베드로는 그가 생각할 수 있는 가장 과격한 진실의 주장을 수단으로 삼는다. 그는 자기 자신을 저주하며, 그가 예수를 알지 못한다고 엄숙하게 맹세한다.[28] 그런 단호한 저주가 구경꾼들 일부를 확신시킨 듯이 보인다. 하나님의 진노를 자기 자신에게 내리도록 빌다니, 아주 심각한 문제였다!

만약 베드로가 예수를 부인하지 않고 기소된 예수를 향한 그의 충성을 공개적으로 시인했더라면 어떤 일이 일어났을까? 아마도 억류되어 심문과 괴롭힘을 당했을 가능성이 매우 크다. 그가 목숨을 잃었을 것 같지는 않다. 유대 지도자들에게는 빌라도로 하여금 예수에게 사형 언도를 내리게 하는 것은 아주 어려웠으나, 예수의 추종자들 중 하나의 경우라면 훨씬 덜 어려웠을 것이다. 한편으로, 겟세마네 동산에서 베드로의 폭력 행위(말고의 귀를 자른 것)는 그를 더욱 가혹한 결과에 이르게 할 수도 있었다. 적어도 이 시점에서 그가 구금이나 죽음의 위험에 처

---

28   마태복음 26:74; 마가복음 14:71.

했다고 느낄 충분한 이유들이 있었다. 게다가, 예수와는 달리, 베드로에게는 광범위한 대중적 호의라는 방어막도 없었다. 하지만 예수의 본보기와는 너무나 대조적으로, 베드로는 주를 경외함이 아니라 인간에 대한 두려움으로 마비되어, 충성보다는 편의의 길을 선택한다.

닭이 울다

베드로의 세 번째 부인이 있은 직후에 닭이 운다.[29] 누가는 이 때에 예수가 돌이켜 그를 보았다고 진술한다. 눈이 마주쳤음을 암시한다. 예수는 창 너머로 그를 보았을 것이다. 어쩌면 그가 한 위치에서 그 저택 내의 다른 장소로 옮겨가는 중에 뜰을 볼 수 있었는지도 모른다.[30] 어느

---

29 마가는 첫 번째와 두 번째 부인 사이에 이미 닭이 울었음과, 닭이 두 번 울기 전에 베드로가 그를 세 번 부인할 것이라고 예수가 예언했음을 언급한다. 모순을 나타내기는커녕, 이러한 차이는 오히려 다양한 차원의 세부 사항들을 포함시키는 문제에서 복음서 저자들의 자유로움을 드러낸다. 마가가 가장 세부적인 사항을 제시하며, 그에 비해 다른 저자들은 좀 더 일반적인 관점에서, 닭이 울 때에 베드로가 예수의 말씀을 기억했으며, 가슴을 치며, 그 장소를 떠났다고 서술한다.

30 1973-1974년 사이에, 여섯 채의 헤롯의 저택들이 예루살렘에서 (Nahman Avigad 가 이끄는 팀에 의해) 발굴되었으며, 1985-1987년 사이에 (Leen Ritmeyerdml 감독 하에) 복구되었다. 그 건물들 중에서, 왕의 저택(혹은 헤롯의 저택)으로 알려진 것 하나는, 의심의 여지 없이 성전 제사장들에 의해 사용되었다. 그것은 성전 언덕 (Temple Mount)의 남서쪽 모서리 정 반대편에 위치하였으며, 유달리 커서, 6,500 평방피트(600 평방미터)의 공간을 차지하였다. 그 건물의 사용가능한 주거 공간은 그 크기의 두 배였다. 그것의 크기, 위치, 장식, 네 개의 의식용 욕조들은—대형 화재의 증거와 더불어— 그것이 대제사장 안나스의 저택이라고 확인이 가능하도록 이끌었다. 그 건물은 AD 70년에 불탔다(Josephus, *War* 2:426). 그 저택의 설계는 중앙의 뜰을 둘러싸도록 고안되었다. 그 뜰의 남서쪽 모서리(출입구 근처)에는, 베드로 같은 누군가가 커다란 영빈관의 창 너머로 살펴보는 것을 허용하는 한 공간이 있었으며, 그 크기는 33피트, 21피트(11미터, 6.5미터)로 측정되었다. 그 저택은 동쪽으로 약간 경사지도록 지어졌다. 입구가 뜰보다 높기 때문에, 베드로는 뜰을 밟기 위해 계단을 내려가야 했을 것이며, 그것은 베드로가 "아랫뜰에 있었다"(막 14:66)고 한 마가의 진술과 들어맞는다. 더 자세한 내용을 위해서는 다음의 인터뷰를 보라:

150

경우든, 예수의 시선 — 뚫어지게 쳐다보는 시선이기보다는 슬픔과 동정으로 가득한 진지한 시선이었을 것이다 — 은 베드로의 기억을 불러일으켰다. 그 아침의 소동과 위험 속에서, 그는 앞에서 그가 그날 밤 닭이 울기 전에 예수를 세 번 모른다고 하리라던 예수의 예언을 잊고 있었다. 베드로가 격렬히 거부하였고, 심지어 꾸짖은 예언이었다.

예수의 말씀이 기억나자마자, 베드로는 급히 뜰을 떠나, 심히 통곡하면서, 어둠 속 미로와 같은 예루살렘 거리 속으로 들어간다. 그가 자신에 관하여 알고 있다고 생각했던 모든 것, 모든 자기 확신과, 스승을 향한 죽지 않는 충성심에 대한 자기 믿음, 이 모든 것이 산산조각이 나 흩어졌다. 그는 자신을 실패자, 거짓말쟁이, 배반자, 그리고 위기를 면하려고 메시야를 부인함으로써 하나님의 진노를 자기 자신에게 떨어지게 만든 자라고 본다. 어쩌면 그는 예수의 이전 말씀을 회상했을 것이다: "누구든지 사람 앞에서 나를 부인하면 나도 하늘에 계신 내 아버지 앞에서 그를 부인하리라."[31] 예수를 고소자들 앞에서 홀로 죽게 남겨둠으로써, 그는 지난 3년간 그가 신뢰하고 따랐던 사람을 배반하고 부인했을 뿐 아니라, 또한 자기를 저주하고 맹세함으로써, 스스로를 하나님의 심판대 앞에 세우는 죄에 빠진 것이기도 하다.

스스로 자초한 베드로의 정서적 영적 고통은 같은 시간에 예수가 겪었던 육체적 정서적 고통과 날카롭게 대비된다. 베드로는 자기 행동이 돌이킬 수 없이 그 자신을 하나님의 진노 아래 두었음을 알았다(혹은

---

http://thegospelcoalition.org/blogs/justintaylor/2012/08/28/is-this-the-high-priestly-palace-where-jusus-stood-trial/.

31   마태복음 10:33; 마가복음 8:38; 누가복음 12:9.

그렇게 생각했다). 반면, 예수는 그 자신이 곧 온전히 쏟아 부어지는 하나님의 진노를 경험할 것이기에, 베드로를 비롯하여 예수를 믿는 다른 모든 이들이, 그와 같은 일을 겪지 않아도 될 것임을 알았다.

유대인들의 예수 재판 (장면 3): 최종 평결

금요일 해가 뜬 후, 전체 산헤드린의 최종 협의에서 예수를 사형에 해당하다고 정죄한 후 그를 빌라도에게 보내다.

마태복음 27:1-2

새벽에 모든 대제사장과 백성의 장로들이 예수를 죽이려고 함께 의논하고, 결박하여 끌고 가서 총독 빌라도에게 넘겨 주니라.

마가복음 15:1

새벽에 대제사장들이 즉시 장로들과 서기관들 곧 온 공회와 더불어 의논하고 예수를 결박하여 끌고 가서 빌라도에게 넘겨 주니[라].

해설

복음서 저자들은 유대 재판의 최종 평결을 비교적 간략히 언급한다. 공회의 가장 힘 있는 회원들은 이미 평결에 이르렀다. 예수가 자신이 그리스도라는 고백이 있었고, 대제사장이 극적으로 옷을 찢은 이후, 예수가 사형에 해당한다고 여겨지는 것은 의심의 여지가 없었다. 공식적

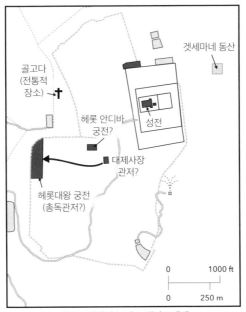

겟세마네 동산

골고다
(전통적
장소)

헤롯 안디바
궁전?

성전

대제사장
관저?

헤롯대왕 궁전
(총독관저?)

| 0 | | 1000 ft |
| 0 | | 250 m |

산헤드린에서 본디오 빌라도에게

인 평결은 그저 일출과 산헤드린 정족수를 기다릴 뿐이었다. 이 최종
심판은 앞의 평결이 결핍하는 합법의 모양새를 갖추게 한다.

유대의 지도자들은 시간을 허비하지 않고 평결을 내리고 예수를 빌
라도 앞에서 고소한다. 그들에게는 이 문제를 가능한 한 빨리 처리하는
것이 중요하다. 유월절에 발생할 수 있는 시민 소요사태를 피하고, 또
그들이 절기의 의식들에 정상적으로 참여하기 위해서이다. 재판은 시
작할 때와 마찬가지로 재빨리 종결되었다. 예수의 운명은 이제 로마 총
독 빌라도의 손에 넘겨졌다.

유다가 스스로 목을 매다

유다가 생각을 바꾸어, 은은 돌려주고는, 목매어 자살하다.

마태복음 27:3-10

그 때에 예수를 판 유다가 그의 정죄됨을 보고 스스로 뉘우쳐 그 은 삼십을 대제사장들과 장로들에게 도로 갖다 주며 이르되,

"내가 무죄한 피를 팔고 죄를 범하였도다" 하니

그들이 이르되,

"그것이 우리에게 무슨 상관이냐? 네가 당하라" 하거늘

유다가 은을 성소에 던져 넣고 물러가서 스스로 목매어 죽은지라. 대제사장들이 그 은을 거두며 이르되,

"이것은 핏값이라 성전고에 넣어 둠이 옳지 않다" 하고

의논한 후 이것으로 토기장이의 밭을 사서 나그네의 묘지를 삼았으 니 그러므로 오늘날까지 그 밭을 피밭이라 일컫느니라. 이에 선지자 예 레미야를 통하여 하신 말씀이 이루어졌나니 일렀으되,

"그들이 그 가격 매겨진 자 곧 이스라엘 자손 중에서 가격 매긴 자 의 가격 곧 은 삼십을 가지고 토기장이의 밭 값으로 주었으니 이 는 주께서 내게 명하신 바와 같으니라" 하였더라. [렘 19:1-14; 슥 11:11-13]

해설

마태 홀로 예수의 배반자 유다의 운명을 기록한다. 예수가 정죄됨을 보고 그의 처형이 확실해진 것을 인식하자마자, 그는 마음을 바꾸어,

돈을 돌려주고, 예수를 변호하려고 시도하면서 이런 자백을 한다: "내가 무죄한 피를 팔고 죄를 범하였도다."[32] 이 자백은 이미 늦었고 또 모자랐다. 유다는 그가 가한 해를 되돌리기 위해 할 수 있는 것이 없었다. 주사위는 이미 던져졌다. 하나님은 두 번째 기회를 주시는 하나님이시기도 하지만 (예컨대, 베드로의 회개와 회복을 보라), 유다의 경우 적어도 그의 배신의 결과를 되돌릴 수 없었다. 유다의 모든 후회와 가책이, 예수의 적대자들의 사악한 흉계에서 그가 한 역할을 무위로 되돌리지 않을 것이다. 그들은 그를 이용했고, 그는 정확하게 그들이 원했던 것을 그들이 필요로 하는 때에 그들에게 주었다.

사실상, 대제사장들과 장로들은 유다와, 그의 가책과, 그의 심경의 변화에는 관심을 기울이지 않는다. 그들 편에서 진리, 무죄, 회개 따위는 관심 밖이다. 유다는 그들의 완고함에 성전 바닥에 은 삼십을 던짐으로써 대응한다. 은 삼십은 노동자의 약 넉 달 품삯이다. 그는 자기 행동에 대해 속죄를 시도할 것인가? 그는 그 장소를 떠나 스스로 목을 맨다.[33] 유다의 자살과 요한복음 17:12에서의 그에 대한 예수의 언급은 ("그 중의 하나도 멸망하지 않고 다만 멸망의 자식 뿐이오니") 그의 생각의 변화가 구원의 회개에 이르게 하지 못했음을 시사한다. 그는 가책과 회한을 느꼈지만, 예수께서 탕자의 비유에서 가르치신 것처럼(눅 15:11-

---

32 마태복음 27:4

33 사도행전 1:18-19은 유다의 죽음에 대한 설명을 보충한다. 1:18은 유다가 (대제사장들의 대리인을 통해 간접적으로) 밭을 샀다고 언급한다. 1:18에서 기록되었듯 유다 몸이 곤두박질하여 배가 터지고 창자가 흘러나왔다고 하는 끔찍한 묘사는, 그의 몸이 밧줄 또는 나뭇가지에서 떨어진 직후였거나, 또는 그의 몸이 부패할 정도로 오래 매달려 방치되어 있었기 때문일 것이다. 마태복음과 사도행전의 설명은 각각 그 사건의 다른 측면과 세부 사항에 초점을 맞춘 것이다.

24) 하나님께 돌이켜 겸손과 회개로 용서를 구하는 대신, 스스로 목숨을 끊어버렸다.[34]

대제사장들 편에서 볼 때, 그들에게 약간의 문제가 남았다. 그 돈을 어떻게 할 것인가? 그들은 그것을 성전 금고에 넣어둘 수가 없다. 그것은 핏값이기 때문이다.[35] 그들은 최종적으로 밭을 사서 나그네들을 위한 매장지로 사용하기로 정했다. 일종의 '아무개'를 위한 공동묘지인 셈이다. 부지불식간에, 그들은 예레미야 19:1-14 및 스가랴 11:11-13에서 유래된 한 예언을 성취한다. 예레미야가 그 예언의 주창자로 언급되는 것은 그가 둘 중 더 저명한 예언자였기 때문일 것이다.[36]

해석가들은 유다의 동기에 대해 이모저모로 추정해보았다. 그는 단순히 탐욕적이고 기회주의적이었을까? 요한은 유다가 도둑이었고 종종 예수와 제자들의 공동 지갑을 훔쳤다고 진술한다(요 12:6). 유다는 그의 기대와는 달리 예수가 군사적 메시야가 되지 않을 것임을 깨닫고는 예수에게 환멸을 느꼈던 것일까? 그는 그의 배신이 억지로라도 예수를 개입시켜 유대와 로마의 통치를 뒤엎기를 기대했을까? 복음서 저자들은 그의 행동에 사탄의 개입이 있었다[37]는 것 말고는 그의 동기에 관하여 우리에게 알려주는 바가 없다. 사탄은 유다를 완전히 사로잡은

---

34 고린도후서 7:10은 유다의 상황에 대한 슬프지만 적절한 분석이다: "하나님의 뜻대로 하는 근심은 후회할 것이 없는 구원에 이르게 하는 것이요, 세상 근심은 사망을 이루는 것이니라."

35 대제사장들은 신명기 23:18의 명령을 따른 듯이 보인다.

36 이는 마가가 이사야(사 40:3)와 말라기(말 3:1)의 말씀을 결합하는 방식과 유사한데, 마가복음 1:2에서 마가는 더 널리 알려진 선지자로서 이사야만을 인용한다. 랍비들의 문서에서도 이런 방식의 전례가 있다.

37 누가복음 22:3; 요한복음 13:2, 27.

것이 아니라 점증하는 유혹으로 그의 약점을 이용했을 것이다. 아울러, 사탄의 개입이 그 배신에 대해 유다의 공모(共謀)와 책임을 면하게 하진 않는다.

로마의 예수 재판 (장면 1): 빌라도

본디오 빌라도가 예수를 심문하고 헤롯 안디바에게 보내다.

마태복음 27:11-14

예수께서 총독 앞에 섰으매 총독이 물어 이르되,

"네가 유대인의 왕이냐?"

예수께서 대답하시되,

"네 말이 옳도다" 하시고

대제사장들과 장로들에게 고발을 당하되 아무 대답도 아니하시는지라. 이에 빌라도가 이르되,

"그들이 너를 쳐서 얼마나 많은 것으로 증언하는지 듣지 못하느냐?" 하되

한 마디도 대답하지 아니하시니 총독이 크게 놀라워하더라.

마가복음 15:2-5

빌라도가 묻되,

"네가 유대인의 왕이냐?"

예수께서 대답하여 이르시되,

"네 말이 옳도다" 하시매

대제사장들이 여러 가지로 고발하는지라. 빌라도가 또 물어 이르되,

"아무 대답도 없느냐? 그들이 얼마나 많은 것으로 너를 고발하는
가 보라" 하되

예수께서 다시 아무 말씀으로도 대답하지 아니하시니 빌라도가 놀
랍게 여기더라.

누가복음 23:1-7

무리가 다 일어나 예수를 빌라도에게 끌고 가서 고발하여 이르되,

"우리가 이 사람을 보매 우리 백성을 미혹하고 가이사에게 세금
바치는 것을 금하며 자칭 왕 그리스도라 하더이다" 하니

빌라도가 예수께 물어 이르되,

"네가 유대인의 왕이냐?"

대답하여 이르시되,

"네 말이 옳도다."

빌라도가 대제사장들과 무리에게 이르되,

"내가 보니 이 사람에게 죄가 없도다" 하니

무리가 더욱 강하게 말하되,

"그가 온 유대에서 가르치고 갈릴리에서부터 시작하여 여기까지
와서 백성을 소동하게 하나이다."

빌라도가 듣고

"그가 갈릴리 사람이냐?" 물어

헤롯의 관할에 속한 줄을 알고 헤롯에게 보내니 그 때에 헤롯이 예
루살렘에 있더라.

요한복음 18:28-38

그들이 예수를 가야바에게서 관정으로 끌고 가니 새벽이라 그들은 더럽힘을 받지 아니하고 유월절 잔치를 먹고자 하여 관정에 들어가지 아니하더라. 그러므로 빌라도가 밖으로 나가서 그들에게 말하되,

"너희가 무슨 일로 이 사람을 고발하느냐?"

대답하여 이르되,

"이 사람이 행악자가 아니었더라면 우리가 당신에게 넘기지 아니하였겠나이다."

빌라도가 이르되,

"너희가 그를 데려다가 너희 법대로 재판하라."

유대인들이 이르되,

"우리에게는 사람을 죽이는 권한이 없나이다" 하니

이는 예수께서 자기가 어떠한 죽음으로 죽을 것을 가리켜 하신 말씀을 응하게 하려 함이러라.

이에 빌라도가 다시 관정에 들어가 예수를 불러 이르되,

"네가 유대인의 왕이냐?"

예수께서 대답하시되,

"이는 네가 스스로 하는 말이냐, 다른 사람들이 나에 대하여 네게 한 말이냐?"

빌라도가 대답하되,

"내가 유대인이냐? 네 나라 사람과 대제사장들이 너를 내게 넘겼으니 네가 무엇을 하였느냐?"

예수께서 대답하시되,

"내 나라는 이 세상에 속한 것이 아니니라. 만일 내 나라가 이 세

상에 속한 것이었더라면 내 종들이 싸워 나로 유대인들에게 넘겨 지지 않게 하였으리라. 이제 내 나라는 여기에 속한 것이 아니니 라."

빌라도가 이르되,

"그러면 네가 왕이 아니냐?"

예수께서 대답하시되,

"네 말과 같이 내가 왕이니라. 내가 이를 위하여 태어났으며 이를 위하여 세상에 왔나니 곧 진리에 대하여 증언하려 함이로라. 무릇 진리에 속한 자는 내 음성을 듣느니라" 하신대

빌라도가 이르되,

"진리가 무엇이냐?" 하더라.

이 말을 하고 다시 유대인들에게 나가서 이르되,

"나는 그에게서 아무 죄도 찾지 못하였노라."[38]

해설

산헤드린 공회가 예수에게 사형 판결을 내린 사실에도 불구하고, 공 회는 실제로 그것을 집행할 법적 권세는 가지지 않았다. 통제를 유지하

---

[38] 예수는 AD 30년 혹은 33년에 십자가에 못 박혔다(후자가 더 개연성이 큼). 만약 후 자일 경우라면, 티베리우스와의 관계에서 빌라도의 입지는 갈수록 약화되고 있었 다. 왜냐하면 빌라도의 후견인이었던 세야누스라는 이름을 가진 사람(로마 근위대 사령관)이 그의 임명에 관여되었을 터인데, 그가 임기 도중에 반역죄로 사형되었기 때문이다(정확히는 AD 31년 10월 18일에). 이런 정황이 빌라도를 유대 지도자들의 압박에 더욱 취약해지도록 만들었을 것이다(특히 요한복음 19:12 및 그 이하 구절 들을 보라: "이 사람을 놓으면 가이사의 충신이 아니니이다.")

기 위해, 로마인들은 사형할 권한을 유지하고 있었다. 이런 이유로, 산헤드린은 공식 판결을 내리자마자, 예수를 묶어 빌라도에게 보낸다. 빌라도는 티베리우스 황제(AD 14-37년 통치)에 의해 유대 총독으로 임명되었으며 AD 26-36년 동안 그 직위를 수행하였다. 평상시 빌라도는 가이사랴에 머물렀지만, 유월절 같은 중요한 절기 동안에는 예루살렘에 왔는데 이는 정치적으로 소란스러운 시기에 치안을 유지하기 위함이었다.

오직 요한만 로마 법정의 첫 번째 장면에 대해 세부적으로 전한다.[39] 유대 지도자들은 총독의 관저에 들어가길 원치 않는다. 그것이 그들을 부정하게 만들고 또 무교병 절기(유월절은 보다 좁은 의미에서 무교병 절기의 일부이다. 참조, 눅 22:1) 기간에 진행 중인 축제에 참여할 수 없게 만들기 때문이다. 유대인들은 지붕이 없는 경우라면 이방인의 뜰에 들어가는 것이 허용되었지만, 지붕 있는 이방인 건물에 들어간다면 부정해진다고 간주되었다. 빌라도는 이러한 유대인의 관심사에 민감했고, 그래서 밖으로 나가서 유대인 대표자들과 이야기했으며, 어떤 잘못이 있어 예수를 고소하는지를 묻는다. 유대 지도자들은 초반에는 고소 내용에 대해 모호한 태도였지만, 빌라도가 그들 스스로 송사를 다루라고 지시하자, 예수의 죄는 사형에 해당하기에 그렇게 할 수 없다고 말한다.[40] 요한은 로마인들에 의한 처형이 자기 자신의 죽음에 관한 예수의 예언을 성취하는 것이라고 언급한다(요 12:33). 1세기의 유대인들은 십자가형에 공포를 느꼈으며, 그것을 나무에 매달리는 죽음과 같다고 보

---

3 9   요한복음 18:28-32.
4 0   요한복음 18:31.

았다. 나무에 달리는 죽음은 하나님께 저주를 받은 것을 나타낸다(신 21:23; 갈 3:13).

유대 지도자들은 그들이 그토록 신경을 쓰는 신성모독이라는 신학적 비난에는 빌라도가 관심을 기울이지 않는 것을 알고는, 정치적 고소에 집중한다. 그들은 예수가 민족을 미혹했으며, 황제에게 세금 바치는 것을 금하고, 그 자신을 메시야적 왕이라 선언했다고 주장한다.[41] 신성모독의 고소는 로마식으로는 처형에 이르지 않는다. 하지만 예수가 왕권을 주장했다는 것은 그가 경쟁상대인 황제로서 직접 가이사에게 맞섰음을 의미한다. 그것은 치명적인 고소였으며, 그것이 사실이라면, 필시 사형의 결과로 이어질 것이다.

빌라도는 이런 고소 내용을 접하고는 직접 예수에게 묻는다: "네가 유대인의 왕이냐?"[42] 빌라도의 관심은 단지 예수가 로마 황제의 권력에 위협이 되느냐의 여부를 판정하는 데 있을 뿐이다. 요한만이 그 뒤에 이어지는 간략한 대화를 기록한다. 간단히 말해, 예수는 빌라도에게 그가 유대 지도자들이 그를 고소하는 방식으로는 로마 황제의 통치에 위협 아님을 확신시킨다: "내 나라는 이 세상에 속한 것이 아니니라. 만일 내 나라가 이 세상에 속한 것이었더라면 내 종들이 싸워 나로 유대인들에게 넘겨지지 않게 하였으리라. 이제 내 나라는 여기에 속한 것이 아니니라." 예수는 그가 로마 통치에 대항하여 무장 반란을 이끌 의도가 없음을 분명히 한다. 하지만 그의 대답은 빌라도로 하여금 그의 애

---

41 누가복음 23:2. 누가복음 20:20-26에 따르면, 두 번째 고소는 명백한 허위이다.

42 마태복음 27:11; 마가복음 15:2; 누가복음 23:3; 요한복음 18:33.

초 질문을 되풀이하게 만든다: "그러면 네가 왕이 아니냐?"[43] 예수는 그가 전에 종종 사용했던 표현으로 대꾸한다: "네 말이 옳도다."[44] 이 표현은 다소 모호한 긍정을 나타내지만, 책임을 질문자에게 되돌리는 것이다.

예수는 더 나아가 그가 세상에 온 이유를 묘사한다: 진리에 대하여 증언하려 함이다.[45] 그의 나라는 이같이 그의 음성을 듣고 진리에 열려 있는 모든 사람으로 구성된다. 빌라도가 조롱하듯 대꾸한다: "진리가 무엇이냐?"(진리의 거룩한 구현이 바로 그 앞에 서 있다는 사실에 비추어보면 반어적 의미를 잔뜩 담은 진술이다.)[46] 빌라도는 거동, 외모, 태도에 근거하여 재빨리 예수를 평가하여 그가 제기된 고소와 관련하여 무죄라고 결론을 내리고, 예수가 해롭지 않은 종교 교사이며 로마의 통치에 거의 위협이 되지 않는 인물이라고 추정한다.[47] 남아있는 역사적 기록들이 아주 분명하게 보여주듯이, 빌라도는 유대 당국자들을 포함하여 그의 관할 하에 있는 백성들의 희망에 비굴하게 순응하는 데 익숙했다.

하지만 대제사장들은 왕권과 관련한 예수의 답변("네 말이 옳다.")을 물고 늘어져, 한층 강화된 고소의 말들을 쏟아낸다. 빌라도는 예수가 고소자들에게 답하기를 거부할 때 몹시 놀란다. 다른 어떤 사람도 예수

---

43   요한복음 18:37.

44   마태복음 27:11; 마가복음 15:2; 누가복음 23:3; 이 표현이 마태복음 26:25,64절에서 사용된 것을 참조하라. 요한은 같은 대답을 전한다: "네 말과 같이 내가 왕이니라"(요 18:37).

45   요한복음 18:37.

46   요한복음 18:38a. 예수의 이전 진술을 참조하라: "내가 곧 길이요 진리요 생명이니 나로 말미암지 않고는 아버지께로 올 자가 없느니라"(요 14:6).

47   누가복음 23:4; 요한복음 18:38.

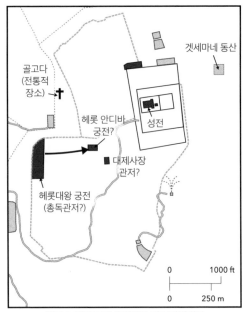

본디오 빌라도에게서 헤롯 안디바에게로

편에서 그의 목숨을 구하기 위해 고소에 대해 답변하려 하지 않는다. 하지만 예수는 죽음 그 이상의 무언가를 염려했으며, 목숨의 보전보다 더 높은 것에 우선순위를 두었다. 그가 한 마디도 답하지 않은 것은 이사야 53:7의 성취였다: "그가 곤욕을 당하여 괴로울 때에도 그의 입을 열지 아니하였음이여 마치 도수장으로 끌려가는 어린 양과 털 깎는 자 앞에 잠잠한 양같이 그의 입을 열지 아니하였도다." 빌라도는 의아해서 묻는다: "그들이 너를 쳐서 얼마나 많은 것으로 증언하는지 듣지 못하느냐?"[48]

빌라도는 예수를 어떻게 해야 할지 모른다. 그는 예수가 무죄라고

---

48 마태복음 27:13.

생각하지만, 유대 지도자들은 대소동 상태에 있다. 놀라고 불확실한 상태에서, 그는 고소 내용 중에서 그를 빠져나가게 하고 결정 내리는 것을 피하게 만들어 줄 하나의 출구를 발견한다. 대제사장들 및 그들과 함께한 추종자 무리는 예수가 갈릴리에서 유대에 이르기까지 백성들의 소동을 조장했다고 주장해왔다.[49] 추가적인 심문에서, 빌라도는 예수가 갈릴리 사람이며 따라서 사법적으로 헤롯 안디바의 관할권 아래에 있음을 알게 된다.[50] 헤롯이 문제를 풀어주기를 기대하며, 빌라도는 예수와 대제사장들을 그에게 보낸다.[51] 헤롯이 예수를 처리하게 하라.

로마의 예수 재판 (장면 2): 헤롯 안디바

헤롯 안디바가 예수를 심문하고 다시 본디오 빌라도에게 돌려보내다.

누가복음 23:8-12

헤롯이 예수를 보고 매우 기뻐하니 이는 그의 소문을 들었으므로 보고자 한 지 오래였고 또한 무엇이나 이적 행하심을 볼까 바랐던 연고러라.

여러 말로 물으나 아무 말도 대답하지 아니하시니, 대제사장들과 서

---

49 누가복음 23:5.

50 갈릴리의 분봉왕(4분의 1을 통치) 헤롯 안디바(4 BC—AD 39)는 헤롯 대왕의 아들들 중의 하나이다. 그는 세례 요한이 그와 헤로디아의 결혼을 비난했을 때 요한의 목을 베었다(막 6:14-29). 예수는 안디바를 가리켜 "저 여우"라고 언급했다(눅 13:32).

51 당시 헤롯이 있었던 곳은 아마 예루살렘에 있는 하스모네(Hasmonean) 궁전이었을 것이며, 그것은 빌라도의 관저에서 동쪽으로 도보로 약 10분 거리에 있었다.

기관들이 서서 힘써 고발하더라.

헤롯이 그 군인들과 함께 예수를 업신여기며 희롱하고 빛난 옷을 입혀 빌라도에게 도로 보내니,

헤롯과 빌라도가 전에는 원수였으나 당일에 서로 친구가 되니라.

해설

오직 누가만 헤롯 앞에서 일어난 예수의 즉흥 재판을 기록한다. 빌라도와 달리, 헤롯은 갈릴리 전역에서 일어났던 예수의 기적적인 활동에 대해 소문을 들은 바 있으며, 그의 강력한 이적에 대해 개인적으로 약간의 증언을 듣고 싶어 그를 보기를 오래도록 갈망해왔다. 그는 마침내 초자연적인 표적을 볼 기회를 얻었다고 여겨 기뻐한다. 하지만 헤롯의 기쁨은 오래 지속되지 않는다. 예수는 그의 어떤 질문들에도 답변을 거부한다.

빌라도 앞에서와 마찬가지로, 곁에 서 있던 대제사장들과 서기관들은 격렬하게 예수를 고발하는데, 그 내용은 앞서 그에 대해 퍼붓던 것과 마찬가지로 정치적인 것들이다. 일단 헤롯이 예수가 기적의 표적을 행하지 않을 것이고 심지어 그의 질문들에 답변하는 존경의 표시조차 하지 않을 것을 알아채자, 그와 그의 군인들은 예수를 조롱하고 함부로 대하기 시작한다. 예수는 굴복하지도 않고 청중의 즐거움을 위한 어떤 행동도 하지 않을 것이기에, 그는 이제 언어적 폭력의 대상이 된다. 이어지는 모욕 중에는 예수에게 가상의 왕복을 입히고 그가 왕이라고 주장했다고 조롱하는 것도 포함된다.

헤롯은 유대 지도자들이 예수를 고발한 문제와 관련하여 진실을 판

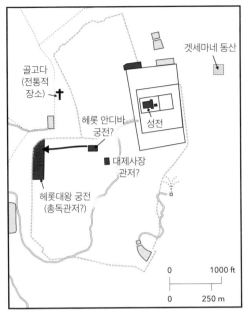

헤롯 안디바에게서 본디오 빌라도에게로

정하거나, 빌라도의 문제를 해결해주는 것보다는, 기적을 보는 것에 더 관심이 있다. 예수가 그의 요구를 거절할 때, 헤롯은 그를 빌라도에게 되돌려보낸다. 누가는 헤롯과 빌라도가 전에 원수였음에도 불구하고 그 날에 친구가 되었다는 기이한 사실로 해당 기록을 마무리한다. 한 공동의 적이 기이한 동맹자들을 만든다. 그렇기는 하지만, 둘 다 예수가 그에 대해 제기된 고소 내용에 대해서는 무죄라고 결론을 내린다(눅 23:15).

로마의 예수 재판 (장면 3): 최종 평결

예수는 두 번째로 빌라도 앞에 나타나고 죽음을 선고받는다.

마태복음 27:15-26

명절이 되면 총독이 무리의 청원대로 죄수 한 사람을 놓아 주는 전례가 있더니, 그 때에 바라바라 하는 유명한 죄수가 있는데, 그들이 모였을 때에 빌라도가 물어 이르되,

> "너희는 내가 누구를 너희에게 놓아 주기를 원하느냐? 바라바냐 그리스도라 하는 예수냐?" 하니

이는 그가 그들의 시기로 예수를 넘겨 준 줄 앎이더라. 총독이 재판석에 앉았을 때에 그의 아내가 사람을 보내어 이르되,

> "저 옳은 사람에게 아무 상관도 하지 마옵소서. 오늘 꿈에 내가 그 사람으로 인하여 애를 많이 태웠나이다" 하더라.

대제사장들과 장로들이 무리를 권하여 바라바를 달라 하게 하고 예수를 죽이자 하게 하였더니, 총독이 대답하여 이르되,

> "둘 중의 누구를 너희에게 놓아 주기를 원하느냐?"

이르되,

> "바라바로소이다."

빌라도가 이르되,

> "그러면 그리스도라 하는 예수를 내가 어떻게 하랴?"

그들이 다 이르되,

> "십자가에 못 박혀야 하겠나이다."

빌라도가 이르되,

> "어찜이냐? 무슨 악한 일을 하였느냐?"

그들이 더욱 소리 질러 이르되,

"십자가에 못 박혀야 하겠나이다" 하는지라.

빌라도가 아무 성과도 없이 도리어 민란이 나려는 것을 보고 물을 가져다가 무리 앞에서 손을 씻으며 이르되,

"이 사람의 피에 대하여 나는 무죄하니 너희가 당하라."

백성이 다 대답하여 이르되,

"그 피를 우리와 우리 자손에게 돌릴지어다" 하거늘

이에 바라바는 그들에게 놓아 주고 예수는 채찍질하고 십자가에 못 박히게 넘겨 주니라.

마가복음 15:6-15

명절이 되면 백성들이 요구하는 대로 죄수 한 사람을 놓아 주는 전례가 있더니, 민란을 꾸미고 그 민란중에 살인하고 체포된 자 중에 바라바라 하는 자가 있는지라. 무리가 나아가서 전례대로 하여 주기를 요구한대, 빌라도가 대답하여 이르되,

"너희는 내가 유대인의 왕을 너희에게 놓아 주기를 원하느냐?" 하니

이는 그가 대제사장들이 시기로 예수를 넘겨 준 줄 앎이러라.

그러나 대제사장들이 무리를 충동하여 도리어 바라바를 놓아 달라 하게 하니, 빌라도가 또 대답하여 이르되,

"그러면 너희가 유대인의 왕이라 하는 이를 내가 어떻게 하랴?"

그들이 다시 소리 지르되,

"그를 십자가에 못 박게 하소서."

빌라도가 이르되,

"어찜이냐? 무슨 악한 일을 하였느냐?" 하니

더욱 소리 지르되,

"십자가에 못 박게 하소서" 하는지라.

빌라도가 무리에게 만족을 주고자 하여 바라바는 놓아 주고 예수는 채찍질하고 십자가에 못 박히게 넘겨 주니라.

누가복음 23:13-25

빌라도가 대제사장들과 관리들과 백성을 불러 모으고 이르되,

"너희가 이 사람이 백성을 미혹하는 자라 하여 내게 끌고 왔도다. 보라 내가 너희 앞에서 심문하였으되 너희가 고발하는 일에 대하여 이 사람에게서 죄를 찾지 못하였고, 헤롯이 또한 그렇게 하여 그를 우리에게 도로 보내었도다. 보라 그가 행한 일에는 죽일 일이 없느니라. 그러므로 때려서 놓겠노라."

무리가 일제히 소리 질러 이르되,

"이 사람을 없이하고 바라바를 우리에게 놓아 주소서" 하니

이 바라바는 성중에서 일어난 민란과 살인으로 말미암아 옥에 갇힌 자러라.

빌라도는 예수를 놓고자 하여 다시 그들에게 말하되, 그들은 소리 질러 이르되,

"그를 십자가에 못 박게 하소서! 십자가에 못 박게 하소서!" 하는지라.

빌라도가 세 번째 말하되,

"이 사람이 무슨 악한 일을 하였느냐? 나는 그에게서 죽일 죄를 찾지 못하였나니 때려서 놓으리라" 하니

그들이 큰 소리로 재촉하여 십자가에 못 박기를 구하니 그들의 소리가 이긴지라.

이에 빌라도가 그들이 구하는 대로 하기를 언도하고, 그들이 요구하는 자, 곧 민란과 살인으로 말미암아 옥에 갇힌 자를 놓아 주고 예수는 넘겨 주어 그들의 뜻대로 하게 하니라.

요한복음 18:38b-19:16

다시 유대인들에게 나가서 이르되,

"나는 그에게서 아무 죄도 찾지 못하였노라. 유월절이면 내가 너희에게 한 사람을 놓아 주는 전례가 있으니 그러면 너희는 내가 유대인의 왕을 너희에게 놓아 주기를 원하느냐?" 하니

그들이 또 소리 질러 이르되,

"이 사람이 아니라 바라바라" 하니 바라바는 강도였더라.

이에 빌라도가 예수를 데려다가 채찍질하더라.

군인들이 가시나무로 관을 엮어 그의 머리에 씌우고 자색 옷을 입히고 앞에 가서 이르되,

"유대인의 왕이여 평안할지어다" 하며 손으로 때리더라.

빌라도가 다시 밖에 나가 말하되,

"보라 이 사람을 데리고 너희에게 나오나니 이는 내가 그에게서 아무 죄도 찾지 못한 것을 너희로 알게 하려 함이로라" 하더라.

이에 예수께서 가시관을 쓰고 자색 옷을 입고 나오시니 빌라도가 그들에게 말하되,

"보라 이 사람이로다" 하매

대제사장들과 아랫사람들이 예수를 보고 소리 질러 이르되,

"십자가에 못 박으소서! 십자가에 못 박으소서!" 하는지라.

빌라도가 이르되,

"너희가 친히 데려다가 십자가에 못 박으라. 나는 그에게서 죄를 찾지 못하였노라."

유대인들이 대답하되,

"우리에게 법이 있으니 그 법대로 하면 그가 당연히 죽을 것은 그가 자기를 하나님의 아들이라 함이니이다."

빌라도가 이 말을 듣고 더욱 두려워하여 다시 관정에 들어가서 예수께 말하되,

"너는 어디로부터냐?" 하되

예수께서 대답하여 주지 아니하시는지라.

빌라도가 이르되,

"내게 말하지 아니하느냐? 내가 너를 놓을 권한도 있고 십자가에 못 박을 권한도 있는 줄 알지 못하느냐?"

예수께서 대답하시되,

"위에서 주지 아니하셨더라면 나를 해할 권한이 없었으리니 그러므로 나를 네게 넘겨 준 자의 죄는 더 크다" 하시니라.

이러하므로 빌라도가 예수를 놓으려고 힘썼으나 유대인들이 소리 질러 이르되,

"이 사람을 놓으면 가이사의 충신이 아니니이다. 무릇 자기를 왕이라 하는 자는 가이사를 반역하는 것이니이다."

빌라도가 이 말을 듣고 예수를 끌고 나가서 돌을 깐 뜰(히브리 말로 가바다)에 있는 재판석에 앉아 있더라.

이 날은 유월절의 준비일이요 때는 제 육시라.

빌라도가 유대인들에게 이르되,

"보라 너희 왕이로다."

그들이 소리 지르되,

"없이 하소서! 없이 하소서! 그를 십자가에 못 박게 하소서!"

빌라도가 이르되,

"내가 너희 왕을 십자가에 못 박으랴?"

대제사장들이 대답하되,

"가이사 외에는 우리에게 왕이 없나이다" 하니

이에 예수를 십자가에 못 박도록 그들에게 넘겨 주니라.

해설

빌라도의 초기 평결: 무죄

예수가 헤롯에게서 빌라도에게로 되돌아올 때, 빌라도는 대제사장들과 유대 지도자들을 만나 그의 평결을 발표한다: 예수를 때린 후에 풀어주겠다. 빌라도는 그 자신과 헤롯 둘 다 예수를 고소당한 내용에 대해 무죄라 여긴다고 분명히 밝힌다. 그들의 의견에, 예수는 로마의 통치에 위협이 되지 않았다: "보라, 그가 행하는 일에는 죽일 일이 없느니라"(눅 23:15). 요한이 기록한 바에 따르면 그의 평결은 이러하다: "나는 그에게서 아무 죄도 찾지 못하였노라"(요 18:38). 그리하여 빌라도는 예수를 때린 후 풀어주겠다는 계획을 제시한다. 하지만 그의 제안은 유대 지도자들을 만족시키지 못한다.[52]

---

52   누가복음 23:16-18.

바라바

여전히 피할 수 없는 일에 굴하지 않으려 하면서, 예수의 무죄를 믿고 또 그의 석방을 바라면서, 빌라도는 문제를 해결하기 위한 한 가지 방안을 제안한다. 유월절 명절마다 로마 총독이 죄수 한 명을 풀어주는 관행이 있었다.[53] 빌라도는 이러한 전통을 과거에 외세(애굽)로부터의 하나님의 구원을 축하하기 위해 많은 순례자들이 예루살렘으로 모여드는 때에, 증대될 수 있는 정치적 긴장과 반(反)로마 정서를 완화하는 방법으로 활용해왔던 것 같다. 빌라도는 틀림없이 군중이 바라바보다 예수를 택할 것이라고 여겼다. 바라바는 폭동에 참여하고 강도와 살인을 범한 죄로 투옥된 난폭한 사람이었다.[54]

빌라도는 예수가 처형되는 것을 원치 않는다. 왜냐하면 유대 지도자들이 증대되는 예수의 인기 때문에 순전히 시기심으로 행동하고 있다고 느끼기 때문이다. 동시에, 그는 유대 당국자들이 예수를 향해 퍼붓는 신학적 비난에 대해서는 충분히 이해하지 못하거나, 관심을 기울이지 않는다.[55] 게다가, 마태의 기록에 따르면, 빌라도가 군중으로부터 대답을 기다리는 동안, 그의 아내가 그에게 사람을 보내어 그녀가 꿈에 예수로 인해 애를 많이 태웠음을 알리며, "그 의로운 사람"에게 아무런 상관도 하지 말 것을 호소하는 긴급한 메시지를 전한다.[56] 마태가 세부

---

53   마태복음 27:15; 마가복음 15:6; 누가복음 23:18; 요한복음 18:39.

54   마가복음 15:7; 누가복음 23:18-19; 요한복음 18:40. 여기서 재담(才談)과 풍자에 주목하라. 바라바(Bar-abbas)는 "아버지의 아들"이라는 뜻이다. 사람들이 예수를 거절하는데, 그는 진실로 "아버지의 아들", 즉 하나님의 신적 아들이시다.

55   마태복음 27:18; 마가복음 15:10.

56   마태복음 27:19.

사항을 자세히 전하지는 않지만, 로마인들이 꿈이나 환상이나 징조에 큰 의미를 부여했다는 기록이 있다. 꿈의 구체적 내용이 무엇이건, 빌라도의 아내는 꿈의 메시지를 예수와 연관시켰고, 그로 인해 남편에게 경고의 말을 전할 정도로 큰 불안을 겪었다.

십자가에 못 박으라는 재촉

하지만 빌라도에게 유감스럽게도, 유대 지도자들은 무리를 선동하여 예수가 아니라 바라바를 풀어주도록 요청하게 한다.[57] 우선, 주초에 승리의 입성(Triumphal Entry) 때 예수를 영웅으로 여기고 환영하던 백성들이 이제 그를 적대시하는 입장으로 바뀐 것이 이상하게 보일 수 있다. 하지만 유대 지도자들의 행동이 그들의 돌변을 설명해준다.[58] 그들은 적극적으로 무리를 선동하면서, 의심의 여지 없이 뜬소문과 거짓 비난들을 퍼뜨리면서, 특히 예수가 신성모독을 범했다고 비난한다. 무리 중에서 유대인들보다는 예수를 신뢰하는 쪽으로 기울어졌던 사람들조차 신성모독의 죄를 범한 사람을 지지하기란 상당히 거북스러웠을 것이다. 일단 유대 지도자들이 무리를 선동하는데 효과를 보기 시작하자, 군중 심리를 장악하여 격분하게 만들기란 쉬운 일이었다.

군중의 바라바 선택에도 불구하고, 빌라도는 예수를 매질한 후 석방하려 했던 초기의 의도를 실행하려고 시도한다. 그는 예수에게 채찍질을 하게 했고, 그런 동안 군인들은 예수의 머리에 가시 면류관을 씌우

57 마태복음 27:20; 마가복음 15:11; 누가복음 23:18; 요한복음 18:40.
58 대안적인 설명을 제시하자면, "호산나!"를 외쳤던 무리는 갈릴리 순례자들 및 더 넓은 맥락에서 제자들의 집단으로 구성되었으며, 반면 "그를 십자가에 못 박으소서!" 라고 외친 무리는 예루살렘 사람들이었다.

고 찢긴 그의 몸에 자색 의복을 입히고는 그를 희롱한다. 그들은 그에게 왕으로서 존경과 경의를 표하는 시늉을 하고는, 손으로 그를 친다.[59] 아이러니하게도, 군인들은 온 우주의 진정한 왕을 조롱한다! 판결 이전의 이 채찍질은, 판결 이후에 예수가 견뎌야 했던 채찍질에 비하면 훨씬 가벼웠을 것이다.[60] 예수에게 채찍질을 가하게 한 후, 빌라도는 그를 무리 앞에 내세운다. 그가 예수를 사형에 해당한다고 여기지 않음을 무리에게 나타내기 위해서이다. 그는 예수가 받아 마땅하다고 여긴 처벌을 명했다.[61] 이 시점에서, 마태와 마가는 빌라도가 다음과 같이 물었다고 기록한다: "그러면 너희가 유대인의 왕이라 하는 이를 내가 어떻게 하랴?"[62] 이 질문은 복음서에서 가장 유명하고 또 섬뜩한 말로 이어진다: "그를 십자가에 못 박게 하소서."[63]

빌라도는 유대 당국자들의 요구에 순순히 따를 준비가 되지 않았다. 오히려 빈정거리는 말투로, 그들이 법적으로 그럴 수 없음을 알면서도, 그들 스스로 예수를 십자가에 못 박으라고 지시한다.[64] 유대 지도자들은 승리가 임박했다고 느끼며 빌라도의 거부를 무시한다. 그들은 그들

---

59   요한복음 19:1-3.

60   어떤 해석자들은 채찍질에 대한 두 번의 설명이 같은 것이라고 본다. 하지만 빌라도가 아직 유죄 확정이 내려지지 않은 누군가를 향해 그토록 심한 벌을 명했을 것 같지는 않다. 요한복음 19:1-3과 누가복음 23:16에 기록된 처음의 채찍질은 경범죄에 해당하는 좀 더 가벼운 형태의 채찍질이고, 반면 마태복음 27:26과 마가복음 15:15에 기록된 나중의 채찍질은 사형에 수반하는 심한 매질에 해당한다고 보는 것이 매우 타당하다.

61   요한복음 19:4-5.

62   마가복음 15:12. 마태복음 27:22 역시 빌라도의 질문을 비슷하게 기록한다: "그러면 그리스도라 하는 예수를 내가 어떻게 하랴?"

63   마태복음 27:22; 마가복음 15:13; 누가복음 23:21.

64   요한복음 19:6.

의 법에 따르면 예수가 죽어야 한다고 계속해서 주장하는데, 그 이유는 예수가 "자기를 하나님의 아들이라"[65]고 했기 때문이라고 한다. 이 진술이 빌라도를 두렵게 한다. 그가 두려운 것은 유대인들이 아니라 예수의 신적 기원의 가능성이다. 그것이 그의 아내가 두려운 꿈을 꾸었던 이유를 설명하지 않을까? 예수와 홀로 대화를 하면서, 그가 묻는다: "너는 어디로부터냐?"[66] 예수가 대답하기를 거부할 때, 빌라도는 은근히 위협조로 말한다: "내게 말하지 아니하느냐? 내가 너를 놓을 권한도 있고 십자가에 못 박을 권한도 있는 줄 알지 못하느냐?"[67]

예수는 이 대답으로써 단박에 빌라도의 콧대를 꺾는다: "위에서 주지 아니하셨더라면 나를 해할 권한이 없었으리라."[68] 인간적으로는 기소당한 사람이 그런 식으로 대응하는 것은 불합리하다. 예수는 자기를 누구라고 생각했을까? 빌라도, 유대 지도자들, 군중들은 혼란 상태였지만, 예수는 잠잠히 하나님께 대한 믿음을 표현한다. 그는 두려워하지 않는다. 어떤 인간적인 권위도 그의 운명을 결정하지 못할 것임을 알기 때문이다.

그 짧은 대화 이후 빌라도에게는 예수를 풀어주고 싶은 새로운 욕구가 생긴다. 하지만 유대 지도자들은 노력의 강도를 높여 이제 진지한 정치적 압박을 가하기 시작한다: "이 사람을 놓으면 가이사의 충신이 아니니이다. 무릇 자기를 왕이라 하는 자는 가이사를 반역하는 것이니

---

65   요한복음 19:7.

66   요한복음 19:9.

67   요한복음 19:10.

68   요한복음 19:11.

이다."[69] 이 진술로, 유대 지도자들은 효과적으로 빌라도를 협박하고 있다. 만약 그가 예수를 풀어준다면, 빌라도가 가이사의 편에 서서 가이사의 경쟁자를 제거하지 않는다는 소식이 로마에까지 퍼질 것이다. 그런 비난은 당장 총독으로서의 생존까지 위협하지는 않더라도, 그의 정치적 야심을 좌절하게 만들 수 있다.

"그를 십자가에 못 박게 하소서!" 군중은 반복해서 그 소리를 외쳐댄다. 빌라도가 끼어들어 군중을 설득해보려고 시도한다: "어찜이냐? 그가 무슨 악한 일을 하였느냐?"[70] 하지만 군중은 빌라도를 무시하고 예수를 십자가에 못 박으라는 반복적인 외침으로 그의 소리를 파묻히게 한다. 빌라도가 묻는다, "내가 너희 왕을 십자가에 못 박으랴?" 그 물음에 유대인들이 충격적인 대꾸를 한다. "가이사 외에는 우리에게 왕이 없나이다."[71] 예수를 제거하려는 욕구로 완전히 눈이 멀어, 유대 지도자들은 오직 하나님만을 왕이시라고 믿는 그들의 민족적 유산(삿 8:23; 삼상 8:7)과 메시야적 기대마저 부인한다.

최종적 평결

상황은 제어가 되지 않으며 급속도로 선회하는 듯이 보였다. 한바탕 폭풍 — 소요, 잔인한 로마의 탄압, 유혈의 폭풍 — 을 위한 모든 요소들이 갖추어졌다. 빌라도는 진리와 정의보다는 타산적 편의주의에 기

---

69   요한복음 19:12.

70   마태복음 27:23; 마가복음 15:14; 누가복음 23:22. 예수의 무죄에 대한 빌라도의 반복되는 주장은 시편 38:20-21과 이사야 53:9에 있는 구약 선지자의 예언을 확증한다.

71   요한복음 19:15-16.

초하여 최종 결정을 내린다. 그는 예수의 무죄를 확고하게 믿지만, 소요를 두려워하여 무리를 만족시키길 원한다.[72] 군중재판(mob justice)은 일종의 모순어법인데, 군중의 변덕이란 (설혹 그런 경우가 있다손 치더라도) 좀체 진정한 정의로 이어지지 않기 때문이다. 빌라도에게는 소요를 두려워할 만한 충분한 이유가 있다. 유대 백성은 1세기 동안 줄곧 민간 소요사태를 일으키기가 쉬웠고, 총독으로서 그의 주된 일거리 중의 하나는 무슨 대가를 치르든 치안을 유지하는 것이었기 때문이다. 소요에 뒤따르는 더 큰 유혈사태를 막기 위해서라면 정녕 죄 없는 한 사람이 죽을 가치가 있었다.

최종 결심을 알리기에 앞서, 빌라도는 한 가지 상징적인 행동을 한다. 그는 예수의 피에 대해 죄 없음을 나타내기 위해 온 군중 앞에서 자기 손을 씻는다.[73] 무리는 빌라도의 행동을 보고 예수의 죽음에 책임을 수용한다는 태도로 대응한다: "그 피를 우리와 우리 자손에게 돌릴지어다!"[74] 예수의 죽음과 관련하여 자기 책임을 면하고 또 무죄를 공언하는 빌라도의 모든 노력에도 불구하고, 여전히 그가 책임이 있다는 사실은 남는다. 그의 사법권과 관리 하에 발생한 그 끔찍한 사건 전반에 대해 그는 책임이 있다. 그 문제에서 빌라도가 아무리 중립을 선언하려고 노력했어도, 그는 예수의 죽음에 대해 유대 지도자들에게만 책임을 지울 수 없었다.

---

72   마태복음 27:24; 마가복음 15:15; 누가복음 23:23-24.

73   마태복음 27:24.

74   마태복음 27:25.

로마인에 의한 예수 재판의 마지막 국면은 채찍질로 마무리된다.[75] 로마의 채찍질은 너무나 잔혹하고 격렬하여 죄수들은 이따금 십자가 처형 이전에 목숨을 잃곤 했다. 비록 예수는 이런 형태의 고문에서 살아남았지만, 그 매질은 해지기 전에 그가 죽을 것을 보증한다. 채찍질이 가해지는 동안, 그는 한 기둥에 묶여 뼈와 금속을 섞어 짠 채찍으로 맞다가, 마침내 그의 피부와 근육 조직이 찢겨나간다. 각 복음서 설명에서는 아이러니가 두드러진다: 의인 예수는 정죄를 받아 죽음에 이르는 반면 죄인 바라바는 석방된다. 예수는 로마 총독에 의해 죄 없다고 선언되었음에도 불구하고 사형집행에 넘겨진다. 터무니없고 명백한 오심이다. 요한은 이 최종 평결이 유월절 준비일 약 6시(대략 정오)에 내려졌다고 언급한다. 그 시는 유월절 주간 안식일 만찬을 위해 어린 양이 죽임을 당하던 무렵이다. 이 연관성은 예수가 세상 죄를 지고 가는 하나님의 어린 양이었음을 더욱 강조한다.[76]

1세기의 유대인들은 하루를 동틀 때부터 해질녘까지 12시간으로 생각했다(요 11:9). 십자가형과 관련하여 복음서는 오직 세 번의 시(時)만 언급한다: 삼시, 육시, 구시. 이는 하루가 대략 사등분으로 간주되었음을 시사한다. 비슷한 방식으로, 해질녘부터 새벽녘까지는 밤의 네 때(4 watches)로 구분되었다: 저물 때, 밤중, 닭 울 때(새벽), 아침(막 13:35).

우리는 1세기에는 해시계가 드물게 사용되었고, 일출과 일몰이 계절의 변화에 따라 달라진다는 것을 기억해야 한다. 시간 표시는 매

---

75 마태복음 27:26; 마가복음 15:15.

76 요한복음 1:29을 보라.

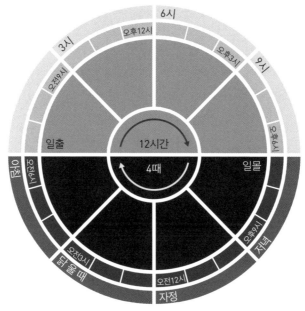

유대인의 시간 계산

우 일반적이며 하늘에 있는 해의 위치에 기초한 것이었다. 마가복음 15:25의 "제삼시"는 정확히 오전 9시를 지칭하는 것이라기보다, 오히려 하루 사등분 중 대략 오전 9시를 전후한 때를 가리키는 것으로 볼 수 있다. 즉, 오전 7시 30분이나 8시에서 10시 혹은 10시 30분경 사이의 어느 때든 가리킬 수 있다.

마찬가지로, "제육시"(막 15:33)는 대략 오전 10시 30분경 또는 11시 경부터 오후 1시 또는 1시 30분경 사이의 어느 때든 지칭할 수 있다. 만약 선고가 대략 오전 10시 30분경에 내려졌고, 두 증인들이 하늘에서 해를 얼핏 보았다면, 한 사람은 "제삼시"라고 잘라 말할 수 있고, 또 다른 사람은 "제육시 무렵"이라고 언급할 수도 있다. 그것은 그들이 강조하기 원하는 다른 요소들에 달려 있다.

골고다로 가는 길

예수가 조롱당하고 골고다로 행진하다.

마태복음 27:27-34

이에 총독의 군병들이 예수를 데리고 관정 안으로 들어가서 온 군대를 그에게로 모으고,

그의 옷을 벗기고 홍포를 입히며 가시관을 엮어 그 머리에 씌우고 갈대를 그 오른손에 들리고,

그 앞에서 무릎을 꿇고 희롱하여 이르되,

"유대인의 왕이여 평안할지어다" 하며

그에게 침 뱉고 갈대를 빼앗아 그의 머리를 치더라.

희롱을 다 한 후 홍포를 벗기고 도로 그의 옷을 입혀 십자가에 못 박으려고 끌고 나가니라.

나가다가 시몬이란 구레네 사람을 만나매 그에게 예수의 십자가를 억지로 지워 가게 하였더라.

골고다 즉 해골의 곳이라는 곳에 이르러, 쓸개 탄 포도주를 예수께 주어 마시게 하려 하였더니 예수께서 맛보시고 마시고자 하지 아니하시더라.

마가복음 15:16-23

군인들이 예수를 끌고 브라이도리온이라는 뜰 안으로 들어가서 온 군대를 모으고

예수에게 자색 옷을 입히고 가시관을 엮어 씌우고

경례하여 이르되,

　"유대인의 왕이여 평안할지어다" 하고

갈대로 그의 머리를 치며 침을 뱉으며 꿇어 절하더라.

　희롱을 다 한 후 자색 옷을 벗기고 도로 그의 옷을 입히고 십자가에 못 박으려고 끌고 나가니라.

　마침 알렉산더와 루포의 아버지인 구레네 사람 시몬이 시골로부터 와서 지나가는데 그들이 그를 억지로 같이 가게 하여 예수의 십자가를 지우고, 예수를 끌고 골고다라 하는 곳(번역하면 해골의 곳)에 이르러, 몰약을 탄 포도주를 주었으나 예수께서 받지 아니하시니라.

누가복음 23:26-31

　그들이 예수를 끌고 갈 때에 시몬이라는 구레네 사람이 시골에서 오는 것을 붙들어 그에게 십자가를 지워 예수를 따르게 하더라.

　또 백성과 및 그를 위하여 가슴을 치며 슬피 우는 여자의 큰 무리가 따라오는지라.

　예수께서 돌이켜 그들을 향하여 이르시되,

　"예루살렘의 딸들아 나를 위하여 울지 말고 너희와 너희 자녀를 위하여 울라. 보라 날이 이르면 사람이 말하기를 잉태하지 못하는 이와 해산하지 못한 배와 먹이지 못한 젖이 복이 있다 하리라. 그 때에 사람이 산들을 대하여 우리 위에 무너지라 하며 작은 산들을 대하여 우리를 덮으라 하리라. 푸른 나무에도 이같이 하거든 마른 나무에는 어떻게 되리요?" 하시니라.

요한복음 19:17

그들이 예수를 맡으매, 예수께서 자기의 십자가를 지시고 해골(히브리 말로 골고다)이라 하는 곳에 나가시니[라].

해설

빌라도의 판결을 따라, 로마 병사들 "온 군대" — 약 육백 명 규모의 부대 — 가 총독관저에 모여 예수를 조롱한다. 브라이도리온(Praetorium)이라는 총독관저는 요새의 기능도 있었다.[77] 예루살렘의 로마 병사들은

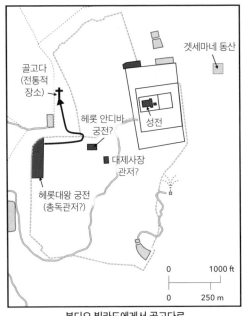

본디오 빌라도에게서 골고다로

---

77 "온 군대"는 고대 로마의 보병 중대를 지칭할 수도 있는데, 인원이 120명에서 200명까지의 규모이다.

사형수들을 대상으로 잔인한 게임을 하는 것으로 알려졌으며, 따라서 예수에 대한 그들의 행동은 그들의 격에 어울리는 행위였다. 그들은 예수에게 자색으로 된 가상의 황제 옷을 입히고, 가시 면류관을 씌우고, 갈대로 홀(笏)을 삼아 그의 손에 들리고, 무릎을 꿇고서, 그의 왕권을 선포하는 시늉을 하였다. "유대인의 왕이여, 평안할지어다!"[78] 더 나아가 그들은 그에게 침을 뱉고, 갈대로 만든 홀로 가시 면류관 쓴 그의 머리를 침으로써 그를 모욕한다.[79]

마태와 마가에 의해 기록된 조롱이 요한에 의해 기록된 것과 같은 것일 수 있다. 양쪽 모두 가시 면류관, 왕권의 선언, 조롱을 위한 붉은색 왕복의 사용을 언급하기 때문이다. 만약 이런 서술이 같은 사건을 묘사하는 것이라면, 다른 순서(요한복음서의 사전 평결과 마태복음 및 마가복음에서의 사후 평결)는 그저 서술 배열상의 차이일 뿐이다. 그 사건들은 서로 가까운 시간 내에 발생했기 때문이다. 하지만 그 사건들이 별개의 사건들일 가능성도 있다. 그리스도의 왕권에 대한 조롱은 유대 재판 당시의 성전 수비대들, 헤롯과 그의 군인들(눅 23:11), 처음 채찍질을 가한 수비대들에 의해 반복되었던 농담이었다.[80] 예수의 포획자들은 예수를 제물 삼아 충분한 웃음을 얻을 수 없었던 것으로 보인다. 예수를 조롱하는 일에 싫증이 나자, 군인들은 십자가에 못 박으려고 그를 끌고

---

78 마태복음 27:29. 마태는 그 옷이 붉은색이었다고 기록하고, 마가와 요한은 자색이었다고 기록한다. 하지만 그것은 모순을 나타내지 않는다. 오늘날과 마찬가지로, 이쪽도 저쪽도 아닌 경계선에 있는 색깔들은 각기 다른 사람들에 의해 다른 색깔들로 묘사될 수 있다.

79 마가복음 15:16-20; 요한복음 19:1-3. 헤롯 안디바 앞에서의 이전 장면을 참고하라.

80 마태복음 26:67-68; 마가복음 14:65; 누가복음 22:63-65.

나간다.

예수는 그의 십자가를 지고서 골고다까지의 여행을 시작한다. 동산문(Garden Gate)을 지나 예루살렘 서쪽 성벽 밖으로 나간다. 하지만 그 길의 어느 지점에서, 로마 군인들은 구레네 출신의 시몬이라는 사람에게 억지로 예수의 십자가(약 13~18kg의 무게)를 지고 가게 한다. 출혈로 많이 약해진 예수가 계속해서 십자가를 지고 갈 수 없었기 때문이다.[81] 북아프리카의 한 지역인 구레네는 유대인 인구가 많은 곳이며, 시몬은 유월절 순례자 중 한 사람이었을 것이다. 시몬의 아들들인 알렉산더와 루포에 대한 마가의 언급은 아마도 이후에 루포가 로마의 가정 교회에서 활동적인 구성원이 되었고(롬 16:13), 또한 개인적으로 마가와 그의 복음서 독자들에게 알려진 인물이었기 때문일 것이다.[82]

누가 혼자만 예수의 마지막 끔찍한 예언을 기록한다. 예수는 그의 사형집행 행렬 주위로 모여든 군중들 속에서 어떤 여인들의 슬피 우는 소리를 듣는다. 기력을 회복하여, 그는 돌이켜 그들을 향해, 스가랴 12:10-14과 호세아 10:8의 언어를 사용하여, 예루살렘 앞에 놓인 끔찍한 날들에 대해 예언한다: "예루살렘의 딸들아, 나를 위하여 울지 말고 너희와 너희 자녀를 위하여 울라. 보라, 날이 이르면 사람이 말하기를 잉태하지 못하는 이와 해산하지 못한 배와 먹이지 못한 젖이 복이 있다 하리라!"[83]

예수는 한 세대 이내 즉 AD 70년 로마인들에 의해 예루살렘이 파괴

81 　마태복음 27:32; 마가복음 15:21; 누가복음 23:26; 요한복음 19:17.

82 　마가복음 15:21.

83 　누가복음 23:28-29.

될 때, 예루살렘에 임할 공포와 재난을 예고하고 있다. 그때 온 민족이 대거 살상을 당할 것이다! 1세기의 유대 역사가이자 살아서 그 끔찍한 사건들을 개인적으로 겪었던 요세푸스는, 그 어두운 시대에 수천 명의 유대인들이 어떻게 로마인들에 의해 십자가에 못 박혔는지를 기록한다.

골고다에 이르렀을 때, 군인들은 예수에게 쓸개 탄 포도주를 제공한다. 아마도 그것은 가벼운 진정제이거나 아니면 그 쓴맛 때문에 또 다른 형태의 조롱이었을 것이다.[84] 군인들이 그것을 제공한 이유와 상관없이, 예수는 그것을 맛본 후에 마시기를 거부한다. 골고다가 어떻게 해서 그 이름을 얻었는지는 확실치 않다. 그 이름의 뜻은 "해골의 장소"이다. 그곳이 로마의 처형으로 유명한 장소이기 때문에 그런 이름이 붙여졌을 수도 있다. 혹은 그 주변 지역에 무덤이 많기 때문이거나, 혹은 순전히 지리적으로 그곳이 인간의 두개골을 닮은 낮은 절벽 혹은 언덕 지대여서 그런 이름이 붙여졌을 수도 있다. 그 이름이 붙은 연유와 무관하게, 예수가 십자가에 못 박힌 그 장소는 예루살렘 성 바깥에 있으며, 그것은 처형을 위한 구약의 요구와도 부합된다.[85]

십자가 처형

예수가 강도 둘 사이에서 십자가에 못 박히다.

---

84   마태복음 27:34; 마가복음 15:23; 누가복음 23:36.
85   레위기 24:14, 23; 민수기 15:35-36; 신명기 17:5; 21:19-21; 22:24; 히브리서 13:12.

마태복음 27:35-45

그들이 예수를 십자가에 못 박은 후에 그 옷을 제비 뽑아 나누고 거기 앉아 지키더라.

그 머리 위에

"이는 유대인의 왕 예수라" 쓴 죄패를 붙였더라.

이 때에 예수와 함께 강도 둘이 십자가에 못 박히니 하나는 우편에, 하나는 좌편에 있더라.

지나가는 자들은 자기 머리를 흔들며 예수를 모욕하여 이르되,

"성전을 헐고 사흘에 짓는 자여, 네가 만일 하나님의 아들이어든
자기를 구원하고 십자가에서 내려오라!" 하며

그와 같이 대제사장들도 서기관들과 장로들과 함께 희롱하여 이르되,

"그가 남은 구원하였으되 자기는 구원할 수 없도다."

"그가 이스라엘의 왕이로다. 지금 십자가에서 내려올지어다, 그리
하면 우리가 믿겠노라."

"그가 하나님을 신뢰하니 하나님이 원하시면 이제 그를 구원하실
지라. 그의 말이 나는 하나님의 아들이라 하였도다" 하며

함께 십자가에 못 박힌 강도들도 이와 같이 욕하더라.

마가복음 15:24-32

십자가에 못 박고 그 옷을 나눌새 누가 어느 것을 가질까 하여 제비를 뽑더라.

때가 제 삼시가 되어 십자가에 못 박으니라.

그 위에 있는 죄패에

"유대인의 왕"이라 썼고

강도 둘을 예수와 함께 십자가에 못 박으니 하나는 그의 우편에, 하나는 좌편에 있더라.

지나가는 자들은 자기 머리를 흔들며 예수를 모욕하여 이르되,

"아하 성전을 헐고 사흘에 짓는다는 자여, 네가 너를 구원하여 십자가에서 내려오라" 하고

그와 같이 대제사장들도 서기관들과 함께 희롱하며 서로 말하되,

"그가 남은 구원하였으되 자기는 구원할 수 없도다. 이스라엘의 왕 그리스도가 지금 십자가에서 내려와 우리가 보고 믿게 할지어다." 하며

함께 십자가에 못 박힌 자들도 예수를 욕하더라.

누가복음 23:33-43

해골이라 하는 곳에 이르러 거기서 예수를 십자가에 못 박고 두 행악자도 그렇게 하니 하나는 우편에, 하나는 좌편에 있더라.

이에 예수께서 이르시되,

"아버지 저들을 사하여 주옵소서. 자기들이 하는 것을 알지 못함이니이다" 하시더라. 그들이 그의 옷을 나눠 제비 뽑을새

백성은 서서 구경하는데 관리들은 비웃어 이르되,

"저가 남을 구원하였으니 만일 하나님이 택하신 자 그리스도이면 자신도 구원할지어다" 하고

군인들도 희롱하면서 나아와 신 포도주를 주며 이르되,

"네가 만일 유대인의 왕이면 네가 너를 구원하라" 하더라.

그의 위에

"이는 유대인의 왕"이라 쓴 패가 있더라.

달린 행악자 중 하나는 비방하여 이르되,

"네가 그리스도가 아니냐? 너와 우리를 구원하라" 하되

하나는 그 사람을 꾸짖어 이르되,

"네가 동일한 정죄를 받고서도 하나님을 두려워하지 아니하느냐?
우리는 우리가 행한 일에 상당한 보응을 받는 것이니 이에 당연하
거니와 이 사람이 행한 것은 옳지 않은 것이 없느니라" 하고

이르되,

"예수여 당신의 나라에 임하실 때에 나를 기억하소서" 하니

예수께서 이르시되,

"내가 진실로 네게 이르노니 오늘 네가 나와 함께 낙원에 있으리
라" 하시니라.

요한복음 19:18-27

그들이 거기서 예수를 십자가에 못 박을새 다른 두 사람도 그와 함
께 좌우편에 못 박으니 예수는 가운데 있더라.

빌라도가 패를 써서 십자가 위에 붙이니

"나사렛 예수 유대인의 왕"이라 기록되었더라.

예수께서 못 박히신 곳이 성에서 가까운 고로 많은 유대인이 이 패
를 읽는데 히브리와 로마와 헬라 말로 기록되었더라.

유대인의 대제사장들이 빌라도에게 이르되,

"'유대인의 왕'이라 쓰지 말고 '자칭 유대인의 왕'이라 쓰라" 하니

빌라도가 대답하되,

"내가 쓸 것을 썼다" 하니라.

군인들이 예수를 십자가에 못 박고 그의 옷을 취하여 네 깃에 나눠 각각 한 깃씩 얻고 속옷도 취하니 이 속옷은 호지 아니하고 위에서부터 통으로 짠 것이라. 군인들이 서로 말하되,

"이것을 찢지 말고 누가 얻나 제비 뽑자" 하니

이는 성경에

"그들이 내 옷을 나누고 내 옷을 제비 뽑나이다" 한 것을 응하게 하려 함이러라.

군인들은 이런 일을 하고, 예수의 십자가 곁에는 그 어머니와 이모와 글로바의 아내 마리아와 막달라 마리아가 섰는지라.

예수께서 자기의 어머니와 사랑하시는 제자가 곁에 서 있는 것을 보시고 자기 어머니께 말씀하시되,

"여자여, 보소서, 아들이니이다!" 하시고

또 그 제자에게 이르시되,

"보라, 네 어머니라!" 하신대

그 때부터 그 제자가 자기 집에 모시니라.

해설

복음서 저자들 중 누구도 실제 못 박는 행위에 대해서는 상세히 전하지 않는다. 각각의 저자는 그저 군인들이 예수를 십자가에 못 박았다는 사실만 언급한다.[86] 1세기에 대부분의 독자들은 십자가 형벌의 육체적 고통과 공개적인 수치에 대해 어느 정도 알고 있었을 것이다. 십자

---

86 마태복음 27:35a; 마가복음 15:24a; 누가복음 23:23; 요한복음 19:18.

가 형벌의 대상자들은 육체적 외상, 출혈, 쇼크로 죽거나, 숨을 쉬기 위해 몸을 들어 올릴 힘이 없어 질식사하곤 했다. 로마인들은 다양한 십자가 처형의 기술들을 구사했지만, 긴 못과 십자형 기둥이 일반적이었다.

예수의 원수들은 마지막까지 계속해서 그를 조롱했다. 지나가는 사람들 — 진행 중인 절기에 참여하기 위해 지나가는 순례객들이 많았을 것이다 — 이 그를 비웃고 조롱한다: "네가 만일 하나님의 아들이어든 자기를 구원하고 십자가에서 내려오라."[87] 유대 지도자들은 한때 그들의 위선에 반대했던 이에게 공개적으로 수치를 안겨 줄 기회를 놓치지 않았다: "그가 남은 구원하였으되 자기는 구원할 수 없도다. 그가 이스라엘의 왕이로다. 지금 십자가에서 내려올지어다, 그리하면 우리가 믿겠노라. 그가 하나님을 신뢰하니 하나님이 원하시면 이제 그를 구원하실지라. 그의 말이 '나는 하나님의 아들이라' 하였도다."[88]

십자가에 달린 예수의 고통과 임박한 죽음은 유대 지도자들의 비난을 정당화하는 듯이 보인다: 어느 모로 보나, 하나님은 예수의 신성모독을 벌하시고 있었다. 만일 예수가 초자연적으로 십자가에서 내려온다면 믿겠다는 유대 지도자들의 거짓 제안은 약간의 웃음을 자아낼지도 모르겠다. 하지만 예수의 원수들은 최후에는 웃지 못할 것이다. 만약 예수가 십자가에서 내려온다면 자기 자신을 구원할 수 있었겠지만 다른 사람을 구원하지 못했으리라는 사실은 심오한 아이러니다.

누가는 예수가 십자가형과 그 조롱을 강력하게 기억에 남는 말씀으

---

87   마태복음 27:39-40. 마가복음 15:29-30도 함께 보라.

88   마태복음 27:42-43. 마가복음 15:31-32; 누가복음 23:35 역시 참조하라.

로 대응하였음을 기록한다: "아버지, 저들을 사하여 주옵소서, 자기들이 하는 것을 알지 못함이니이다."[89] 이처럼 강렬하게 가슴을 찌르는 말씀은 자기 피조물을 향한 하나님의 이루 표현할 수 없는 사랑을 나타낸다. 고통과 조롱의 한가운데서도, 예수는 그에게 고통을 가하는 자들에게 용서를 말하고, 일찍이 원수를 사랑하라던 자기의 가르침을 몸소 체현한다(마 5:43-48; 눅 6:27-36). 예수의 말씀은 장차 온 세상에 전파되어 알려질 내용, 곧 그를 믿음으로 말미암은 용서의 예시이기도 하다. 예수의 기도는 이사야 53:12의 말씀을 성취하는 것으로서("그러나 그가 많은 사람의 죄를 담당하며 범죄자를 위하여 기도하였느니라"), 장차 여러 세기에 걸쳐 그리스도인들이 박해와 순교에 직면할 때 그들이 본받아야 할 모범이기도 하다.[90]

요한은 예수를 따르는 이들 중 일부가 — 그의 모친 마리아, 사랑을 받은 제자(아마도 사도 요한), 그리고 소수의 다른 여인들 — 십자가형이 진행되는 동안 십자가 가까운 어느 지점에 서 있었다고 기록한다.[91] 자기의 고통에도 불구하고, 예수는 그의 어머니를 돌본다. 그의 양부 요셉은 이미 죽은 것이 명백하며, 따라서 그녀는 개인적인 수입이 거의 혹은 전혀 없었을 것이다. 예수는 마리아를 그의 사랑을 받은 제자에게 맡겨(아마도 그녀의 다른 아들들은 아직 믿지 않았을 것이기 때문이다. 요 7:5; 마 13:57; 막 3:21, 31; 6:4), 그에게 그녀를 돌볼 것을 당부한다("보

---

89   누가복음 23:34.

90   사도행전 7:60; 베드로전서 2:21-24.

91   요한복음 19:25-26. 십자가 가까이에 있는 여인들에 관한 공관복음의 언급에 대하여 추가적인 논의는 이 글의 뒷부분에서 참조하라.

라, 네 어머니라!")[92] 요한은 그 때부터 그 제자가 마리아를 자기 집에 모셨다고 기록한다.[93]

두 강도

각 복음서는 예수가 홀로 십자가에 못 박힌 것이 아니라, 그의 좌우편에 달린 두 명의 강도와 함께 처형되었다고 기록한다.[94] 이는 고난받는 종이 "범죄자 중 하나로 헤아림을 받았음이라"는 이사야의 예언을 성취한 것이다(사 53:12). 두 강도 모두 처음에는 조롱에 동참하여 다른 사람들과 더불어 예수를 모욕했다.[95]

누가만 홀로 두 강도 중 하나가 어떻게 마음의 변화를 경험했는지를 기록한다. 그의 변화는 아마도 십자가 처형에 책임 있는 자들의 용서를 구하는 예수의 기도를 들은 이후일 것이다. 이 강도는 다른 강도를 꾸짖으며, 그들 자신은 그들의 범죄에 정당한 형벌을 받고 있지만, 예수는 죄 없이 고통을 당한다고 언급한다(이로써 예수에 대한 믿음을 드러낸다). 회개하는 강도는 예수를 향하여 호소한다: "예수여, 당신의 나라에 임하실 때에 나를 기억하소서."[96] 그에 대해 예수는 이렇게 반응한다: "내가 진실로 네게 이르노니, 오늘 네가 나와 함께 낙원에 있으리라."[97]

---

92 요한복음 19:27. 마리아의 다른 아들들의 이름은 야고보(야고보서의 저자), 요셉, 시몬, 유다(유다서의 저자)였다(마 13:55; 막 6:2-3; 행 1:14; 고전 9:4-5; 갈 1:19). 그녀에게는 또한 적어도 두 딸이 있었다(막 6:3).

93 요한복음 19:27.

94 마태복음 27:38; 마가복음 15:27; 누가복음 23:32-33; 요한복음 19:18.

95 마태복음 27:44; 마가복음 15:32.

96 누가복음 23:42.

97 누가복음 23:43. 그 강도는 예수에게 그의 나라에 들어갈 때에 그를 기억해주기를

그 사람에 대한 예수의 수용은, 죄로 인한 그의 희생의 죽음에 근거하여 곧 모든 만민에게 전파될 용서와 영생의 기회를 강력하게 예시한다. 그 강도에게는 어떤 선행을 할 시간이나 능력이 없다 — 비록 그것이 가능하다손 치더라도 그는 자기가 저지른 잘못을 보상할 수 없다. 하지만 그에게도 예수를 믿고 자기 구원을 요청할 힘은 있다. 필요한 것은 그것이 전부이다. 하나님으로부터의 단절에서 낙원에서 예수와 함께하는 영원으로, 그 사람의 영원한 운명이 결정적으로 바뀐다.

죄명

빌라도는 예수의 죄명을 써 십자가 그의 머리 위쪽에 붙이게 한다. 요한은 그 죄패에 이런 표현이 기록되었다고 언급한다: "나사렛 예수 유대인의 왕."[98] 로마인들이 십자가에 못 박힌 사람의 죄를 이처럼 공개한 의도는 잠재적으로 왕이 되려는 다른 사람들을 억제하는 효과를 노린 것이었다. 로마는 오직 하나의 황제만 받아들일 것이다. 이 죄패로써, 빌라도는 한편으로 죄 없는 사람을 처형하도록 한 자기 행동을 정당화한다. 예수는 공식적으로 정치적 반역자이자 유대인의 왕을 자처

요청했을 뿐이다(42절). 그에 대해 예수는 그 강도가 "오늘" 그와 함께 낙원에 있을 것이라고 말한다. 70인역(구약성경의 헬라어 역본)은 동일한 헬라어를 사용하여 에덴 동산을 지칭한다(창 2:8-9을 참조하라). 예수의 말은 타락 이전에 인간이 누렸던 하나님과의 친밀한 관계의 회복을 암시하는 것일 수 있다. 이 회복은, 물론 영원의 상태에서 완성되는 것이지만, 회개와 동시에 일어난다.

98 요한복음 19:19. 다른 복음서 저자들은 가볍게 축약하여 그 죄명 자체에 초점을 맞춘다. 마태는 그의 죄패에 "이는 유대인의 왕 예수"라고 쓰였다고 언급한다(마 27:37). 마가는 죄패에 쓰인 내용을 "유대인의 왕"으로 압축하며(막 15:26), 누가는 "이는 유대인의 왕"이라고 표현한다(눅 23:38). 서문에서 <예수의 십자가 패(牌): 글귀의 차이점> 도표를 참조하라.

한 반동분자로 처형된 것이다. 요한은 이 패가 아람어(히브리어, 팔레스타인의 공용 언어), 라틴어(로마의 공식 언어), 헬라어(제국의 국제 언어)로 기록되었음을 밝힌다. 아마도 유월절 순례자 무리에게 광범위하게 읽히도록 하기 위해서일 것이다.[99]

헬라어, 라틴어, 히브리어로 된 예수의 십자가 비명(碑銘)

IHΣOYΣ NAZΩPAIOΣ BAΣIΛEYΣ TΩN IOYΔAIΩN

IESVS NAZARENVS REX IVDÆORVM

ישוע נצרחא מלך יהודיא

대제사장들이 빌라도에게 접근하여 죄패의 내용을 "자칭 유대인의 왕"으로 바꾸어달라고 요청한다. 하지만 빌라도는 그들의 요청을 거절한다. 그들은 이미 소요를 선동하고 협박함으로써 빌라도를 조종하여 예수를 사형시키게 했다. 빌라도는 이번에는 그들의 요구에 순순히 따를 의사가 없다.[100] 물론, 진실로, 요한이 훌륭한 아이러니로 암시하듯이, 빌라도는 실제로 예수를 유대인의 왕으로 여겨 처형하고 있다. 로마인들 편에서 예수의 정죄와 사형의 근거가 된 이 죄명은, 초기 그리스도인들과 여러 세기를 지나는 동안 신자들의 진실한 고백이 되었다.[101] 예수는 단지 한 왕이 아니었다. 그는 그(the) 왕이었다. 그는 언젠

---

99   요한복음 19:20.

100   요한복음 19:21-22.

101   서방 교회와 동방 교회 양쪽에서 십자가형을 나타내는 십자가상(像)에서 죄패의 내용은 대개 머리글자로 묘사된다: INRI(라틴어, Iēsus Nazarēnus, Rēx Iūdaeorum) 또는 INBI(그리스어, Ἰησοῦς ὁ Ναζωραῖος ὁ βασιλεὺς τῶν Ἰουδαίων).

가 돌아올 것이며 최종적으로, 그리고 완전하게, 새롭게 창조된 하늘과 땅에 하나님의 나라를 세울 것이다.

예수의 옷을 걸고 제비뽑기

예수를 십자가에 매단 후, 군인들은 그의 지상 유품, 즉 그가 입고 있던 옷을 나눈다.[102] 여기에는 아마 그의 머리 덮개, 허리띠, 신발도 포함되어 있을 것이다. 예수의 속옷은 이음새 없이 통으로 된 것이기 때문에, 군인들은 그것을 위해 제비를 뽑기로 한다. 찢어서 공평하게 나눈다면 거의 아무런 가치가 없었기 때문이다. 이런 행동으로, 그 로마 군인들은 의식하지 못하는 사이에 시편 기자의 예언을 이룬다: "[그들이] 내 겉옷을 나누며 속옷을 제비뽑나이다"(시 22:18).

예수의 생의 끝에서 몸에 걸친 의복이 그의 세속적 소유의 전부였다는 사실이 주목할 만하다. 그의 삶은 일반적인 기준으로는 결코 성공적이지 않았다. 그는 자손을 남기지 않았고, 다른 소유나 재물도 없었다.

하지만 세상의 기준으로 자기를 대단하게 만드는 면에서 그의 "실패"에도 불구하고, 예수의 삶, 사역, 메시지, 죽음, 그리고 부활은 문자 그대로 세상 역사의 길을 바꾸었으며, 인간이 하나님과 화해하고 영원한 구원을 얻는 일을 가능하게 하였다.

> "아버지, 저들을 사하여 주옵소서,
> 자기들이 하는 것을 알지 못함이니이다." 누가복음 23:34

---

102 마태복음 27:35; 마가복음 15:24; 누가복음 23:24; 요한복음 19:23-24.

"진실로 네게 이르노니 오늘 네가 나와 함께 낙원에 있으리라."	누가복음 23:43
"여자여, 보소서, 아들이니이다... 보라, 네 어머니라."	요한복음 19:26-27
"엘리 엘리 라마 사박다니!" 즉 "나의 하나님, 나의 하나님, 어찌하여 나를 버리셨나이까?"	마태복음 27:46; 마가복음 15:34
"내가 목마르다."	요한복음 19:28
"다 이루었다."	요한복음 19:30
"아버지, 내 영혼을 아버지 손에 부탁하나이다."	누가복음 23:46

예수의 마지막 일곱 말씀

예수의 죽음

예수가 숨을 거두다.

마태복음 27:45-56

제육시로부터 온 땅에 어둠이 임하여 제구시까지 계속되더니

제구시쯤에 예수께서 크게 소리 질러 이르시되,

"엘리 엘리 라마 사박다니" 하시니, 이는 곧

"나의 하나님, 나의 하나님, 어찌하여 나를 버리셨나이까?" 하는

뜻이라.

거기 섰던 자 중 어떤 이들이 듣고 이르되,

"이 사람이 엘리야를 부른다" 하고

그 중의 한 사람이 곧 달려가서 해면을 가져다가 신 포도주에 적시어 갈대에 꿰어 마시게 하거늘 그 남은 사람들이 이르되,

"가만 두라, 엘리야가 와서 그를 구원하나 보자" 하더라.

예수께서 다시 크게 소리 지르시고 영혼이 떠나시니라.

이에 성소 휘장이 위로부터 아래까지 찢어져 둘이 되고 땅이 진동하며 바위가 터지고, 무덤들이 열리며 자던 성도의 몸이 많이 일어나되, 예수의 부활 후에 그들이 무덤에서 나와서 거룩한 성에 들어가 많은 사람에게 보이니라.

백부장과 및 함께 예수를 지키던 자들이 지진과 그 일어난 일들을 보고 심히 두려워하여 이르되,

"이는 진실로 하나님의 아들이었도다!" 하더라.

예수를 섬기며 갈릴리에서부터 따라온 많은 여자가 거기 있어 멀리서 바라보고 있으니, 그 중에는 막달라 마리아와 또 야고보와 요셉의 어머니 마리아와 또 세베대의 아들들의 어머니도 있더라.

마가복음 15:33-41

제육시가 되매 온 땅에 어둠이 임하여 제구시까지 계속하더니

제구시에 예수께서 크게 소리 지르시되,

"엘리 엘리 라마 사박다니" 하시니, 이를 번역하면

"나의 하나님, 나의 하나님 어찌하여 나를 버리셨나이까?" 하는 뜻이라.

곁에 섰던 자 중 어떤 이들이 듣고 이르되,

"보라, 엘리야를 부른다" 하고

한 사람이 달려가서 해면에 신 포도주를 적시어 갈대에 꿰어 마시게 하고 이르되,

"가만 두라, 엘리야가 와서 그를 내려 주나 보자" 하더라.

예수께서 큰 소리를 지르시고 숨지시니라.

이에 성소 휘장이 위로부터 아래까지 찢어져 둘이 되니라.

예수를 향하여 섰던 백부장이 그렇게 숨지심을 보고 이르되,

"이 사람은 진실로 하나님의 아들이었도다" 하더라.

멀리서 바라보는 여자들도 있었는데 그 중에 막달라 마리아와 또 작은 야고보와 요세(Joses)의 어머니 마리아와 또 살로메가 있었으니, 이들은 예수께서 갈릴리에 계실 때에 따르며 섬기던 자들이요 또 이 외에 예수와 함께 예루살렘에 올라온 여자들도 많이 있었더라.

누가복음 23:44-49

때가 제육시쯤 되어 해가 빛을 잃고 온 땅에 어둠이 임하여 제구시까지 계속하며

성소의 휘장이 한가운데가 찢어지더라.

예수께서 큰 소리로 불러 이르시되,

"아버지, 내 영혼을 아버지 손에 부탁하나이다" 하고

이 말씀을 하신 후 숨지시니라.

백부장이 그 된 일을 보고 하나님께 영광을 돌려 이르되,

"이 사람은 정녕 의인이었도다" 하고

이를 구경하러 모인 무리도 그 된 일을 보고 다 가슴을 치며 돌아가고, 예수를 아는 자들과 갈릴리로부터 따라온 여자들도 다 멀리 서서 이 일을 보니라.

요한복음 19:28-37

그 후에 예수께서 모든 일이 이미 이루어진 줄 아시고 성경을 응하게 하려 하사 이르시되,

"내가 목마르다" 하시니

거기 신 포도주가 가득히 담긴 그릇이 있는지라 사람들이 신 포도주를 적신 해면을 우슬초에 매어 예수의 입에 대니

예수께서 신 포도주를 받으신 후에 이르시되,

"다 이루었다" 하시고

머리를 숙이니 영혼이 떠나가시니라.

이 날은 준비일이라. 유대인들은 그 안식일이 큰 날이므로 그 안식일에 시체들을 십자가에 두지 아니하려 하여 빌라도에게 그들의 다리를 꺾어 시체를 치워 달라 하니, 군인들이 가서 예수와 함께 못 박힌 첫째 사람과 또 그 다른 사람의 다리를 꺾고, 예수께 이르러서는 이미 죽으신 것을 보고 다리를 꺾지 아니하고, 그 중 한 군인이 창으로 옆구리를 찌르니 곧 피와 물이 나오더라.

이를 본 자가 증언하였으니 그 증언이 참이라. 그가 자기의 말하는 것이 참인 줄 알고 너희로 믿게 하려 함이니라. 이 일이 일어난 것은,

"그 뼈가 하나도 꺾이지 아니하리라"[시 34:20] 한 성경을 응하게 하려 함이라.

또 다른 성경에,

"그들이 그 찌른 자를 보리라"[슥 12:10] 하였느니라.

해설

어둠이 땅을 덮다

예수는 대략 여섯 시간 동안 십자가에 매달린다. 마가는 사람들이 예수를 못 박은 때가 약 제삼시(오전 중반)였으며, 제육시(정오 무렵)에서 제구시(오후 중반) 사이(하루 중 가장 밝고 해가 뜨거운 때)에 특이한 어둠이 그 땅을 덮었다고 언급한다.[103] 어둠은 일식(日蝕)이 아니라 하나님의 초자연적 행위였다. 왜냐하면 일식에는 초승달이 필요하지만 유월절은 보름달이 뜨는 동안 진행되었기 때문이다. 구약에서, 어둠은 인간의 무지와 죄의 상황(사 60:1-3), 하나님의 탄식(암 8:9-10), 또는 하나님의 심판(출 10:21-23; 암 5:18, 20; 욜 2:10, 30-31; 3:14-16)을 나타낼 수 있다. 여기서, 어둠은 그 모든 의미와 관련된 듯이 보인다. 예수는 세상의 죄로 인해 하나님의 심판을 감당하고 있지만, 한 무죄한 사람의 비극적 죽음은 슬픔과 탄식을 초래한다.

예수가 죽다

제구시에, 예수는 절망적으로 부르짖는다: "나의 하나님, 나의 하나님, 어찌하여 나를 버리셨나이까?"[104] 예수는 하나님께 버림받는 이 탄식의 소리를 시편 22:1에서 이끌어냈다: "내 하나님이여, 내 하나님이여, 어찌하여 나를 버리셨나이까? 어찌 나를 멀리하여 돕지 아니하시오며 내 신음소리를 듣지 아니하시나이까?" 인간의 이해를 뛰어넘는 어떤 신비한 방식으로, 삼위일체의 제2위격(the second person of the

---

103 마태복음 27:45; 마가복음 15:33; 누가복음 23:44-45.

104 마태복음 27:46; 마가복음 15:34.

Trinity) 예수는 인류의 죄를 짊어진 것 때문에 하나님으로부터 끊어지고 분리된다. 그리고 죄 많은 인간들을 대신하는 대리자로서 하나님의 진노를 감수하고 있다.[105] 물론, 예수는 시편 22편이 어떻게 끝나는지를 안다. 아마도 그는 버려짐이 이야기의 끝이 아님을 우리에게 상기시키고 있는 것이다.

예수의 부르짖음은 그가 — 마치 실제로 하나님이 그를 십자가에서 구출하시기를 기대했다가 실망했다는 듯이 — 당황했거나 혼란스러워했음을 나타내지 않는다. 오히려 그 외침은 그의 희생의 끔찍한 대가를 표현하는 것이다. 그는 자기 사명을 완수하기 위해서는 죽어야 한다는 것을 사전에 알았다. 예수는 고통을 견딜 수 있었다. 하지만 하나님으로부터의 완전한 분리와 버려짐의 무게는 너무나 끔찍하였다. 그것은 그가 전에 결코 경험해보지 못한 그 무엇이었으며, 실제적인 고통의 순간에서, 견딜 수 없다고 여겨진 것이다.

아람어로 하나님을 나타내는 소리(엘리)는 히브리 이름 엘리야와 비슷하다. 그래서 구경꾼들 중 일부는 예수의 외침을 엘리야에게서 도움을 요청하는 소리로 이해하고는 호기심을 표현한다: "엘리야가 와서 그를 구원하나 보자."[106] 예수는 끝이 가까웠음을 알고 성경을 이루기 위해 말한다. "내가 목마르다." 이는 시편 69:21을 성취하는 듯이 보이는데, 해당 구절은 이와 같다: "그들이 쓸개를 나의 음식물로 주며 목마를 때에는 초를 마시게 하였[나이다]."

---

105   사도 바울은 이를 인상적으로 표현한다: "하나님이 죄를 알지도 못하신 이[예수]를 우리를 대신하여 죄로 삼으신 것은 우리로 하여금 그 안에서 하나님의 의가 되게 하려 하심이라"(고후 5:21).

106   마태복음 27:49; 마가복음 15:36.

한편 시편 22:15 역시 고통의 목마름에 대해 말하는 것이기도 하다. 예수의 말에 반응하여, 어떤 사람이 스펀지 형태로 신 포도주를 가득 머금은 것을 들고 달려가 예수에게 마시게 한다. 아마 그것은 값싸고 흔한 음료였을 것이다.[107] 예수가 마지막 승리의 말을 하기 위해 음료를 요청했을 수 있다.

엘리야가 와서 예수를 구원할 것인가 궁금히 여기는 구경꾼의 억측에도 불구하고, 그런 일은 일어나지 않았고, 마지막 큰 소리를 외친 후, 예수는 숨을 거둔다.[108] 누가와 요한은 마태복음과 마가복음에 기록된 마지막 "큰 소리"가 무슨 내용이었는지를 언급한다. 누가는 예수가 이렇게 기도했다고 알린다: "아버지, 내 영혼을 아버지 손에 부탁하나이다!"[109] 하나님께 대한 예수의 믿음은 죽음의 한 가운데서도 여전히 강하다.[110] 요한은 예수가 죽기 전 "다 이루었다"고 선언했음을 기록한다.[111] 그 선언은 그가 세상에 온 목적이었던 그 일을 마침내 다 이루었고, 더 이상 죄에 대해 갚을 형벌이 남아 있지 않음을 알리는 것이다. 마태와 요한은 예수가 숨을 거두었다(gave up his spirit)고 묘사한다.[112] 그것은 예수가 죽음의 순간까지 통제력을 유지했음을 시사한다.

복음서들은 몇몇 예수의 제자들이 십자가형을 목격했음을 언급한

---

107 마태복음 27:47-48; 마가복음 15:35-36; 요한복음 19:29.

108 마태복음 27:50; 마가복음 15:37; 누가복음 23:46.

109 누가복음 23:46.

110 아버지께 영혼을 부탁하는 예수의 기도가 버려짐의 고통에 바로 이어진 것임을 고려하면 이러한 관찰은 더욱 가슴에 사무친다. 예수는 방금 강력하고도 갑작스럽게 하나님의 부재를 느낀 후, 한 유대 어린이가 취침기도를 하듯 하나님께 기도한다.

111 요한복음 19:30.

112 마태복음 27:50; 요한복음 19:30.

다. 예수의 어머니 마리아를 비롯하여(앞에서 언급했듯이, 예수는 그녀를 그의 사랑을 받은 제자에게 맡긴다), 막달라 마리아, 야고보와 요셉의 어머니 마리아, 글로바의 아내 마리아, 그리고 세베대의 아들들(즉, 야고보와 요한)의 어머니 마리아가 포함된다.[113] 이들은 갈릴리에서부터 예수를 따랐고 재정적으로 그와 그의 제자들을 지원했던 헌신된 여인들이었다.[114]

초자연적인 현상

몇 가지 초자연적 현상들이 예수의 죽음에 수반된다.

첫째, 성전의 휘장이 맨 위에서부터 바닥까지 둘로 찢어진다.[115] 성소와 지성소를 구분하는 이 휘장은 높이가 약 18m, 넓이가 약 9m였으며, 오직 일 년에 단 한 번 속죄일에 대제사장만 지나갈 수 있었다. 이 거대한 휘장이 초자연적으로 찢어진 것은, 하나님의 백성이 이제는 예수를 통하여 직접 그의 임재 안으로 들어가게 된 것을, 그리고 자기를 단번에 영원히 드리신 예수의 희생적 죽음이 성전에서 드려졌던 동물 제사들을 폐하였음을 시사한다.[116]

둘째, 그 지역에서 바위들이 쪼개질 정도로 강력한 지진이 발생했다.[117] 지진이 팔레스타인에서 드문 것은 아니었지만, 특별한 시점에 발

---

113 마태복음 27:56; 마가복음 15:40-41; 누가복음 23:49; 요한복음 20:1-18 (참조. 누가복음 8:2-3). 용어해설에서 이 여인들 각각에 대한 묘사를 참조하라.

114 참조. 누가복음 8:1-3.

115 마태복음 27:51; 마가복음 15:38; 누가복음 23:45.

116 히브리서 9:11-10:22을 보라.

117 마태복음 27:51.

생한 이 지진은 믿지 않는 목격자들에게 상당히 으스스하고 불안하게 여겨졌던 것으로 보인다. 반면에 믿는 자들에게 그 지진은 하나님의 심판을 나타내는 신적 징표로 해석되었을 것이다.

셋째, 마태만 홀로, 예수의 부활 후에 많은 죽은 성도들이 죽은 자들 가운데서 일어나 예루살렘의 많은 사람에게 나타났다고 기록한다.[118] 마태의 묘사는 이 사건을 둘러싼 정확한 세부 정보에 대해서는 애태우듯 간결하다. 우리는 해답 없는 많은 질문과 함께 남겨졌다. (살아났다가 다시 죽은 나사로와는 달리) 구약 시대의 또는 중간기 시대의 이 성도들은 부활의 몸을 받은 것으로 보이며, 그리스도의 부활을 증언하고, 예수의 승천이 가까운 어느 때에 승천한다.

예수를 계속 지켜보았던 백부장은, 지진과 그에 동반되는 초자연적 현상들, 고문하는 자들을 향한 예수의 사랑, 그리고 큰 소리로 하나님께 기도하며 예수가 죽는 방식을 보았을 때, 놀라서 외친다: "이는 진실로 하나님의 아들이었도다."[119] 모든 사람 중에서도, 한 로마 백부장의 이 고백은, 아마도 로마에 있는 교회들을 향해 기록되었을 마가복음의 절정으로서 가슴에 사무친다. 누가는 그 백부장이 이런 말도 했음을 기록한다: "이 사람은 정녕 의인이었도다!"[120]

누가는 추가적인 세부 사항도 제공하는데, 즉 예수의 죽음 후에, 이 구경꾼들 중 많은 이들이 가슴을 치며 돌아간다 ― 슬픔과 뉘우침을

118   마태복음 27:52-53.

119   마태복음 27:54; 마가복음 15:39.

120   누가복음 23:47.

나타내는 상징적인 행위이다.[121]

군인들이 예수의 옆구리를 찌르다

요한만이 예수의 죽음에서 성경의 예언을 이루었던 마지막 세부 사항들을 기록한다.[122] 십자가형은 유월절 안식일("축일")을 위하여 유월절 예비일에 일어났다. 유대 지도자들은 빌라도에게 범죄자들의 다리를 꺾어달라고 요청한다. 안식일(금요일 해 질 무렵, 약 오후 7시에 시작됨) 전에 그들의 몸을 내려서 치우기 위함이다. 신명기 21:22-23에 따르면, 매달린 범죄자의 몸은 밤새도록 나무에 매달려 있으면 그 땅을 더럽혔다. 그래서 유대 지도자들은 그런 오염이 유월절 주간에 예루살렘에 미치지 않기를 바란다. 빌라도는 그들의 요청을 들어주고, 군인들이 가서 예수와 함께 십자가에 못 박힌 두 강도의 다리를 부러뜨린다. 이런 행위는 가사 상태에서 신속한 죽음을 재촉하기 위함이다. 십자가에 달린 자들은 더 이상 스스로 몸을 일으켜 숨을 쉬지 못하여 가사 상태에 빠지기 때문이다.

군인들이 예수에게 다가갔을 때, 그들은 그가 이미 죽었음을 알아보았고, 따라서 구태여 수고롭게 그의 다리를 부러뜨릴 필요가 없었다. 요한은 그 동기에 대해서는 언급이 없지만, 한 군인이 그 대신 창을 들어 예수의 옆구리를 찔렀다고 알린다. 피와 물이 쏟아져나온다. 그의 진술의 진실성을 단언한 후, 요한은 계속해서 이 최후의 행위들에 의해 두 가지 성경의 예언이 성취되었다고 언급한다.

---

121 누가복음 23:48.
122 요한복음 19:31-37.

첫째, 군인들이 예수의 다리를 부러뜨리지 않은 것은 시편 34:20을 성취한 것이다: "그의 모든 뼈를 보호하심이여 그중에서 하나도 꺾이지 아니하도다." 둘째, 한 로마 군인이 창으로 예수의 옆구리를 찌른 것은 스가랴서 12:10을 성취한 것이다. 거기서 선지자는 수난을 겪는 한 거룩한 인물에 관하여 말하면서 이렇게 기록한다: "그들이 그 찌른 바 그를 바라보고 그를 위하여 애통하[리로다]."

예수의 매장
아리마대 요셉이 예수를 새 무덤에 매장하다.

마태복음 27:57-61
저물었을 때에 아리마대의 부자 요셉이라 하는 사람이 왔으니 그도 예수의 제자라. 빌라도에게 가서 예수의 시체를 달라 하니 이에 빌라도가 내주라 명령하거늘, 요셉이 시체를 가져다가 깨끗한 세마포로 싸서 바위 속에 판 자기 새 무덤에 넣어 두고 큰 돌을 굴려 무덤 문에 놓고 가니, 거기 막달라 마리아와 다른 마리아가 무덤을 향하여 앉았더라.

마가복음 15:42-47
이 날은 준비일 곧 안식일 전날이므로 저물었을 때에 아리마대 사람 요셉이 와서 당돌히 빌라도에게 들어가 예수의 시체를 달라 하니 이 사람은 존경받는 공회원이요 하나님의 나라를 기다리는 자라. 빌라도는 예수께서 벌써 죽었을까 하고 이상히 여겨 백부장을 불러 죽은 지가 오래냐 묻고, 백부장에게 알아 본 후에 요셉에게 시체를 내주는지라. 요셉이 세마포를 사서 예수를 내려다가 그것으로 싸서 바위 속에 판 무덤에 넣어 두고 돌을 굴려 무덤 문에 놓으매, 막달라 마리아와 요세의 어머니 마리아가 예수 둔 곳을 보더라.

누가복음 23:50-56

공회 의원으로 선하고 의로운 요셉이라 하는 사람이 있으니 (그들의 결의와 행사에 찬성하지 아니한 자라) 그는 유대인의 동네 아리마대 사람이요 하나님의 나라를 기다리는 자라. 그가 빌라도에게 가서 예수의 시체를 달라 하여, 이를 내려 세마포로 싸고 아직 사람을 장사한 일이 없는 바위에 판 무덤에 넣어 두니, 이 날은 준비일이요 안식일이 거의 되었더라. 갈릴리에서 예수와 함께 온 여자들이 뒤를 따라 그 무덤과 그의 시체를 어떻게 두었는지를 보고 돌아가 향품과 향유를 준비하더라. 계명을 따라 안식일에 쉬더라.

요한복음 19:38-42

아리마대 사람 요셉은 예수의 제자이나 유대인이 두려워 그것을 숨기더니 이 일 후에 빌라도에게 예수의 시체를 가져가기를 구하매 빌라도가 허락하는지라. 이에 가서 예수의 시체를 가져가니라. 일찍이 예수께 밤에 찾아왔던 니고데모도 몰약과 침향 섞은 것을 백 리트라쯤 가지고 온지라. 이에 예수의 시체를 가져다가 유대인의 장례 법대로 그 향품과 함께 세마포로 쌌더라. 예수께서 십자가에 못 박히신 곳에 동산이 있고 동산 안에 아직 사람을 장사한 일이 없는 새 무덤이 있는지라. 이 날은 유대인의 준비일이요 또 무덤이 가까운 고로 예수를 거기 두니라.

해설

저녁이 다가오자, 아리마대 요셉이 빌라도에게 예수의 시신을 가져
가 매장할 수 있도록 요청한다. 이 시점 이전에는 요셉에 관하여 아무
런 언급이 없다. 하지만 사복음서는 요셉에 관하여 간략하지만 생생한
묘사를 제공한다.[123]

요셉은 부자였고, 산헤드린 공회원이었으며, 예수의 은밀한 제자였
다. 유대 공동체에서 지위 높은 인물이었지만, 그는 공회의 결정에 동
의하지 않았다. 요셉은 하나님의 나라를 적극적으로 기다리던 선하고
의로운 사람이었다. 예수의 시신을 가져다 매장하도록 해 달라는 요셉
의 요청에는 큰 용기가 필요했다. 예수에 대한 동정심이 아주 위험해질
수 있던 시기에, 그것을 공개적으로 표명하는 것이기 때문이다.[124]

마가는 빌라도가 예수가 이미 죽었다는 것에 매우 놀랐다고 기록한
다. 대개 십자가에서 죽기란 그보다 훨씬 오래 걸렸기 때문이다. 하지
만 백부장을 불러 예수의 죽음을 확인한 후, 빌라도는 요셉에게 시신을
매장하도록 허락한다.[125]

요셉으로서는 예수의 시신을 빨리 매장하는 것이 중요하다. 신명기
21:23의 명령에 따르면 시신은 사망 당일에 매장되어야 하기 때문이

---

123 마태복음 27:57; 마가복음 15:43; 누가복음 23:50-51; 요한복음 19:38.

124 유대 당국자들이 두려워 잠겨진 문 뒤에 있던 제자들의 반응과 비교해보라(요한복
음 21:19, 26).

125 마가복음 15:44-45.

210

다. 안식일이 금요일 저녁 일몰 때 시작되기 때문에 시간 제약은 더욱 강화된다.

요셉은 세마포를 구입하여 그것으로 예수의 몸을 싼다. 그리고 그 몸을 근방의 새로 판 무덤에 안치한다.[126] 암석을 파서 만든 무덤들은 매우 값이 비쌌고 노동 집약형이었기에, 대개 부유한 가족들에게만 속했다. 그 무덤은 요셉의 가족무덤이었던 것 같다. 그는 입구에 굴리는 돌을 두어 서둘러 매장을 마친다.

고고학적 증거는 원형의 돌들이 그 시대에 종종 봉인 무덤들에 사용되었음을 확인해준다. 물론 정사각형 또는 직사각형 형태의 돌들이 훨씬 더 일반적이었다. 돌의 주된 목적은 들짐승들이 시신을 삼키지 못하도록 방지하는 것이다. 요한은 니고데모가 매장 시에 요셉을 도와 약 75파운드의 몰약과 침향 섞은 것을 가져왔다고 언급한다. 그 둘은 가져온 향품과 함께 예수의 시신을 세마포로 쌌으며, 이는 니고데모가 예수에게 가졌던 큰 존경심을 나타내는 엄청난 표현이다.[127] 예수의 몸이 부자의 무덤에 매장된 것은 이사야의 예언을 확증한다: "그의 무덤이 악인들과 함께 있었으며 그가 죽은 후에 부자와 함께 있었도다"(사 53:9b).

마태, 마가, 누가는, 막달라 마리아와 요세의 어머니 마리아가 예수의 매장을 보고 또 그의 시신을 둔 무덤을 알았다고 언급함으로써 예수의 매장에 관한 설명을 마무리한다.[128]

---

126 마태복음 27:59-60; 마가복음 15:46; 누가복음 23:53; 요한복음 19:40-41.

127 요한복음 19:39-40. 평범한 사람들은 대개 무덤이 아니라 땅에 매장되었다. 시신은 보존제와 함께 세마포에 싸였으며, 몸이 부패했을 때, 뼈들은 납골당에 놓여졌다.

128 마태복음 27:61; 마가복음 15:47; 누가복음 23:55.

매장을 서둘렀기에 시신을 위한 준비가 불충분했다고 믿어서, 이 여인들은 그 위치를 주의 깊게 살핀 것이며, 안식일 후에 추가적인 향품과 향유를 가져오려고 의도한 것이다.[129]

---

129 누가복음 23:55-56a.

토요일

주후 33년 4월 4일

유대 지도자들이 경비병들을 세우다

대제사장들과 바리새인들이 빌라도의 허락을 받아 무덤에 경비병들을 세우다.

마태복음 27:62-66

그 이튿날은 준비일 다음 날이라 대제사장들과 바리새인들이 함께 빌라도에게 모여 이르되,

"주여, 저 속이던 자가 살아 있을 때에 말하되,

  '내가 사흘 후에 다시 살아나리라' 한 것을 우리가 기억하노니 그러므로 명령하여 그 무덤을 사흘까지 굳게 지키게 하소서. 그의 제자들이 와서 시체를 도둑질하여 가고 백성에게 말하되,

  '그가 죽은 자 가운데서 살아났다' 하면

후의 속임이 전보다 더 클까 하나이다" 하니

빌라도가 이르되,

"너희에게 경비병이 있으니 가서 힘대로 굳게 지키라" 하거늘

그들이 경비병과 함께 가서 돌을 인봉하고 무덤을 굳게 지키니라.

해설

복음서들은 안식일(금요일 일몰부터 토요일 일출까지)에 제자들의 활동에 관하여 어떤 정보도 제공하지 않는다. 하지만 우리는 일요일 저녁 ― 두려워서 문을 걸어두고 함께 숨어있던 ― 그들의 행동에 근거하여 추정할 수 있다. 그들은 그 토요일을 두려움과 공포 속에서 숨어 지냈을 것이다. 제자들은 전날 신속히 진행된 사건들에 대한 충격으로 동요하고 있었다. 그들은 범죄자로서 야만스럽고 수치스럽게 처형당한 한 인물을 따르는 데 그들의 삶을 바쳤었다. 하나님의 메시야 왕국 건설을 바라던 그들의 희망은 깨어진 질그릇처럼 산산조각 나 버렸다. 그들은 유대 지도자들의 추격과 박해가 두려워 잠을 이루지 못한 것 같다. 그들의 지도자가 정치적 선동의 이유로 처형당했기에, 그들이 두려워할 상당한 이유가 있었다.

예루살렘은 여전히 수천 명의 유월절 순례자들로 북적거렸고, 그 때문에 비교적 그들 속에 섞여 사라지기는 쉬웠을 것이다. 일부는 금요일 해지기 전에 베다니 혹은 다른 어딘가로 도망쳤을 것이다. "계명을 따라 안식일에 쉬더라"(눅 23:56)는 누가의 진술은, 십자가 처형 다음날 예수의 추종자들이 겪었을 정서적 육체적 혼란을 베일로 가린다.

마태 홀로 토요일의 활동을 기록한다. 대제사장들과 바리새인들이

216

빌라도에게 접근하여 사흘(즉 주일)까지 무덤을 지켜주도록 요청한다.[1] 그들은 빌라도에게 "저 속이던 자"가 "사흘 후에 다시 살아나리라"고 말했음을 설명하며, 혹 그의 제자들이 시체를 훔쳐 부활을 선포하면 "후의 속임이 전보다 더 커질 것"이라는 우려를 전한다.[2] 유대 지도자들이 안식일에 대표단을 빌라도에게 보낸 사실은 그들의 상황 인식을 드러낸다. 그들 역시 두려운 것이다. 그들의 두려움은 예수의 죽음을 둘러싼 특별한 상황에 의해 증폭된다. 어둠, 성전 휘장의 갈라짐, 지진 등이 그것이다. 예수의 죽음이 문제를 해결할 것인가, 아니면 더 악화시킬 것인가?

예수는 자기 부활에 관하여 몇 차례 예언을 했는데, 그의 제자들도 그것을 이해하지 못했거나 믿는 것에 어려움을 겪었다.[3] 유대 지도자들은 이러한 예언들에 관하여 소문을 들었으며 (혹은 예수에게 직접 들었을 수도 있다), 그래서 예수의 제자들이 그의 예언들이 실현된 것처럼 보이게 만들어 속임수를 저지르지 못하도록 보장책을 마련하기 원한다. 분명 그들은, 제자들과 마찬가지로, 실제 초자연적 부활에 대한 기대를 갖고 있지 않다.

빌라도의 반응은 해석하기가 어렵다. 그는 유대 당국자들의 요청을 들어주어, 성전 안보를 위해 배치된 로마 수비대 중 일부를 보낼 수도 있었다. 또는 그들의 요청을 거부하고, 그들 자신의 유대인 성전 경비

---

1   날수의 계산은 반드시 24시간 단위가 아니라, 날들의 일부를 포함하는 것이다.
2   마태복음 27:63-64.
3   마가복음 8:31; 9:31; 10:34.

병으로 무덤을 지키라고 말할 수도 있었다.[4] 어떤 쪽이든, 그는 무덤을 지키고자 하는 그들의 요구를 묵인한다. 그에 따라 그들은 무덤을 봉인하고 경비병을 배치하는데, 아마도 경비병들은 로마와 유대 수비대 양쪽으로 구성되었을 것이다.

---

4   마태복음 27:65의 헬라어는 "너희는 수비대를 가지고 있다" 또는 "수비대를 가지라"고 해석될 수 있다.

일요일

주후 33년 4월 5일

여인들이 빈 무덤을 발견하다

몇몇 여인들이 무덤이 빈 것을 발견한 후 천사들에게 지시를 받다.

마태복음 28:1-7

안식일이 다 지나고 안식 후 첫날이 되려는 새벽에 막달라 마리아와 다른 마리아가 무덤을 보려고 갔더니

큰 지진이 나며 주의 천사가 하늘로부터 내려와 돌을 굴려 내고 그 위에 앉았는데, 그 형상이 번개 같고 그 옷은 눈 같이 희거늘 지키던 자들이 그를 무서워하여 떨며 죽은 사람과 같이 되었더라.

천사가 여자들에게 말하여 이르되,

"너희는 무서워하지 말라, 십자가에 못 박히신 예수를 너희가 찾는 줄을 내가 아노라.

그가 여기 계시지 않고 그가 말씀하시던 대로 살아나셨느니라.

와서 그가 누우셨던 곳을 보라.

또 빨리 가서 그의 제자들에게 이르되, '그가 죽은 자 가운데서 살아나셨고 너희보다 먼저 갈릴리로 가시나니 거기서 너희가 뵈오리라' 하라.

보라, 내가 너희에게 일렀느니라" 하거늘

마가복음 16:1-7

안식일이 지나매 막달라 마리아와 야고보의 어머니 마리아와 또 살로메가 가서 예수께 바르기 위하여 향품을 사다 두었다가

안식 후 첫날 매우 일찍이 해 돋을 때에 그 무덤으로 가며 서로 말하되,

"누가 우리를 위하여 무덤 문에서 돌을 굴려 주리요?" 하더니

눈을 들어본즉 벌써 돌이 굴려져 있는데 그 돌이 심히 크더라.

무덤에 들어가서 흰 옷을 입은 한 청년이 우편에 앉은 것을 보고 놀라매 청년이 이르되,

"놀라지 말라, 너희가 십자가에 못 박히신 나사렛 예수를 찾는구나.

그가 살아나셨고 여기 계시지 아니하니라.

보라, 그를 두었던 곳이니라.

가서 그의 제자들과 베드로에게 이르기를 '예수께서 너희보다 먼저 갈릴리로 가시나니 전에 너희에게 말씀하신 대로 너희가 거기서 뵈오리라' 하라" 하는지라.

누가복음 24:1-7

안식 후 첫날 새벽에 이 여자들이 그 준비한 향품을 가지고 무덤에 가서

돌이 무덤에서 굴려 옮겨진 것을 보고, 들어가니 주 예수의 시체가 보이지 아니하더라.

이로 인하여 근심할 때에 문득 찬란한 옷을 입은 두 사람이 곁에 섰는지라.

여자들이 두려워 얼굴을 땅에 대니 두 사람이 이르되,

"어찌하여 살아 있는 자를 죽은 자 가운데서 찾느냐?

여기 계시지 않고 살아나셨느니라.

갈릴리에 계실 때에 너희에게 어떻게 말씀하셨는지를 기억하라.

이르시기를, '인자가 죄인의 손에 넘겨져 십자가에 못 박히고 제 삼일에 다시 살아나야 하리라' 하셨느니라" 한대

요한복음 20:1

안식 후 첫날 일찍이 아직 어두울 때에 막달라 마리아가 무덤에 와서 돌이 무덤에서 옮겨진 것을 보고

해설

인간의 경험은 죽음이 최종적이고 돌이킬 수 없는 사실이라고 일관되게 단정한다. 어떤 것도, 즉 자연적인 그 어떤 것도 이것을 바꿀 수 없다. 하지만 초자연적이라면 어찌되는가? 하나님이 그가 보내신 메시야를 죽은 자 가운데서 일으키실 수 있을까? 예수의 예고에도 불구하

고, 그의 제자들은 하나님이 그렇게 하실 거라고 기대하지 않는 듯이 보인다. 십자가형에 의한 죽음은 너무나 큰 장애물이다. 그것은 그들이 전에 품었던 메시야적 기대들을 깡그리 뒤집어놓고 말았다. 하나님의 참된 메시야가 그런 식으로 죽을 리가 만무하다. 결국, 야훼는 그의 권위 있는 율법에서 이처럼 나무에 달려 죽은 자들은 신성모독자들이거나 반역자들이라고 계시하시지 않았던가(신 21:22-23)? 만약 복음서를 마태가 27장에서 끝내고, 마가는 15장에서, 누가는 23장, 그리고 요한은 19장에서 끝냈다면, 그 역시 이야기의 마무리가 될 수 있었을 것이다. 예수는 메시야를 자처하여 로마 제국과 충돌하였다가 실패하고서, 자기 어리석음에 대한 최종적인 값을 죽음으로 지불한 또 하나의 인물이었을 것이다. 하지만 각각의 복음서에는 추가적인 장이 있으며, 요한복음의 경우에는 두 장이 추가되었다. 그것이 모든 것을 바꾼다. 이야기는 끝나지 않았고, 세상은 곧 뒤집어질 것이다. 새로운 창조가 이 옛 창조의 한가운데서 시작될 것이며, 아무것도 예전과 같지 않을 것이다.

부활에 대한 복음서의 설명은 기독교 비판자들에 의해 모순적이라고 자주 혹평을 들어왔다. 얼마나 많은 여인들이 무덤에 갔던가? 얼마나 많은 천사들이 거기에 있었는가? 누구에게 예수가 나타났으며, 또 언제 나타났던가?

하지만, 비록 복음서의 서술들이 다를지라도, 그것들은 모순적이지 않다. 그것들은 그처럼 예기치 못하고 초자연적인 사건에 관한 목격자의 설명에서 우리가 기대할 수 있는 바를 정확히 반영한다. 복음서 설명의 차이들이 오히려 부활의 진실성을 확인해준다. 만약 제자들이 시신을 훔쳐 대중을 속이려는 음모를 꾸몄다면, 그들은 틀림없이 더 일치된 설명들을 고안해냈을 것이며, 여인들을 최초의 증인들의 자리에 두

지도 않았을 것임에 틀림없다. 1세기 팔레스타인에서, 여성들의 증언은 쉽게 묵살되었고 가볍게 취급당했다.[1]

복음서 설명의 차이점들은 다수의 독립적인 목격자들이 있었고, 그들 각자가 특정한 세부 사항들을 그들의 개인적 관점에서 전하고 있음을 증명한다. 차이점들은 아래에서 논의될 것이지만, 우선 시작단계에서, 그 차이들 중 어떤 것도 조화될 수 없는 모순을 나타내지 않음을 강조할 필요가 있다.

부활

마태만 홀로 실제 부활과 결부된 사건들을 기록하는 듯이 보인다.[2] 주의 천사 하나가, 큰 지진을 수반하고서, 번개처럼 내려와, 돌을 굴려내고, 그 위에 앉는다. 무덤을 지키던 군인들이 무서워하여 "죽은 사람들" 같이 되었다.[3] 마태는 예수가 이 때 죽음에서 일어났는지 분명하게 진술하지 않으며, 오히려 그가 적어도 이 때쯤에는 부활했을 것임을 보여준다.

마태는 또한 4절과 5절 사이에 어떤 시간적인 끊어짐이 있었다고 내비치지 않는다. 다른 복음서들에 근거해볼 때, 경비병들 앞에 천사의 출현과 여인들의 도착 사이에 몇 가지 일들이 일어났다고 추정하는 것이 안전하다. 분명 경비병들은 도망칠 정도로 제정신을 차렸고, 그 천

---

1   어떤 이들은 이 주장에 증거가 부족하다고 주장하지만, 그것은 Psuedo-Philo, *Liber Antiquitatum Biblicarum* 9:10; 42:1-5; *Leviticus Rabbah* 10:5와 같은 유대 자료들에 의해 지지되고 있다.

2   마태복음 28:2-4.

3   마태복음 28:4.

사는 돌에서 내려와 무덤 안으로 이동한다. 다른 복음서들이 여인들이 경비병들을 만났다거나, 무덤 밖에서 천사를 보았다고 묘사하지 않기 때문이다. 마태가 4절과 5절 사이의 시간 간격을 기록하지 않은 사실은 부활에 관한 그의 설명 양식에 부합한다. 그의 설명은 누가와 요한에 비해 상당히 간결하다.

마태는 천사가 하늘에서 내려와 돌을 굴려 치웠다는 그의 설명을 로마 혹은 유대 경비병들 중 어느 한 사람의 목격자 보고에서, 또는 산헤드린 회원들 중 누군가 믿는 사람의 증언에서 끌어왔을 것이다. 이는 경비병들이 무덤에서 도망친 이후, (28:11-15에 포함되어 있는) 그들의 활동에 대한 그의 구체적인 지식을 설명해준다.

경비병들은 우선 대제사장들에게로 간다. 대제사장들은 군인들에게 뇌물을 주고, 또 만약 그들이 제자들이 밤에 그들이 잠든 동안 시신을 훔쳐갔다는 거짓말을 퍼뜨리면 그들을 빌라도의 진노에서 보호해주겠다고 약속한다. (근무태만은 사형에 처해질 수도 있었기 때문에 그 약속은 상당히 설득력이 있었을 것이다.) 경비병들은 기꺼이 동의한다.

그 사건에 대한 그들의 설명은 "오늘날[즉, 마태가 그의 복음서를 기록했을 것 같은 AD 50년대 후반 또는 60년대 초반]까지 유대인 가운데 두루 퍼져왔다."[4] 그 은폐 공작은 내재적인 결함들에도 불구하고 일부 사람들을 속이는데 성공했다. 정말 모든 수비병들이 잠들었던 말인가? 그들이 잠들었다면 제자들이 가져갔다는 것을 어찌 안단 말인가? 돌 굴려지는 소리가 그들을 깨우지 못했던가?

---

4   마태복음 28:15.

빈 무덤

마태는 일요일 새벽(아마도 오전 6시와 6시 15분 사이)에 막달라 마리아와 마리아가 무덤에 간다고 기록한다.[5] 그들은 한 천사를 만나고, 천사는 그들에게 두려워하지 말라고 하며 예수가 무덤에 없음을 알리고, 무덤을 둘러보고 그의 시신이 있는지 보라고 권유한다. 그리고 그들에게 제자들에게 가서 예수가 죽은 자 가운데서 살아났으며 그들을 갈릴리에서 만날 것이라고 알리라 명한다.[6]

마가는 막달라 마리아, 야고보의 어머니 마리아, 또 살로메가 안식일(토요일 밤)에 향품을 사 두었다가, 일요일 아침 일찍 유대의 장례 풍습에 따라 예수의 몸에 바르기 위해 무덤으로 간다고 기록한다. 향품 바르는 일은 금요일 오후 매장을 서둘렀기 때문에 적절히 시행되지 못했다.[7] 가는 도중에, 그들은 어떻게 그 큰 돌을 옮길 수 있을지 의논한다. 하지만 무덤에 도착하자마자 그들은 돌이 굴려져 있음을 발견한다. 무덤에 들어갈 때, 그들은 오른편에 한 청년이 앉은 것을 보고 놀라는데, 그 청년은 그들에게 가서 제자들에게, 특히 베드로에게, 나사렛 예수가 갈릴리에서 그들을 만날 것을 전하라고 지시한다.[8]

누가는 막달라 마리아, 요안나, 야고보의 어머니 마리아, 그리고 최

---

5   마태복음 28:1.

6   마태복음 28:5-7.

7   마가복음 16:1. 누가복음 23:55은 적어도 몇몇 여인들이 안식일 이전 금요일 늦은 오후에 그들의 개인적인 비용으로 얼마간의 향품과 향유를 준비하였다고 기록한다.

8   마가복음 16:5-7. 베드로에 대한 마가의 구체적인 언급은 베드로의 개인적인 기억에서 비롯되었을 것이다. 초대 교부들에 따르면 마가복음은 베드로의 가르침과 설교에 근거한 것이기 때문이다.

소한 두 명의 다른 무명의 여인들이 일요일 이른 아침에 준비한 향품을 들고 무덤에 간다고 기록한다.[9] 도착했을 때, 그들은 돌이 굴려져 있고 예수의 시신이 사라진 것을 발견한다. 찬란한 옷을 입은 두 사람이 나타나 놀란 여인들에게 말한다. 그들은 여인들에게 왜 산 자를 죽은 자 가운데서 찾느냐고 묻고는, 예수께서 살아나셨음을 알리며, 십자가에 못 박힘과 부활에 관한 예수의 이전 예언을 상기시킨다.[10] 천사의 발표는 여인들의 기억을 떠올리고, 그들은 예수의 말씀을 기억한다.

요한은 일요일 아침 아직 어두울 때 막달라 마리아가 무덤에 가서, 돌이 옮겨진 것을 보고, 달려가서 그녀가 보았던 장면을 제자들에게 보고한다고 기록한다.[11] 그녀는 나중에 베드로와 요한을 따라 무덤으로 돌아오고, 예수와 상봉한다(요 20:11-18). 제자들에게 전하는 요한복음 20:2의 보고에서, 그녀는 이렇게 말한다. "다른 사람들이 주님을 무덤에서 가져다가 어디에 두었는지 우리가[복수] 알지 못하겠다." 다른 여인들이 있었음을 의미하는 것이다.

복음서 저자들은 대체로 한 무리 중에서 가장 두드러진 구성원만 언급하며 (이 경우에는 막달라 마리아) 다른 조연들의 현장 참석 여부는 언급하지 않는다. 다른 복음서들에서도 제일 먼저 언급되는 막달라 마리아는 최초의 여성 증언자들 중에서 가장 잘 알려진 인물이다. 아마도

---

9   누가복음 24:1, 10.

10   누가복음 24:4-8.

11   요한복음 20:1-2. 아직 어두울 때 무덤으로 가는 막달라 마리아에 대한 묘사는 다른 복음서가 이른 아침으로 묘사하는 것과 부합된다. 마가복음 16:2에서 묘사된 것처럼 여인들이 무덤으로 출발했을 때는 아직 어두웠으나 도착할 무렵에는 해가 떠오르고 있었거나, 또는 마리아가 홀로 무덤에 갔을 때는 아직 어두웠고 다른 여인들이 도착하기 전이었을 것이다.

그녀는 복음서들이 처음 유포되기 시작했을 때 초대교회의 특정 지역에서 여전히 살아서 활동 중이었을 것이다.

요한의 설명이 다른 복음서들의 설명과 얼마나 잘 부합되는지를 정확히 결정하기에는 정보가 충분치 않다. 몇 가지 시나리오들이 가능하다. 가장 그럴듯한 것은, 그 여인들이 모두 함께 갔으며, 돌이 굴려 옮겨진 것을 보자마자 막달라 마리아는 즉시 제자들에게 달려갔고, 그 동안 다른 여인들은 무덤 안으로 들어가 천사들과 마주쳤다. 사람들이 예수의 몸을 가져갔다고 보고한 마리아의 무지(요 20:2) 및 무덤에 돌아왔을 때 그녀의 슬픔과 눈물(요 20:11)은, 그녀가 예수가 살아났다고 한 천사들의 말을 듣지 못했음을 보여준다.

다른 대안으로는, 막달라 마리아는 처음에 혼자서 그 동산으로 갔을 것이다. 그 때 무덤이 빈 것을 보았고, 달려가서 제자들에게 알렸으며, 그런 사이에 다른 여인들이 조금 후에 도착했다. 이 경우에, 다른 복음서 설명에 막달라 마리아가 포함된 것은 몇 명의 여인들이 무덤으로 찾아간 것을 축약하여 뭉뚱그렸기 때문일 것이다. 다른 가능성으로, 막달라 마리아가 최초로 혼자서 무덤에 갔다면, 요한복음에 기록된 그녀의 두 번째 무덤 방문은 다른 세 복음서들에 기록된 내용과 일치할 수 있다.[12]

무덤에서 천사가 한 말이 조금씩 다른 것은 각 복음서 저자의 선별

---

12   사복음서에 포함된 보고들에 근거하여 다른 가상적인 재구성도 가능하지만, 그런 가능성들을 연구하느라 더 많은 시간을 쓸 필요가 없다. 요점은 조화될 수 없는 모순이 없다는 점이기 때문이다. 사복음서 저자들은 선별적으로 주요 사실들을 연결시키고, 일부 자료를 결합하고, 아마도 주제별로 다른 자료들을 배치하는데, 이는 고대 사료 편찬의 수용 가능한 기준들에 전적으로 부합되는 것이다.

을 반영하는 것이다. 저자들 중 누구도 전해진 모든 말을 기록했다고 주장하지 않는다. 또한 그 말들은 상호 보완적이지, 모순적이지 않다. 완고한 회의주의자를 제외하고는, 어느 누구도 그 천사가 마태, 마가, 누가복음에 기록된 모든 말을 할 수 없었을 것이라고 주장하지 않을 것이다. 무덤 안에 있던 천사들의 수(하나 혹은 둘)의 차이는, 한 천사가 더 두드러지고 모든 말을 했으며, 다른 천사는 침묵을 지키고 있었다는 사실에 의해 쉽게 설명된다. 마태와 마가는 단지 한 천사만 있었다고 말하지 않으며, 더 구체적이어야 할 필요도 없었다. 그 이야기의 초점은 천사가 말한 것에 있지, 거기에 얼마나 많은 천사가 있었는지가 아니기 때문이다. 어떤 저자도 모든 가능한 세부사항을 전한다고 주장하지 않는다.

여인들이 제자들에게 알리다

여인들이, 두려움과 기쁨으로 가득 차, 동산을 떠나 제자들에게 알리다.

마태복음 28:8-10

그 여자들이 무서움과 큰 기쁨으로 빨리 무덤을 떠나 제자들에게 알리려고 달음질할새

예수께서 그들을 만나 이르시되,

"평안하냐!" 하시거늘

여자들이 나아가 그 발을 붙잡고 경배하니

이에 예수께서 이르시되,

"무서워하지 말라, 가서 내 형제들에게 갈릴리로 가라 하라, 거기
서 나를 보리라" 하시니라.

마가복음 16:8

여자들이 몹시 놀라 떨며 나와 무덤에서 도망하고 무서워하여 아무
에게 아무 말도 하지 못하더라.

누가복음 24:8-11

그들이 예수의 말씀을 기억하고, 무덤에서 돌아가 이 모든 것을 열
한 사도와 다른 모든 이에게 알리니

이 여자들은 막달라 마리아와 요안나와 야고보의 모친 마리아라 또
그들과 함께 한 다른 여자들도 이것을 사도들에게 알리니라.

사도들은 그들의 말이 허탄한 듯이 들려 믿지 아니하[더라].

요한복음 20:2

[막달라 마리아가] 시몬 베드로와 예수께서 사랑하시던 그 다른 제
자에게 달려가서 말하되,

"사람들이 주님을 무덤에서 가져다가 어디 두었는지 우리가 알지
못하겠다" 하니

해설

막달라 마리아는 다른 사람들보다 먼저 혼자 무덤에 가서, 돌이 굴
려진 것을 보고, 시신을 도둑맞았다고 여기고는, 달려가서 베드로와 요

한에게 알린 것으로 보인다. 다른 대안으로는, 그녀가 처음에는 다른 여인들과 함께 가서, 곧바로 베드로와 요한에게 달려가서 알리고, 그 사이에 다른 여인들은 남아 있다가 무덤에서 천사들을 만났을 것이다. 어떤 경우이든, 예수의 시신이 옮겨졌다고 생각한 경건하고 슬픔에 빠진 막달라 마리아로부터, 일요일 아침 몇몇 제자들에게 첫 번째 소식이 전해진다(요 20:2).

마가는 천사의 발표와 지시에 다른 여인들이 보인 초기의 반응을 기록한다: "여자들이 몹시 놀라 떨며 나와 무덤에서 도망하고 무서워하여 아무에게 아무 말도 하지 못하더라."[13] 다른 복음서에 있는 자료들에 근거해서 보면, 여인들의 침묵은 오래 지속되지 않았음이 명백하다. 그들은 처음에 무서웠고 또 기뻤다. (그런 초자연적인 상황에서 한꺼번에 그런 감정들이 모두 일어나는 일은 충분히 가능하다.) 하지만 곧 제자들에게 달려가서 천사가 한 말을 전한다.[14]

마태는 예수가 제자들에게 알리려 가고 있는 여인들에게 어떻게 나타났는지를 기록한다. 여인들은 그에게 경배하고, 또 예수는 그들에게 두려워하지 말라 말하고, 가서 제자들에게 갈릴리에서 (사마리아를 통하는 길을 피한다면, 북쪽으로 약 193km) 만나자는 말을 전하라고 지시한다.[15] 여인들이 예수의 발을 붙잡았다는 사실은 그가 환영이거나 환시가 아니라 실제적인 몸이었음을 가리킨다. 게다가, 예수는 그들의 경배

---

13   마가복음 16:8. 마가복음의 원자료는 8절에서 끝났거나, 혹은 나중에 분실되거나 훼손되었을 것으로 보인다. 마가복음 16:9-20은 원자료의 일부가 아닐 개연성이 아주 높다.

14   마태복음 28:8; 누가복음 24:9.

15   마태복음 28:9-10.

를 거절하지 않는다. 오직 하나님 한 분만이 경배받기에 합당하시므로, 이 사실은 그의 신성을 강조하는 것이다.[16]

이는 진리이며, 1세기의 많은 유대인이 기꺼이 그 진리를 위해 죽었다. 비록 마태가 세부 내용은 전하지 않지만, 이 만남은 여인들이 베드로와 요한에게 소식을 전한 후에, 그리고 그들이 베다니에 있는 제자들에게 소식을 전하려고 가던 중에 일어났을 가능성이 있다. 제자들 중 (베드로와 요한을 제외한) 다수는 금요일 이른 아침에 베다니로 도망쳤던 것으로 보인다.

막달라 마리아는 그 소식을 전하고는 요한복음 20:11에 묘사된 것처럼, 곡하기 위해 천천히 무덤으로 되돌아가는 중이었을 것이다. 베드로와 요한은 서둘러 무덤으로 달려가지 않고 지체하였고, 천사들을 본 여인들로부터 추가적인 보고를 받기까지는 출발하지 않은 것으로 보인다(눅 24:12).[17] 제자들은 여인들로부터의 초기 보고를 믿지 않고, 도리어 그것을 "허탄한 이야기"로 여긴다(눅 24:11). 그러나 베드로와 요한은 그 문제를 더 조사해보기로 정하고 무덤으로 달려간다. 아마도 도중에 막달라 마리아를 지나쳤을 것이다.[18]

---

16   요한계시록 19:10을 보라.

17   요한의 보고는 그 두 제자가 즉시 출발했다고 규정하지 않는다(요 20:2-3).

18   예루살렘 거리는 미로 같았으며, 그들이 모여 있던 시내 집에서 무덤으로 가는 데에는 여러 갈래의 길들이 있었을 것이다. 그들이 마리아를 지나친 것은 그녀와 다른 길을 택했기 때문일 것이다.

베드로와 요한이 무덤으로 달려가다

베드로와 요한이 막달라 마리아의 말을 듣고 무덤으로 달려가, 무덤이 빈 것을 발견하다.

누가복음 24:12

베드로는 일어나 무덤에 달려가서 구부려 들여다보니 세마포만 보이는지라 그 된 일을 놀랍게 여기며 집으로 돌아가니라.

요한복음 20:3-10

베드로와 그 다른 제자가 나가서 무덤으로 갈새

둘이 같이 달음질하더니 그 다른 제자가 베드로보다 더 빨리 달려가서 먼저 무덤에 이르러

구부려 세마포 놓인 것을 보았으나 들어가지는 아니하였더니

시몬 베드로는 따라와서 무덤에 들어가 보니, 세마포가 놓였고 또 머리를 쌌던 수건은 세마포와 함께 놓이지 않고 딴 곳에 쌌던 대로 놓여 있더라.

그 때에야 무덤에 먼저 갔던 그 다른 제자도 들어가 보고 믿더라.

그들은 성경에 그가 죽은 자 가운데서 다시 살아나야 하리라 하신 말씀을 아직 알지 못하더라.

이에 두 제자가 자기들의 집으로 돌아가니라.

해설

그 여인들로부터 보고를 받고서 — 시신이 치워졌다고 전한 마리아

의 최초의 두려운 보고와 천사들을 만난 다른 여인들로부터의 추가적인 보고 모두를 포함 ― 베드로와 요한은 무덤으로 달려가 직접 그 문제를 조사한다. 누가는 베드로만 무덤에 방문했다고 언급하지만, 요한은 그가 목격한 증언에서 그 내용을 포함한다(즉, 그는 베드로와 동행했다).[19] 두 남자 증인들이 무덤 현장에 있었다면 1세기에 증언의 무게감이 한층 더해졌겠지만, 복음서 저자들은 놀랍게도 남자들이 먼저 무덤을 발견했고, 천사들을 만났고, 또는 예수를 보았다는 식으로 설명의 내용을 바꾸지 않는다. 여인들이 이 모든 일에서 최초 증인들이었다. 만일 전하는 이야기를 믿게끔 하길 원했다면, 고대 세계에서는 누구도 그런 증인들을 내세우지 않았을 것이다. 역설적으로, 이 사실은 복음서들에 기록된 사건들의 역사성을 강력하게 뒷받침한다.

요한복음에 기록된 세부사항 중에서 많은 부분이 신학적 진술을 담고 있다기보다는, 요한의 증언자로서의 회고를 반영한다: 그는 베드로를 앞질렀다. 입구에서 멈추었고, 몸을 구부려 안을 들여다보았으며, 베드로가 먼저 무덤으로 들어간 후에야 그를 따라서 들어갔다.

다른 세부사항들은 훨씬 더 의미심장하다. 무덤에 세마포가 놓인 것이나, 머리를 쌌던 수건이 따로 접혀서 놓여 있었다는 것은 초자연적 부활의 실재를 강력하게 시사한다. 만일 도굴꾼들, 제자들, 혹은 예수의 원수들이 시신을 훔쳐갔다면, 그들은 구태여 시간을 소비하면서 조

---

19   누가복음 24:12; 요한복음 20:3. 누가는 나중에 베드로 외에도 다른 사람들이 무덤으로 갔음을 그가 알고 있었음을 시사한다. 엠마오로 가던 제자들에 관한 누가의 기록에서, 그 제자들은 다음과 같이 말한다: "또 우리와 함께 한 자 중에 두어 사람이 무덤에 가 과연 여자들이 말한 바와 같음을 보았으나 예수는 보지 못하였느니라."

심스럽게 세마포를 옮기거나 수건을 접어두는 노력을 기울여 알몸 시신만을 가져가려 하지 않았을 것이다. 게다가, 도굴꾼들이라면 가장 가치 있는 물건인 옷감과 향품을 남겨두지 않았을 것이다. 요한은 그 세마포와 개켜진 수건을 보고서야 비로소 믿었던 것을 재차 언급한다. 물론 아직 그 제자들은 구약성경이 어떻게 그리스도의 부활을 가리키는지는 이해하지 못했다.

마리아가 무덤으로 돌아와 예수를 만나다

요한복음 20:11-18

마리아는 무덤 밖에 서서 울고 있더니 울면서 구부려 무덤 안을 들여다보니

흰 옷 입은 두 천사가 예수의 시체 뉘었던 곳에 하나는 머리 편에, 하나는 발 편에 앉았더라.

천사들이 이르되,

"여자여 어찌하여 우느냐?"

이르되,

"사람들이 내 주님을 옮겨다가 어디 두었는지 내가 알지 못함이니이다."

이 말을 하고 뒤로 돌이켜 예수께서 서 계신 것을 보았으나 예수이신 줄은 알지 못하더라.

예수께서 이르시되,

"여자여, 어찌하여 울며 누구를 찾느냐?" 하시니

마리아는 그가 동산지기인 줄 알고 이르되,

"주여 당신이 옮겼거든 어디 두었는지 내게 이르소서, 그리하면 내가 가져가리이다."

예수께서

"마리아야" 하시거늘

마리아가 돌이켜 히브리 말로

"랍오니" 하니 (이는 선생님이라는 말이라)

예수께서 이르시되,

"나를 붙들지 말라, 내가 아직 아버지께로 올라가지 아니하였노라. 너는 내 형제들에게 가서 이르되,

'내가 내 아버지 곧 너희 아버지, 내 하나님 곧 너희 하나님께 로 올라간다' 하라" 하시니

막달라 마리아가 가서 제자들에게,

"내가 주를 보았다" 하고

또 주께서 자기에게 이렇게 말씀하셨다 이르니라.

해설

요한만이 마리아가 베드로와 요한에 뒤이어 무덤으로 돌아온 것을 기록한다. 예수를 위해 울기 위해서였다.[20] 울던 도중에, 그녀는 무덤

---

20 앞서 살펴본 대로, 비록 요한이 다른 여인들에 대해서 언급하지 않지만, 이 방문이 다른 복음서에 기록된 여인들의 방문과 일치할 가능성도 있다. 하지만 그것이 역사

을 들여다보고, 예수의 시신이 있던 곳에 두 천사가 앉아 있는 것을 보고는 깜짝 놀란다. 그 천사들이 그녀에게 왜 울고 있는지를 묻는다. 그녀의 답변은 그녀가 아직 다른 여인들로부터 소식을 듣지 못했음을 보여준다: "사람들이 내 주님을 옮겨다가 어디 두었는지 내가 알지 못함이니이다."[21] 그녀가 돌아본다. 아마도 누군가 다가오는 소리를 들은 것 같다. 그녀는 예수를 보았으나 예수이신 줄은 알지 못한다. 마치 엠마오로 가는 길에서의 제자들처럼 처음에는 예수를 알아보지 못한다.[22]

예수께서 그녀에게 왜 울고 있는지 그리고 그녀가 누구를 찾고 있는지를 물으신다. 그녀는 그가 무덤들을 관리하는 동산지기인 줄 안다. 예수가 부자의 묘실에 매장되었기 때문에 아마도 그가 시신을 옮겼을지 모른다고 생각하고는, 그에게 시신을 어디로 옮겼는지 묻는다. 이 시점에 예수께서 마리아의 이름을 부르신다.

이에 그녀가 즉각 그를 알아본다. 아마도 그의 말투 때문이었을 것이다. 그가 그녀에게 "붙들지 말라"고 하며, 그의 "형제들" — 제자들 — 에게 가서, 그가 곧 그의 아버지 곧 그들의 아버지, 또 그의 하나님 곧 그들의 하나님께로 올라간다고 알릴 것을 지시한다.[23] 자기 제자들과의 관계에 대한 그런 식의 묘사는 곧 깊은 가족적 친밀감을 나타내는 것이다. 마리아는 순종하여 제자들에게 가서, 그녀가 예수를 본 것과 예수께서 그녀에게 말씀하신 것을 설명한다. 이 두 번째 보고는 그날 이

적 사실을 재구성한 것 같이 보이진 않는다.

21   요한복음 20:13.

22   처음에 부활의 몸을 가진 예수를 알아보지 못한 것은 초자연적 활동이 원인이었을 것이다. 하나님께서 적절한 때가 되기까지 그들이 예수를 알아보는 일을 막으셨다.

23   요한복음 20:17.

른 아침의 절망적이던 첫 번째 보고와 강하게 대조된다.

엠마오로 가는 길에서의 만남

예수께서 엠마오로 가는 길에서 글로바와 다른 한 친구에게 나타나시다.

누가복음 24:13-35

그 날에 그들 중 둘이 예루살렘에서 이십오 리 되는 엠마오라 하는 마을로 가면서 이 모든 된 일을 서로 이야기하더라. 그들이 서로 이야기하며 문의할 때에 예수께서 가까이 이르러 그들과 동행하시나 그들의 눈이 가리어져서 그인 줄 알아보지 못하거늘, 예수께서 이르시되,

"너희가 길 가면서 서로 주고받고 하는 이야기가 무엇이냐?" 하시니

두 사람이 슬픈 빛을 띠고 머물러 서더라 그 한 사람인 글로바라 하는 자가 대답하여 이르되,

"당신이 예루살렘에 체류하면서도 요즘 거기서 된 일을 혼자만 알지 못하느냐?"

이르시되,

"무슨 일이냐?"

이르되,

"나사렛 예수의 일이니 그는 하나님과 모든 백성 앞에서 말과 일에 능하신 선지자이거늘 우리 대제사장들과 관리들이 사형 판결에 넘겨주어 십자가에 못 박았느니라.

우리는 이 사람이 이스라엘을 속량할 자라고 바랐노라.

이뿐 아니라 이 일이 일어난 지가 사흘째요 또한 우리 중에 어떤

여자들이 우리로 놀라게 하였으니,

이는 그들이 새벽에 무덤에 갔다가 그의 시체는 보지 못하고 와서

그가 살아나셨다 하는 천사들의 나타남을 보았다 함이라.

또 우리와 함께 한 자 중에 두어 사람이 무덤에 가 과연 여자들이

말한 바와 같음을 보았으나 예수는 보지 못하였느니라" 하거늘

이르시되,

"미련하고 선지자들이 말한 모든 것을 마음에 더디 믿는 자들이

여! 그리스도가 이런 고난을 받고 자기의 영광에 들어가야 할 것

이 아니냐?" 하시고

이에 모세와 모든 선지자의 글로 시작하여 모든 성경에 쓴 바 자기

에 관한 것을 자세히 설명하시니라.

그들이 가는 마을에 가까이 가매 예수는 더 가려 하는 것 같이 하시

니, 그들이 강권하여 이르되,

"우리와 함께 유하사이다, 때가 저물어가고 날이 이미 기울었나이

다" 하니

이에 그들과 함께 유하러 들어가시니라. 그들과 함께 음식 잡수실

때에 떡을 가지사 축사하시고 떼어 그들에게 주시니, 그들의 눈이 밝아

져 그인 줄 알아보더니 예수는 그들에게 보이지 아니하시는지라.

그들이 서로 말하되,

"길에서 우리에게 말씀하시고 우리에게 성경을 풀어 주실 때에 우

리 속에서 마음이 뜨겁지 아니하더냐?" 하고

곧 그 때로 일어나 예루살렘에 돌아가 보니 열한 제자 및 그들과 함

께 한 자들이 모여 있어, 말하기를,

"주께서 과연 살아나시고 시몬에게 보이셨다" 하는지라.

두 사람도 길에서 된 일과 예수께서 떡을 떼심으로 자기들에게 알려지신 것을 말하더라.

해설

일요일 오후에, 엠마오(예루살렘 북서쪽으로 약 11km 떨어진 마을)로 가는 길에서 두 제자에게 예수께서 나타나신 일에 대한 누가의 설명은 희극적인 풍자와 매력적인 요소들로 가득하다.[24] 막달라 마리아와 마찬가지로, 이 제자들은 처음에는 예수가 그들과 함께 걸으며 대화에 참여할 때 그를 알아보지 못한다. 예수가 그들의 대화에 관해 묻자, 그들은 문자 그대로 가던 길을 멈춘다. 그리고 글로바가 묻는다, "당신이 예루살렘에 체류하면서도 요즘 거기서 된 일을 혼자만 알지 못하느냐?"[25] 예수는 그들의 관점을 듣기 원하여 묻는다, "무슨 일이냐?"[26]

그들은 예수에게 두 부분으로 대답한다. 첫째, 그들은 전체 상황에 대해 간략한 역사를 제공하는데, 그것은 예수에게 동조하는 유대 추종자의 평균 입장에서 이해된 수준일 것이다: 나사렛 예수는 하나님과 사람들 앞에서 강력한 선지자였으며, 유대 지도자들과 통치자들에 의

---

24 두 여행자 모두 남자였다고 흔히 추정되지만, 본문은 명확하지 않으며, 그 두 사람이 글로바와 그의 아내일 수도 있다. 이 때의 예수의 출현은 마가복음 16:12에 간략히 언급되어 있다.

25 누가복음 24:18.

26 누가복음 24:19.

해 정죄를 받아 십자가에 못 박혔지만, "우리는 이 사람이 이스라엘을 속량할 자라고 바랐노라."[27] 예수는 능력의 선지자였으며 많은 사람이 그가 하나님의 메시야이기를 바랐다. 하지만 그는 당시의 권력자들에 의해 십자가에 못 박혔다.

둘째, 글로바와 다른 제자는 그날 아침에 일어난 특이한 사건들을 설명한다: 어떤 여인들이 무덤이 빈 것을 보았고, 예수의 부활을 선언한 천사들에 관하여 놀라운 이야기를 전했으며, 어떤 남자들은 직접 가서 무덤이 빈 것을 확인했으나 예수는 보지 못했다.

이 시점에서, 예수는 그 두 제자를 메시야의 고난과 영광에 대한 예언들을 더디게 믿는다고 꾸짖고, "모세에서 시작하여 모든 성경에 쓴 바 자기에 관한 것을 자세히 설명하신다."[28] 예수는 여기서 요한이 다음과 같이 언급했던 문제를 해결하신다: "그들은 성경에 그가 죽은 자 가운데서 다시 살아나야 하리라 하신 말씀을 아직 알지 못하더라"(요 20:9). 그 제자들은 부활절 아침의 사건들을 예상하지 못하고 있었다.[29]

마을에 가까워졌을 때, 예수는 마치 길을 더 가려는 듯이 행동하고, 두 제자는 저녁에 함께 머물기를 강권한다. 예수는 그들의 요청에 응하여 저녁 식탁에서 빵을 가지고 축사한다. 이 시점에 (아마도 식사 전에 예수께서 기도하시고 떡으로 축사하실 때) 글로바와 다른 제자의 눈이 영적으로 뜨이고, 그들은 예수를 알아본다. 그러자 예수는 그들의 시야에서 사라진다.

---

27   누가복음 24:21.
28   누가복음 24:27.
29   다시 강조하지만, 이는 예수의 부활에 관한 복음서의 설명이 역사적으로 정확한 것임을 강력하게 시사한다.

그들은 즉시 예루살렘으로 돌아오며, 다른 제자들이 격렬한 토론 중인 것을 발견한다. 그 날 아침 이른 시점에 예수께서 베드로에게도 나타나신 것이다! (이 때 베드로에게 나타난 일은 복음서들에는 묘사되지 않으며, 고린도전서 15:5에서 바울에 의해 언급된다.) 예수께서 베드로에게 나타나셨다는 놀라운 이야기를 들은 후, 이어서 그 두 제자는 어떻게 예수께서 길에서 그들에게 말씀하셨으며 또 그가 떡을 떼실 때 그들이 어떻게 그를 알아보게 되었는지를 보고한다.[30]

예수가 도마가 없을 때 열 제자에게 나타나다

그날 저녁 예수께서 예루살렘의 한 집에서 (도마를 제외한) 열 명에게 나타나시다.

누가복음 24:36-43

이 말을 할 때에 예수께서 친히 그들 가운데 서서 이르시되,

"너희에게 평강이 있을지어다" 하시니

그들이 놀라고 무서워하여 그 보는 것을 영으로 생각하는지라.

예수께서 이르시되,

"어찌하여 두려워하며 어찌하여 마음에 의심이 일어나느냐? 내

---

30 마가복음 16:13에 따르면, 엠마오로 가던 이 두 여행자의 보고에도 불구하고 다른 제자들이 믿지 않는다. 하지만 누가는 초기에 보인 그들의 믿음과 불신에 대해 언급하지 않는다. 그들이 여전히 예수의 이전 출현에 관하여 이야기하고 있을 때 예수께서 그들에게 나타나신다(눅 24:36).

손과 발을 보고 나인 줄 알라. 또 나를 만져 보라. 영은 살과 뼈가 없으되 너희 보는 바와 같이 나는 있느니라."

이 말씀을 하시고 손과 발을 보이시나 그들이 너무 기쁘므로 아직도 믿지 못하고 놀랍게 여길 때에 이르시되,

"여기 무슨 먹을 것이 있느냐?" 하시니

이에 구운 생선 한 토막을 드리니, 받으사 그 앞에서 잡수시더라.

요한복음 20:19-23

이 날 곧 안식 후 첫날 저녁 때에 제자들이 유대인들을 두려워하여 모인 곳의 문들을 닫았더니 예수께서 오사 가운데 서서 이르시되,

"너희에게 평강이 있을지어다."

이 말씀을 하시고 손과 옆구리를 보이시니 제자들이 주를 보고 기뻐하더라.

예수께서 또 이르시되,

"너희에게 평강이 있을지어다.

아버지께서 나를 보내신 것 같이 나도 너희를 보내노라."

이 말씀을 하시고 그들을 향하사 숨을 내쉬며 이르시되,

"성령을 받으라.

너희가 누구의 죄든지 사하면 사하여질 것이요 누구의 죄든지 그대로 두면 그대로 있으리라" 하시니라.

해설

일요일 저녁, 제자들은 잠긴 문 뒤에 모인다. 유대인들을 두려워하여

숨은 것이다.[31] 엠마오 도상에서 예수를 만난 두 제자는 조금 전 도착했다. 그들이 그 날 예수가 나타난 놀라운 사건들에 관해 이야기할 때, 별안간 예수가 그들 중에 나타나 "평강이 있을지어다"는 말로써 그들의 두려움을 누그러뜨린다.[32] 예수의 말에도 불구하고, 제자들은 놀라고 나타난 예수를 영이라고 믿는다.[33] 예수는 제자들에게 그의 손과 발을 만져 보라고 하면서 그들의 두려움을 달래고, 영은 살과 뼈가 없어도 자기에게는 있음을 입증한다.[34] 그는 먹을 것을 요청하며 또 구운 생선 한 토막을 먹음으로써, 자기 부활의 몸의 확실한 실재를 결정적으로 입증한다.[35] 이 마지막 증거가 최종적으로 그들을 수긍하게 만든다. 유령은 일반적으로 보이기는 하지만 실체가 있는 음식을 먹을 순 없기 때문이다.

일단 제자들이 차분하게 들을 수 있을 정도가 되자, 예수는 재차 그들에게 평강이 있기를 바라면서 요한복음 방식의 지상명령을 제시한다: "아버지께서 나를 보내신 것 같이 나도 너희를 보내노라."[36] 그들에게 위임명령을 내리면서, 부활의 주님은 자기 제자들을 향해 숨을 내쉬는데, 이는 그들이 그들의 사명을 이룰 수 있도록 성령을 나누어주는

---

3 1   요한복음 20:19.

3 2   누가복음 24:36; 요한복음 20:19. 잠긴 문 안에서 예수의 갑작스러운 출현은 그의 부활의 몸이 벽들을 통과할 수 있음을 시사한다. 그렇다면, 영화된 상태에서 그의 몸은 신체와 더불어 초자연적 특성들을 가지고 있었다. 다른 대안으로는, 그는 초자연적으로 잠긴 문을 밖에서 연 것이며, 이는 사도행전 12:10에서 베드로에게 일어났던 현상과 같다.

3 3   누가복음 24:37, 41.

3 4   누가복음 24:39-40; 요한복음 20:20.

3 5   누가복음 24:41-43.

3 6   요한복음 20:21-23.

느낌을 전하는 것이다.[37] 요한복음에서 죄의 용서와 관련된 예수의 다음 진술은 교회의 복음 선포를 가리키는 것 같다. 예수를 믿는 자들은 죄의 용서를 얻을 것이고, 복음의 메시지를 거부하는 자들은 그렇지 못하여 죄책을 그대로 안게 될 것이다.

예수의 말씀을 제시하면서, 누가는 이어지는 40일간 예수께서 하신 말씀을 의도적으로 압축한다. 이 의도적인 압축은 누가복음 24:47-51과 사도행전 1:3-9, 그리고 누가복음 24:45의 암시를 비교할 때 명백해진다. 누가복음 24:45에서 예수는 "그들의 마음을 열어 성경을 깨닫게 하신다." 이는 곧 그가 부활 후에 나타나신 전 기간에 있었던 과정이다.

누가복음 24:44-49의 말씀은, 부활하신 예수가 40일 기간의 끝 무렵에, 감람산의 베다니 마을 근방에서 승천하시기 전에 하신 말씀으로 보인다. 이는 누가복음 24:49에서의 예수의 진술("너희는 위로부터 능력으로 입혀질 때까지 이 성에 머물라")을 사도행전 1:3-4("그가 고난받으신 후에 또한 그들에게 확실한 많은 증거로 친히 살아계심을 나타내사 사십 일 동안 그들에게 보이시며 하나님 나라의 일을 말씀하시니라. 사도와 함께 모이사 그들에게 분부하여 이르시되 예루살렘을 떠나지 말고 내게서 들은 바 아버지께서 약속하신 것을 기다리라")과 비교할 때 확인된다.

만약 예수가 제자들에게 그 첫 일요일 저녁에 예루살렘을 떠나지 말라고 지시하신 것이라면, 이는 그들을 갈릴리에서 만나자고 한 천사들의 전언 및 예수의 이전의 말들(마 28:7, 10; 막 16:7), 그리고 갈릴리에서 부활 후 나타나셨다고 한 이후의 설명들(마 28:16-20; 요 21:1-23)과

---

37 이는 오순절 때 성령이 임하여 부어질 때 역사적으로 확립될 것이다.

는 확연하게 모순된다.

게다가, 사도행전에서 누가는 예수의 입술에서 떨어진 이 말씀들을 부활 후 40일간 나타나셨다는 기록 뒤에 위치시킨다. 무교병 절기가 끝난 후(요한복음 20:26에 의하면 여드레를 지난 후), 제자들은 예수의 지시대로 갈릴리로 돌아가 한동안 머물렀으며(20일에서 30일 사이), 예수의 승천을 앞둔 시점에 오순절을 위해 예루살렘에 다시 모였던 것으로 보인다.

뒷이야기

그 이후
예수의 출현과 승천

예수가 도마를 포함하여 열한 제자에게 나타나다

(요한복음 20:24-31)

부활 후 예수께서 그의 핵심 그룹에 나타나신 일의 기록에서, 요한은 그 열한 제자들 중의 하나인 도마가 첫날 일요일 저녁에는 없었다고 언급한다.[1] 다른 제자들이 그날 저녁의 일들을 도마에게 설명할 때, 그는 믿기를 거부하며, 널리 알려졌듯이 이와 같이 대꾸한다: "내가 그의 손의 못 자국을 보며 내 손가락을 그 못 자국에 넣으며 내 손을 그 옆구리에 넣어 보지 않고는 믿지 아니하겠노라."[2] 도마는 확실한 경험적 증거가 아니면 다른 아무 것에도 만족하지 않는다. 그의 회의주의는 역사를 통해 많은 사람들과 공유되어 왔다. 그는 예수가 메시야라는 사

---

1   요한복음 20:24.

2   요한복음 20:25.

실에 자기 일생을 걸었으며(사실상, 그는 이미 한 번의 부활, 즉 나사로의 부활을 목격한 바 있다![요 11:26]), 이제는 한 가지 농간으로 속아 넘어가지 않으려 한다. 예수는 실패했다. 그는 죽었다. 제자들이 그를 잘못 알았다. 배는 떠나버렸다. 도마의 테스트는 로마의 십자가 처형이 철저하고 치명적이며, 따라서 못 박힌 흔적을 가진 살아있는 사람에 대해서는 들어본 적이 없다는 사실에 근거하고 있다. 그런 일은 초자연적 부활의 가능성을 강하게 암시하는 것이 아닌가? 도마의 반응은 또한 그가 제자들의 보고를 전적으로 불신하지는 않았음을 시사하는 것일 수도 있다. 아마 그는 그들이 유령을 보았거나, 실제 부활한 몸이 아니라 실체 없는 영을 보았을 것이라고 여겼을 것이다. 그가 제안한 테스트는 예수의 실제 (즉 부활한) 몸의 확실성을 입증하기 위한 의도에서 제기된 것이다.

도마가 오래 기다릴 필요는 없었다. 다음 일요일에 (8일 후, 첫 번째 일요일에), 제자들은 다시 빗장을 걸어잠근 문 뒤에 숨어 있었고, 이번에는 도마도 그들 중에 있었다.[3] 앞에서 그랬던 것처럼, 예수께서 그 방에 나타나시고 그들의 무서움을 달래려고 인사말을 하신다: "너희에게 평강이 있을지어다."[4] 예수는 즉시 도마를 향하시고 ― 초자연적 통찰을 시사한다. 왜냐하면 도마가 자기 의심을 표현할 때에, 예수는 육체적으로 제자들과 함께 있지 않았기 때문이다 ― 그가 제안한 시험을 채택하신다: "네 손가락을 이리 내밀어 내 손을 보고 네 손을 내밀어 내 옆구리에 넣어 보라. 그리하여 믿음 없는 자가 되지 말고 믿는 자

---

3   요한복음 20:26.
4   요한복음 20:26.

가 되라."[5] 요한은 도마가 예수의 제안을 받아들였는지 (물론 그렇게 하지 않았을 것이라고 여겨지지만) 분명하게 진술하지 않는다. 하지만 그 결과는 완벽하고 확실한 믿음이다. 도마는 예수를 그의 주요 그의 하나님이라고 고백한다. 그분의 권위와 신성을 인정하는 것이다.[6]

예수는 이 짧은 출현을 그의 부활의 몸을 육체적으로 보지 않고도 믿는 모든 자들을 향한 축복의 선언으로 마무리하신다.[7] 이 축복은 최초의 목격자 세대를 넘어, 전 역사를 통틀어 모든 믿는 자들을 포함한다. 요한은 이 선언에 이어 두 가지의 흥미로운 진술을 더한다.

첫째로, 예수는 제자들이 보는 앞에서 이 복음서에 기록되지 않은 다른 많은 일들도 행하셨다. 공간적인 제약으로 인해 (고대 세계에서 책 출판의 비용을 언급하는 것이 아니다) 요한과 다른 복음서 저자들은 선택적이 될 수밖에 없었다.[8]

둘째로, 요한은 그의 복음서의 목적을 분명하게 밝힌다: "오직 이것을 기록함은 너희로 예수께서 하나님의 아들 그리스도이심을 믿게 하려 함이요 또 너희로 믿고 그 이름을 힘입어 생명을 얻게 하려 함이니라."[9] 요한은 중립적이고 편견 없는 목격자로서 기록한 것이 아니라, 기록된 사건들의 목격자였고 또 그것들의 진실성을 열정적으로 확신하

---

5   요한복음 20:27.

6   요한복음 20:28. 도마의 고백은 복음서 서술의 시작과(1:1) 마무리에 예수의 신성을 나란히 언급하는 수미쌍관(首尾雙關, *inclusio*)의 일부이다.

7   요한복음 20:29. 오늘날 모든 믿는 자에게 적용되는 베드로의 비슷한 진술을 보라: "예수를 너희가 보지 못하였으나 사랑하는도다 이제도 보지 못하나 믿고 말할 수 없는 영광스러운 즐거움으로 기뻐하[도다]"(벧전 1:8).

8   요한복음 20:30. 같은 복음서 21:25에서 유사한 진술을 참조하라.

9   요한복음 20:31.

는 자로서 기록한 것이며, 그리고 오직 하나님의 아들 예수를 믿음으로 말미암아 영생이 얻어질 수 있음을 믿는 자로서 기록한 것이다. 그는 독자들과 청중에게 정보를 제공하면서도 또한 그들을 믿도록 설득하는 두 가지 일을 모두 한다.

예수가 갈릴리 바다에서 일부 제자들에게 나타나다

(요한복음 21장)

절기를 준수하는 유대인으로서, 제자들은 무교병 절기가 끝날 때까지 예루살렘에 남는다. 그 절기는 화요일에 끝났다.[10] 절기 뒤에, 제자들 중 다수는 천사와 예수의 지시를 따라 갈릴리로 돌아간다. 다른 이유들 중의 하나로, 예수께서 제자들에게 갈릴리로 가라고 지시하신 것은, 그가 다시 살아난 것이 로마 군사들과 예루살렘에 집중된 유대의 통치를 전복하기 위해서가 아님을 제자들이 깨닫도록 하기 위해서일 것이다. 그는 정치적 지배력을 추구하고 있지 않다.

요한은 제자들이 갈릴리에 돌아가서 얼마나 기다렸는지 언급하지 않으며, 그저 베드로, 도마, 나다나엘, 세베대의 아들들(야고보와 요한), 그리고 이름이 밝혀지지 않은 다른 두 명의 제자들에게 있었던 어느 날의 이야기를 들려준다. 베드로는 배가 고프고, 무료했거나, 또는 돈이 궁색해서, 다시 물고기를 잡으러 가겠다고 선언한다.[11] 메시야가 나

---

10 마태복음 26:17을 보라. 거기서 유월절 준비 일을 "무교절의 첫 날"이라고 언급한다. 무교절은 유대력 니산월 15-21일이다(레위기 23:5-6 또한 참조하라).

11 요한복음 21:3.

타나길 기다리는 것이 청구서를 지불해주거나 식탁에 음식을 마련해주지는 않는다. 함께 있던 다른 여섯 명의 제자들도, 베드로의 리더십을 따라, 기꺼이 그에게 동참한다. 그들은 온 밤을 — 고대 세계에서는 물고기 잡기에 선호되던 시간인데, 물고기가 아침에 신선한 상태에서 팔릴 수 있기 때문이다 — 고기 잡느라 수고하지만, 불행히도 아무 것도 잡지 못한다.

새벽에, 심란한 제자들을 향해 예수께서 기슭에서 부르신다. 그리고 물고기 잡은 것이 있는지 물으신다. 막달라 마리아와 엠마오 도상에서의 두 제자들처럼, 그 제자들은 예수를 알아보지 못한다. 아마도 그가 잠재적인 고객이라고 여겼는지, 그에게 짧게 대답한다: "없나이다."[12] 예수는 그들에게 그물을 배 오른편에 던지라고 지시한다. 그런 행동으로 달라질 것이 없을 테지만, 그럼에도 그들은 순종한다. 그러나 너무 많은 물고기를 잡아 그물을 배 안으로 당길 수 없을 정도가 된다. 물고기를 엄청나게 잡은 것을 보고는, (예수께서 사랑하시는 그 제자) 요한이 기슭에 있는 사람이 예수일 거라는 그의 믿음을 소리 내어 알린다. 십자가에 달리시던 날 밤의 주저하고 두려웠던 베드로와는 대조적으로, 이제 베드로는 억제할 수 없는 기쁨을 표현하며, 즉시 물속으로 뛰어들어 헤엄을 쳐서 기슭에 이른다. 그런 사이 다른 제자들은 천천히 배에서 그물을 당겨 기슭까지 이른다.

그들은 숯불에 물고기를 요리하고 있는 예수를 발견한다. 베드로가 예수를 부인했던 날 그가 주변에서 서성였던 그런 종류의 불이다.[13] 베

12 　요한복음 21:5.
13 　요한복음 21:9; 18:18 역시 참조하라.

드로에게 153마리의 물고기로 가득한 그물을 끌고 오는데 도와주라고 지시한 후에, 예수는 조반을 먹도록 제자들을 초대하고 그들에게 떡과 물고기를 준다. 153이라는 수가 특별한 상징적 의미를 가진 것은 아닌 듯 하며, 그저 잡은 물고기의 수를 나타냈을 것이다 — 어부들은 시장에 팔기 전에 잡은 물고기의 수를 세었고, 제자들이 그 모든 물고기를 해변에서 썩도록 방치하지 않았을 것임을 시사한다. 요한은 제자들 모두가 그가 누구신줄 알았기 때문에, 아무도 감히 예수에게 누구시냐고 묻는 자가 없었다고 언급한다.[14]

조반을 먹은 후에, 예수는 베드로에게 세 번 그가 예수를 사랑하는지 묻고, 또 세 번 어린 양을 먹이고 돌보라고 명령함으로써, 공식적으로 베드로의 섬김의 직분을 회복시킨다.[15] 세 번 반복된 사랑의 시인은 앞서 세 번의 부인에 상응한다. 이는 현장에 있던 사람들에게는 너무나 명백한 사실이다.[16] 예수는 참된 목자로서 베드로를 그의 부하 목자로 재임명하여 하나님의 양 떼를 돌보게 한다(베드로전서 5:1-4에서 베드로의 진술을 보라). 이어서 예수는 베드로가 어떤 종류의 죽음 — 십자가형 — 을 겪고서 하나님께 영광을 돌릴지를 예고하고, 또한 "나를 따르라"고 명령한다.

---

14   요한복음 21:12.

15   요한복음 21:15-17. 인기 있는 의견들과는 반대되겠지만, 이 구절에서 "사랑"을 나타내는 두 개의 헬라어 단어들(필레오 *phileo*와 아가파오 *agapao*)은 의미상 어떤 차이를 나타내는 것 같지 않다. 왜냐하면 그 단어들은 종종 상호 교환가능하게 사용되며, 또한 요한은 종종 비슷한 의미의 다른 단어들을 문체상의 다양성 차원에서 사용하기 때문이다.

16   앞서, 예수는 베드로에게 주를 부인한 것에서 돌이킨 후에는 형제들을 굳게 하라고 지시하였다(눅 22:32).

베드로는 예수를 따를까? 예수를 따르는 것이 틀림없이 자기 자신을 십자가형에 이르게 할 것임을 알고도, 또 최근에 예수를 부인한 바 있고 죽음의 위험을 피하려고 그를 따르는 데 실패한 적이 있음에도 그렇게 할까? 베드로는 최후의 만찬 때 죽음의 자리에까지 예수를 따르겠노라고 했던 그의 떠들썩한 약속을 이행할까?[17] 이전에 했던 베드로의 약속은 그의 교만과 자기신뢰에 기초한 것이었고, 하나님의 메시야가 그의 왕국을 출범할 것이라는 그릇된 기대에서 비롯된 것이었다. 이 나중의 헌신의 동기는 자기 자신의 연약함과 약점을 잘 아는 것으로부터, 그리고 예수의 은혜와 용서의 압도적인 힘을 더 잘 이해하게 된 것에서 비롯된 것이다. 그는 정녕 예수를 따를 것이다.

베드로는 돌이켜 예수께서 사랑하시던 제자 요한을 본다. 요한은 예수와 베드로가 걸으며 대화할 때 그들을 뒤따르고 있었다. 그래서 베드로는 예수에게 요한의 운명에 대해 묻는다. 베드로는 요한 역시 예수를 위해 죽어야 하는지에 대해 궁금했다. 예수는 부드럽게 베드로를 꾸짖는다: "내가 올 때까지 그를 머물게 하고자 할지라도 네게 무슨 상관이냐? 너는 나를 따르라!"[18] 이로써 예수는 베드로에게 다른 사람들에게 무슨 일이 일어나는지가 중요하지 않다고 상기하신다. 그 자신의 순종과 충성에는 오직 자기 자신만 책임을 진다. 요한은 이 시점에서 편집자적인 논평을 삽입하는데, 이는 예수의 말씀과 관련하여 제자들 중 일부에서 명백히 제기되었던 혼동을 해소하기 위함이다. 요한은 예수의 말씀이 요한이 죽음을 면한다고 하신 것이 아니라, 요한의 운명이 베드

---

17   요한복음 13:36-38.
18   요한복음 21:22.

로가 상관할 일이 아님을 지적하신 것임을 독자에게 알린다.

요한은 그의 복음서를 기록된 말씀 및 그 안에 묘사된 사건들의 진실성에 관하여 증언자로서의 개인적인 확인(특히 "…아노라"는 편집자적 겸양의 표현을 보라), 그리고 자기 복음서가 예수 행적을 다 기록할 수 없기에 불가피한 선택에 따른 일부 기록임을 통고하는 것으로 마무리한다.[19]

대 위임명령

(마태복음 28:16-20; 누가복음 24:45-49; 요한복음 20:21-23; 사도행전 1:8)

마태복음 28:18-20은 흔히 대 위임명령(the Great Commission)이라고 불리는 내용을 포함하고 있다. 이는 마태복음에 기록된 예수의 마지막 말씀이다. (물론 우리는 다른 복음서들과 사도행전에서 이 말씀이 승천 이전에 남긴 예수의 마지막 말씀이 아닌 것을 알고 있다.) 그의 복음서를 이 말씀으로 끝맺으면서, 마태는 그 위임명령의 중요성과 중심성에 주의를 기울인다. 마태에게, 그 위임 명령은 부활 이후 예수의 전체 메시지를 요약한다.

마태는 이 중요한 말씀을 위해 약간의 맥락을 제공한다. 무교절이 지나고, 그 열한 제자는 예수의 지시에 순종하여 갈릴리로 가서 어느 산에 이른다. 마태는 예수가 그들에게 나타나셨을 때 그들이 그에게 경

---

19   요한복음 21:24-25.

배하였지만, 어떤 이들은 계속해서 의심하였다고 언급한다.[20] 그 산에서 예수는 그의 부활이 가져온 경천동지할 결과를 전한다 — 예수는 이제 하늘과 땅의 모든 권세를 가졌다. 결과적으로, 그의 제자들은 이제 온 세계 속으로 들어가서 모든 민족을 제자로 삼고, 그들에게 세례를 베풀며, 그가 명령한 모든 것을 가르쳐 지키게 해야 한다. 그 위임명령의 중심은 제자를 삼으라는 것이다. 즉 진정한 제자, 종신토록 예수를 따르는 자들을 만들라는 것이다. "아버지와 아들과 성령의 이름으로 세례를 베풀라"는 예수의 명령은 삼위일체로서의 하나님 및 예수의 신성의 이해를 표명한다. 예수는 세상 끝날까지 그의 지속적 임재와 능력 부여를 약속한다.[21] 그의 제자들은 이 사명을 홀로 착수하도록 부름을 받는 것이 아니다. 예수가 그들과 함께 할 것이다.[22]

예수의 부활 때문에, 하나님 나라의 메시지는 더 이상 유대 민족에게 제한되어선 안 되며, 전 세계에 있는 모든 민족과 모든 개인에게 선포되어야 한다.[23] 마태는 이것이 예수로부터의, 부활하신 온 세계의 왕

---

20   의심하는 자들에 대한 언급은 열한 제자를 지칭하는 것이 아닐 것이다. 고린도전서 15:6에 따르면, 예수는 오백 명이 넘는 제자들에게도 나타나셨다. 만약 오백여 명에게 나타난 이 출현이 그 산에서의 예수의 출현과 일치하는 것이라면, 그 큰 집단 중의 일부가, 적어도 속으로는, 여전히 의심하였다는 것은 꽤 개연성이 있다.

21   어떤 이들은 "아버지와 아들과 성령의 이름으로" 세례를 주라는 예수의 지침은, 그것이 분명한 삼위일체적인 이해를 반영하기 때문에, 한없이 시대착오적이라고 믿는다. 그들은 삼위일체 이해는 추후 초대 교회에서의 교리적 형성의 흔적이라고 주장한다. 하지만, 이 문제에서 마태의 진술의 역사성에 의문을 제기할 어떤 타당한 이유도 없다. 또한 복음서들은 예수가, 그의 사역 기간에 줄곧, 하나님 아버지와 성령을 반복적으로 언급하였다고 분명하게 제시한다.

22   그는 하나님의 임마누엘("하나님이 우리와 함께 계시다", 마 1:23)이시다.

23   헬라어 *ethne*는 민족국가를 지칭하는 것이 아니라 사람들의 집단(즉 모든 부족, 언어, 백성 그리고 민족)을 지칭하는 것이다.

에게서 그의 제자들에게 내려진, 직접적인 명령임을 분명히 밝힌다. 대위임명령은 단순한 바람이나 제안이 아니다. 그것은 첫 번째 제자들에게 그랬던 것처럼, 오늘날의 예수의 제자들에게도 여전히 유효하고 상관있는 명령이다.[24]

누가의 복음서에는 대 위임명령이 두 곳에서, 승천에 앞서 예루살렘 근방에서 말해진 것으로 기록된다. 누가 판(版) 위임명령은 "죄 사함을 받게 하는 회개가 예루살렘에서 시작하여 모든 족속에게 전파될 것"이며 "너희는 이 모든 일의 증인이라"고 진술한다(눅 24:47-48). 그리고 그 다음에 예수의 약속이 이어진다: "오직 성령이 너희에게 임하시면 너희가 권능을 받고 예루살렘과 온 유대와 사마리아와 땅 끝까지 이르러 내 증인이 되리라"(행 1:8). 지속적인 임재에 관한 마태의 묘사는, 누가의 설명에서는 온 세계를 향한 증언 활동을 위하여 성령의 초자연적 능력 부여라는 관점에서 반복된다.

요한 판(版) 대 위임명령 ― "아버지께서 나를 보내신 것 같이 나도 너희를 보내노라" ― 에는 성령의 상징적인 부여 및 교회의 복음 선포에 따른 죄 사함에 관한 묘사가 이어진다.[25] 예수의 제자들은 마치 하나님께서 예수를 세상에 보내셨듯이 예수에 의해 세상으로 보내어진다. 예수의 제자들은 그의 명령과 사명을 공유하며, 그들의 활동에서는 성령에 의해 능력을 부여받는다.

다른 문맥들에서 다른 단어들을 사용하여, 대 위임명령의 주제가 거

---

24 이 명령의 다른 측면들—즉, 예수의 권위와 임재—은 보편적이고 영원하다고 보면서, 이 명령의 일부를 임시적이라고 제한하는 것은 자의적이다.

25 요한복음 20:21-23.

듭 반복해서 나타나는 것은 각 복음서 저자들이 예수의 말씀을 뒤섞었음을 의미하는 것이 아니라, 대 위임명령의 주제가 부활 이후 예수의 가르침의 주된 요소였으며(마 28:18-20; 눅 24:47-48; 요 20:21-23; 행 1:8), 그것이 사십일 동안 이어졌음을 나타내는 것이다(행 1:3). 예수는 다른 문맥들에서 또 다른 말로써 그것을 지속적으로 강조한다. 제자들은 이 중요한 명령을 절대 잊어서는 안 된다. 그들은 예수의 증인으로서 그의 부활과 그의 나라를 전하기 위해, 성령의 능력으로 온 세상으로 가야 한다. 예수의 부활 이후 출현에 있어서 이 요소의 중요성이 망각되거나 경시되어서는 안 된다. 예수의 부활 이후의 가르침에서, 그리스도인이 된다는 것은 대 위임명령에 순종하는 것으로 규정된다. 그것은 제자들의 존재 자체를 규정하는 명령이다.

승천 (누가복음 24:50-53; 사도행전 1:9-11)

누가 홀로 예수의 승천을 기록한다, 한 번이 아니라 두 차례씩. 예수께서는 오순절에 앞서 예루살렘에 돌아가도록 제자들에게 분명히 지시하셨다. 누가는 예수께서 제자들을 베다니가 내려다보이는 감람산으로 데려가셨다고 묘사한다.[26] 예루살렘으로 돌아오면서, 제자들은 자연스럽게 궁금증을 가진다: 예수는 최종적으로 그의 지상 왕국을 세우실까?[27] 예수의 반응은 그가 언젠가 지상 왕국을 세울 것이라는 실재를 부인하는 것이 아니라, 하나님의 때를 아는 것은 제자들의 몫이 아님을

---

26 누가복음 24:50; 사도행전 1:12.
27 사도행전 1:6.

강조하는 것이다.[28] 그런 후 예수는 누가 판(版) 대 위임명령을 다시 한 번 분명하게 선언하신다. 예수의 재림을 기다리는 동안 그들이 해야 할 일, 그것은 온 세계에 그를 적극적으로 증언하는 것이다.

위임명령을 내린 후, 예수는 제자들을 축복하면서 하늘로 올라가 구름 속으로 사라진다.[29] 이를 대기 중 높은 곳에 있는 비구름으로, 마치 예수가 인간 로켓처럼 올라간 것으로 이해해서는 안 된다. 성경 전체를 살펴보면, 구름은 종종 하나님의 임재와 관련된다.[30] 예수는 올려져 — 누가는 높이가 얼마인지에 대해선 언급하지 않는다 — 마침내 하나님의 임재의 구름으로 둘러싸인다. 누가는 그의 복음서에서 제자들이 예수를 경배하고 큰 기쁨으로 예루살렘으로 돌아가, 늘 성전에서 하나님을 찬송하였다고 기록한다.[31]

사도행전에서, 누가는 추가적인 정보를 기록으로 남긴다. 흰옷을 입은 두 사람 — 천사들 — 이 그들 곁에 서서 예수는 하늘로 가심을 본 그대로 돌아오실 것이라고 단언한다. 그는 가시적이며 신체를 지닌 부활의 몸으로 내려오실 것이다.[32]

---

28   사도행전 1:7.

29   누가복음 24:50-51; 사도행전 1:9.

30   출애굽기 13:21; 14:19-20; 19:9, 16; 누가복음 9:34-35.

31   누가복음 24:52-53.

32   사도행전 1:10-11. 사도 바울은 예수가 다시 오실 때, 믿는 자들이 그를 (그 모습을 보고) 놀랍게 여길 것이며(살후 1:10), 교회가 규칙적으로 성찬을 행할 때 하나님의 백성은 예수의 죽음을 그가 오실 때까지 전하는 것이라고 기록한다(고전 11:23-25; 마태복음 26:26-29 역시 참조하라).

당신은 그를 누구라 하는가?

이로써, 적어도 복음서의 증언과 관련된 데까지는, 예수의 놀라운 이야기가 끝을 맺는다. 하지만 예수의 "마지막 날들"은 끝난 것이 아니다. 그의 죄 없는 삶, 대속의 죽음, 승리의 부활은 우리의 구원을 이루었으며, 예수의 일은 여전히 계속된다. 그가 하늘로 올라가 아버지의 우편에 앉으신 후, 그는 성령을 보내어 교회가 땅끝까지 복음을 전하는 일에 권능을 부여한다. 지금도, 그는 그의 권세 있는 말씀으로 우주를 붙드시고, 우리를 위하여 아버지께 간구하시며, 우리를 위해 천국에 처소를 예비하고 계신다. 미래의 어느 영광스러운 날, 그는 다시 돌아와서 우리를 그와 함께 있게 하실 것이다. 그는 불신 세상과 마귀와 그의 종들을 심판하실 것이며, 우리는 하나님의 임재 안에서 영원토록 그와 함께 살 것이다.

당신과 나는 믿는 자인가? 우리는 용서와 영원한 생명을 얻기 위해, 세상에 오셔서 죽으시고 다시 살아나신 그분을 믿는가? 그렇다면, 우리의 부활절은 동이 텄고, 하나님의 새벽 별은 우리 마음에 떠오른 것이다.[1] 참된 신자들에게는, 모든 날이 부활절이다. 우리는 부활절을 기쁘게 축하할 수 있으며, 놀라운 구원으로 인해 하나님께 감사할 수 있으며, 우리 주님이 다시 오셔서 그의 영광과 우리의 영원한 행복을 위하여 우리를 불러모아 영원토록 그와 함께 있게 하실 날을 기대하며 기다릴 수 있다.

> "성령과 신부가 말씀하시기를 '오라' 하시는도다. 듣는 자도 '오라' 할 것이요, 목마른 자도 올 것이요, 또 원하는 자는 값없이 생명수를 받으라 하시더라… 이것들을 증언하신 이가 이르시되, '내가 진실로 속히 오리라' 하시거늘, 아멘, 주 예수여 오시옵소서!"[2]

---

1   요한계시록 22:16을 보라.
2   요한계시록 22:17, 20.

용어 설명 및 참고를 위한 안내

가룟 유다. 최초의 열두 제자 중 한 사람. 그는 돈궤를 맡았고, 헌금 주머니에서 돈을 훔친 것으로 알려졌으며(요 12:6), 시몬 가룟의 아들이었다. 그는 은 삼십에 예수를 입맞춤으로 배반하였고, 예수가 정죄당하여 죽은 후 스스로 목을 매었다(마 27:1-10; 행 1:18-19).

가야바(요셉 가야바). 안나스의 사위이자 예수의 유대 재판을 관장했던 현직 대제사장. 사두개파 사람인 그는 19년을 재임하였고(AD 18년에서 36년까지), 이는 1세기에 다른 어떤 대제사장의 임기보다 긴 것이다(대제사장들은 종종 1년 후 직위에서 물러났다). 예수를 죽이려는 음모를 꾸밀 때 정치적 예견을 한 사람이 그였으나, 그의 예견에 대해 요한은 더 깊은 신학적·풍자적 의미를 더하여 해석하였다(요 11:49-52; 참조. 18:14). 가야바의 유골함(진짜일 가능성이 크다)이 1990년에 남 예루살렘에서 발견되었다. 가야바의 손녀딸 것으로 추정되는 또 다른 유골함이 발견되었는데, 거기에는 히브리어로 가야바와 동일한 철자가 다소 특이한 방식으로 새겨져 있었다.

갈보리. 골고다에 상응하는 라틴어 (설명은 아래 골고다를 보라).

감람산. 예루살렘 동쪽의 산마루. '올리브나무 숲'에서 그 이름을 땄다. 그곳은 예루살렘에서 가까워 "안식일에 가기 알맞은" 곳으로, 예루살렘에서 약 2.7km 떨어진 곳이다. 겟세마네 동산은 그 경사면의 기슭에 있다. 감람산은 예수의 마지막 강화(講話)("감람산 강화"로도 불린다. 마태복음 24:3 병행 참조) 및 그의 승천이 있었던 곳이다(행 1:12).

겟세마네. 아람어로 "기름틀". (아마도 벽으로 둘러싸였던) 이 동산은 감람산의 서쪽 경사면 기슭에 위치하였고, 예루살렘 및 성전 언덕에서 동/북동쪽으로 약 274m 떨어져 있었다.

고별 강화. 다락방을 보라.

골고다. 아람어로 "해골". 예루살렘 바깥의 이 언덕에서 예수와 두 강도가 십자가에 못 박혔다. 예루살렘의 제2성벽(Second Wall)의 서쪽과 겐나스(동산) 문 근처에 채석장이 있었으며, 유월절을 위해 그 성을 방문한 자들은 그 광경을 목격할 수 있었을 것이다. 4세기 라틴어 성경 번역본인 불가타는 같은 용어인 "갈보리"를 사용한다. 오늘날에는 성묘교회(the Church of the Holy Sepulchre)가 위치한 곳이 그곳으로 추정된다.

구레네 시몬. 아프리카 사람, 아마도 유대인이고, 구레네 출신. 구레네는 유대인 인구가 많은 북아프리카의 한 지역. 그는 예수의 십자가를 형이 집행되는 장소인 골고다까지 지고 갔다. 시몬과 그의 아들들인 알렉산더와 루포는 유월절을 위해 예루살렘을 여행하고 있었을 것이다. 그의 아들들의 이름에 관한 언급은 그들이 초대 교회의 신자들이었음을 시사한다.

군단(레기온/Legion). 로마의 부대 단위로서 9 보병대(cohort)와 하나의 전위 보병대로 구성된다(5,120명의 군단 병사와 부대를 따르는 많은 수의 후위 인원들, 예를 들어 종과 노예들이 더해진다). 지원 인력을 포함하여, 그것은 육천 명의 전투원을 포함할 수 있다. 예수는 베드로에게 아버지께서 열두 군단이 넘는 (즉, 60,000 이상의) 천사들을 보내실 수도 있음을 상기한 바 있다(마 26:53).

군대(대대/Battalion). 총원으로 따지면 육백 명의 로마 군인들이며("보병대/cohort"로 알려지기도 함), 로마 군단인 "레기온/legion"의 1/10 규모이다. 그들은 빌라도의 관저에서 예수 앞에 모였다(마 27:27; 막 15:16).

글로바. 엠마오로 가는 길에서 부활하신 메시야를 만났던 예수의 두 제자 중 한 사람(눅 24:13-35). 글로바는 그의 아내 혹은 친구와 같이 길을 가던 중이었다.

기드론. 예루살렘 동쪽으로 이어지는 계곡 혹은 골짜기. 최후의 만찬 이후, 예수와 제자들은 거기를 건너 겟세마네 동산으로 들어갔다. 요한복음 18:1은 그곳을 "기드론 시내"로 언급하는데, 그것은 우기 때에 계곡을 따라 간헐 시내가 있었음을 나타낸다.

니고데모. 갈릴리의 바리새인이며 산헤드린의 회원으로서, 밤에 예수를 찾아와 거듭남에 관한 본질적인 대화를 나눈 인물(요 3:1-15). 그는 예수와 관련하여 동료 유대 지도자들에게 공정을 호소했으며(요 7:50), 예수의 시신을 보존하기 위해 상당한 양의 몰약과 침향 섞은 것을 가지고 왔다(요 19:39).

니산. 유대력에서 3월 그리고/또는 4월에 걸치는 한 달.

다락방. 최후의 만찬 및 다락방(혹은 고별) 강화(요 13-16장)가 있었던 장소. 예루살렘에 있는 대부분의 가난한 집들은 작았고, 2층이지만 방은 하나뿐인 구조였다. 대조적으로, 이 방은 넓고 2층에 있었다. 이는 그 집의 소유주가 재산가였음을 보여준다. 오순절 이전에 제자들이 보였던 곳과 같은 장소일 수도, 그렇지 않을 수도 있다(행 1:13).

대제사장. 대개 사두개인들이 차지했던 막강한 지위. 로마 총독에 의해 지명된 대제사장은 산헤드린의 의장격이었고, 세금 징수와 성전을 감독하는 역할을 맡았으며, 로마를 상대로 유대인들의 관심과 이익을 대표했다.

마리아(예수의 어머니).   예수를 낳았고, 양육했고, 그가 십자가형과 매장 당시에 현장에 있었고, 그의 부활의 삶을 증언하였다. 십자가에서 예수는 미망인이었던 그의 어머니를 요한의 돌봄에 맡겼으며, 그때부터 그녀는 요한의 집으로 가서 살았다(요 19:25-27). 아마도 마리아의 다른 아들들이 아직 불신자였기 때문일 것이다(요 7:5; 마 13:57; 막 3:21, 31; 6:4). 마리아의 다른 아들들의 이름은 야고보(성경 야고보서의 저자), 요셉/요세, 시몬, 유다(성경 유다서의 저자)이다(마 13:55; 막 6:2-3; 행 1:14; 고전 9:4-5; 갈 1:19). 그녀에게는 또한 적어도 두 딸이 있었다(막 6:3).

마리아(야고보와 요세/요셉의 어머니).   예수의 십자가와 매장과 부활과 출현의 증인. 그녀의 아들들의 이름은 '작은'(the younger) 야고보(그녀의 남편 이름이 틀림없이 야고보였기 때문에)와 요세/요셉이다(마 27:61; 27:56; 막 15:40, 47). 이 이야기에서 두 명의 마리아에게 같은 이름을 가진 아들들이 있었다는 사실(야고보와 요셉/요세)은 특정 성(姓)이 1세기의 갈릴리에서 흔했다는 것을 보여준다. 특히 마리아라는 이름은 1세기 팔레스타인에서 아주 흔해, 복음서들에서 여러 다른 마리아들을 구별해야 할 필요가 있다. 구별은 고향 마을(막달라 마리아), 그녀들의 남편들(글로바의 아내 마리아) 또는 아들들과 관련한(야고보와 요세의 어머니 마리아) 방식으로 가능해진다.

마리아(마르다와 나사로의 자매).   베다니 마을에 살던 예수의 친구. 그녀는 예수의 지상 삶의 마지막 주간에 그를 자기 집에 초대하여 머물게 했으며, 나사로 및 마르다와는 서로 형제자매 사이이다(눅 10:38-42; 요 11:1-2; 12:1-8). 그녀는 예수의 머리에 향유를 부었다(마 26:6-13; 막 14:3-9; 요 12:1-8). (참고로, 누가복음 7:36-50은 다른 인물 즉 그보다 더 이른 때에 한 "죄 많은 여인"이 향유를 부은 것을 묘사한다).

마리아(글로바의 아내). 예수의 십자가형을 목격한 갈릴리 여인이며, 예수의 "이모"와 동일 인물일 것이다(요 19:25). 아래 **살로메**에서 논의를 참고하라. 역사가 유세비우스가 인용하였듯이, 헤게시푸스(Hegesippus)에 의하면, 글로바는 나사렛 요셉의 형제였다(*Hist. Eccl.* 3.11; 3.32.6; 4.22.4). 만약 그렇다면, 마리아와 글로바는 예수의 이모와 이모부인 셈이다. 그 부부의 아들 시므온 (예수의 사촌)은 예수의 형제 야고보의 뒤를 이어 예루살렘 교회의 지도자가 되었다.

막달라 마리아. 아마도 막달라 마을(갈릴리 바다 서쪽 해변) 출신의 갈릴리 여인. 예수는 그녀를 일곱 귀신에게서 구원하셨다(눅 8:2; 막 16:9). 그녀는 예수의 제자요(마 27:57), 십자가형과 매장의 증인이었고(마 27:61; 28:1; 막 15:40, 47; 요 19:25), 일요일에 무덤에 간 여인들 중에 있었다(막 16:1; 요 20:1). 그녀는 예수가 다시 사신 것을 처음으로 보았고(막 16:9), 그 소식을 다른 제자들에게 알린 사람이다(눅 24:10; 요 20:18).

말고. 대제사장 가야바의 종. 예수 체포 당시에, 그의 오른편 귀가 베드로에 의해 잘려나갔으나 즉시로 예수에게 치유되었다(요 18:10; 마 26:51; 막 14:47). 말고의 친척이자 대제사장에게 속한 그의 동료 여종이, 베드로에게 그와 예수의 관계에 대해 물었다(요 18:26).

무교절. 애굽에서 벗어난 이스라엘의 구원을 기념하는 한 주간의 축제이며 (니산월 15-21일), 예루살렘에서는 유월절 후에 지켜졌다(니산월 14-15일). 이 두 사건(유월절과 무교절)은 하나로 취급되었다. AD 33년, 이 축제는 4월 3일부터 9일까지였고, 유월절은 4월 2-3일이었다.

바라바. 유월절 풍습에 따라 빌라도에 의해 석방된 죄수. 바르-압바스(Bar-abbas)라는 아버지의 이름을 딴 아람어 이름이며 "아버지의 아들"이라는 의미이다. 초기의 필경사 전통에서는 그의 이름을 "예수 바라바"로 확인하였

다. 여기서 영원한 아버지의 아들 예수 대신 그를 석방하였다는 풍자적 의
미가 더해진다. 바라바에 관한 우리의 정보는 모두 복음서의 설명에서 온다.
그는 악명높은 죄수(마 27:16), 예루살렘 민란 중에 살인하고 약탈하여 체포
된 강도(막 15:7; 눅 23:19, 25; 요 18:40)로 특징지어진다. 그는 무리 중에서
지지자들을 얻었던 것으로 보이며(참조. 막 15:8), 십자가에 달린 두 강도는
유사한 범죄로 체포되었을 것이다.

백부장. 일백 명(일백 명까지이며, 보통은 60~80명 사이의 인원)을 지휘하는 숙
련된 로마 장교. 십자가형과 지진 후에, 그 백부장은 골고다에서 예수의 무
죄를 인정하고, 예수를 하나님의 아들로 시인하여, 하나님께 영광을 돌렸다
(마 27:54; 막 15:39; 눅 23:47). 그는 또한 빌라도에게 예수가 죽었다고 확인
해주었다(막 15:44-45).

베다니. 예루살렘 동쪽으로 약 3.2km 떨어진 마을. 예수는 지상 생애의 마지
막 주간을 그곳에서 기거했으며, 아마도 그의 친구 나사로, 마리아, 마르다
의 집에 머물렀을 것이다.

베드로. 시몬 베드로를 보라.

본디오 빌라도. 로마시민, 중산층 출신, 티베리우스 통치 시절 로마의 유대
총독이자 장관. 그의 재임 기간은 AD 26년에서 36년까지였으며, 그는 유
대와 사마리아에 있는 모든 비(非) 로마시민들을 통치하였다. 그의 주둔 본
부이자 주거지는 해변의 가이사랴이며, 거기는 예루살렘 북서쪽으로 약
110km 떨어진 곳이었다. AD 33년 유월절 기간에 그는 예루살렘에 있었으
며, 예루살렘 관저 즉 이전의 헤롯 대왕 궁전에 머물고 있었다(헤롯 궁전을
보라).

브라이도리온. 예루살렘에 있는 빌라도의 공식 본부 공관이며, 헤롯 궁전 내
부에 있는 요새. 높이 올려진 "돌을 깐 뜰"(아람어로 가바다)은 공식 재판석이

었다(마 27:27; 막 15:16; 요 18:28, 33; 19:9).

산헤드린. 또는 "공회." 예루살렘에 본부를 두고 있으며 바리새인들과 사두개인들 양쪽으로 구성되어 있다. 이는 유대인의 최고 종교 법정이자 유대인들의 문제를 다루는 최고의 기관이었다. 회원의 총수는 70인 장로였으나, 23명의 출석 회원이면 정족수를 채웠다. 예수의 체포 당시 공회의 의장은 대제사장 가야바였다.

살로메. 예수의 여성 제자들 중 한 사람. 그녀는 십자가형을 목격하였고 일요일에 무덤으로 갔다(막 15:40; 16:1). 마태복음 27:56의 병행 구절은 그녀가 세베대의 아들들(야고보와 요한)의 어머니일 것이라고 추정하게 한다. 요한복음 19:25("그 어머니와 이모와 글로바의 아내 마리아와 막달라 마리아")의 헬라어 구문에 나타난 여인들의 수에 관해서는 해석이 제각각이다. 만약 "그의 이모"가 별개의 여인이라면, 그것은 살로메를 지칭할 것이다(이렇게 보면 야고보와 요한은 예수의 사촌들인 셈이다). 하지만, 더 그럴듯한 것은, 글로바의 아내 마리아를 예수의 "이모"(마리아의 자매, 또는 시누이)로 보는 것이다. 마리아(글로바의 아내)에 관한 해설을 참조하라.

시몬 베드로. 열두 제자의 대변인격(예, 요 6:68-69). 요한복음의 후반부에서 "예수께서 사랑하시는 제자"와 짝으로 나온다(예, 21:15-23). 그는 십자가형 이전에 예수를 세 번 부인했으나(18:15-18, 25-27) 그 후 예수에 의해 섬김의 직위를 회복한다(21:15-19).

십자가형. 십자가형은 의도적으로 고통을 주기 위한 처형 방식이다. 정죄 받은 사람은 나무 십자가에 묶이거나 못 박히고 죽을 때까지 매달린 채 버려진다. 종종 로마에 반역한 죄수를 처형하던 이 방식을, 유대인들은 공포에 사로잡힌 채 바라보곤 했다. 그것은 나무에 달리는 것, 즉 하나님께 저주를 받은 수치스러운 죽음과 같은 것으로 간주되었다(신 21:23; 갈 3:13 참조).

아리마대 요셉. 예수의 은밀한 제자였으나, 예수에 대한 충성이 알려지면 동료 유대인들이 그를 어떻게 생각할지 두려웠던 한 바리새인(요 19:38). 그는 부자였고(마 27:57), 그는 유대인의 동네 아리마대 출신이며, 산헤드린의 존경받는 회원으로서, 예수 문제를 처리하는 공회의 결의에 동의하지 않았던 사람이다(눅 23:50-51). 요셉은 빌라도에게 예수의 시신을 가져가도록 요청하여 허락을 받은 후, 새로 판 바위 무덤에 안치하였다. 그 무덤은 그의 소유였으며, 골고다 가까운 동산 근처에 있었다(요 19:41).

안나스. 예수의 초기 심문을 주관한 전직 대제사장(요 18:12-24; 눅 3:2). 그의 공식 재임 기간은 AD 6년부터 15년까지였으며, 그의 사위 요셉 가야바가 그의 자리를 승계했다. 로마인들이 대제사장을 임명도 하고 물러나게도 했지만, 유대인들은 그 직위를 종신직으로 간주했다. 사두개인 가문인 안나스의 권력은 가야바 이후에 그 직을 승계한 자들 가운데 그의 다섯 아들이 포함되었다는 사실에서 확인된다. 그는 예수의 십자가형 2년 후인 AD 35년에 죽었다. 그의 관저는 2층 구조의 으리으리한 저택이었을 것이며, 도시 상부(Upper City, 예루살렘 구도시의 유대인 구역)의 동쪽 경사면, 성전 언덕의 남서쪽에 위치하였다.

안식일. 유대인들의 예배와 안식을 위한 날. 금요일 저녁 일몰 때 시작되어 토요일 저녁까지 지속된다.

엠마오. 예루살렘 북서쪽으로 약 11km 떨어진 마을. 부활하신 예수가 그의 두 제자에게 자기를 나타내신 것은 엠마오로 가는 길 위에서였다(눅 24:13-35). 이 거리를 걷는 데에 두어 시간이 소요된 듯하다.

열둘. 예수의 열두 핵심 제자들(마 10:1-4). 시몬 베드로와 안드레(형제간), 야고보와 요한(형제간, 세베대의 아들들), 빌립, 바돌로매(나다나엘), 도마, 마태(레위인), 야고보(알패오의 아들), 다대오(야고보의 아들 유다), 시몬(열심당원),

가룟인 유다(시몬의 아들).

예수께서 사랑하시는 그 제자.   사도 요한이 그의 복음서에서 자기를 지칭한 표현이다. 이는 그 복음서의 저자(21:20, 24-25) 및 다락방에서 예수의 마지막 만찬(13:13), 예수의 십자가형(19:35), 그리고 빈 무덤(20:8)의 목격자와 동일하다.

요안나.   처음으로 예수의 빈 무덤을 발견한 여인들 가운데 한 사람(눅 24:10). 그녀는 헤롯 안디바의 집안 관리인 또는 집사였던 구사의 아내였다. 그녀는 예수의 제자였고, 수산나와 다른 많은 여인들과 더불어 재정적으로 예수의 사역을 도왔다(눅 8:3).

요한.   예수께서 사랑하시는 그 제자를 보라.

유월절.   하나님이 애굽으로부터 이스라엘을 구원하신 일을 기념하기 위해 매년 예루살렘에서 지켜졌다. 유월절은 니산월 14-15일(AD 33년 4월 2-3일)에 시작되었다.

유월절 준비일.   금요일, 유월절 주간의 특별한 안식일 전날(요 19:14, 31, 42).

재판석.   헬라어로 베마(bema)는 공식 재판을 위해 사용된 높이 올려진 구역이다(요 19:13; 마 27:19). 브라이도리온을 참조하라.

주의 날.   초대 교회는 "안식 후 첫날"(요 20:1)에 예배드리기 시작했다. 그 날은 예수께서 죽은 자 가운데서 살아나신 날이기에, 안식일 대신, 한 주간의 첫날을 "주의 날"로 부르게 된 것이다(계 1:10).

최후의 만찬.   열두 제자와 함께 했던 예수의 마지막 식사이며, 유월절 식사이다. 그 자리에서 예수는 새 언약을 제정한다(마 26:17-29; 요 13:1-2, 26-28). 유월절을 참조하라.

하스모네 궁전.   예루살렘에 있는 헤롯 안디바의 사치스러운 집이며, 예수의 로마식 재판의 일부가 그곳에서 진행되었다. 헤롯 안디바는 그의 통치 기간인 4 BC에서 AD 39년까지 거기서 살았다. 그의 아버지 헤롯 대왕은 ─ 예수의 출생 때 그를 죽이려 했던 인물 ─ 기원전 30년대 중반에서 23년까지 거기에서 살았으며, 그동안 헤롯 궁전이 건축되기를 기다렸다.

헤롯 궁전. 예루살렘에 있는 요새로서, 본디오 빌라도가 해변의 가이사랴에서 예루살렘을 방문했을 때 그의 본부이자 관저 기능을 했음. 헤롯 대왕이 건축했고, 거기서 기원전 23년에서 기원전 4년까지 살았다. 아마도 여기서 헤롯 대왕이 동방박사들을 맞이하였을 것이며, 그런 후 유아 예수를 죽이려 음모를 꾸몄을 것이다(마 2:1-18). 그곳은 또한 빌라도의 법정에서 예수에게 최후 선고가 내려진 장소일 것이다.

헤롯 안디바. 헤롯 대왕의 네 아들 중 하나. 그는 아버지 헤롯 대왕이 기원전 4년에 죽자 그의 아버지 왕국의 일부를 물려받아, 갈릴리와 베레아의 통치자가 되었으며, 기원전 4년부터 기원후 39년까지 42년간을 다스렸다. 그는 "분봉왕(즉, 한 지역의 통치자) 헤롯"으로 알려졌다.

헬라인들. 하나님을 경외하는 이방인들(실제 헬라인들을 포함하지만, 반드시 실제 헬라인들로 제한되는 것은 아니다). 그들은 유대 절기 때에 예배를 위해 예루살렘을 찾았다.

부록

최후의 만찬

예수와 그의 제자들은 유월절 음식을 먹은 후, 기드론 골짜기를 건너 겟세마네("기름 짜는 틀"이라는 의미)라 불리던 동산으로 들어갔다. 그들은 예루살렘을 방문하는 동안 종종 거기서 시간을 보냈다(참조. 눅 22:39).

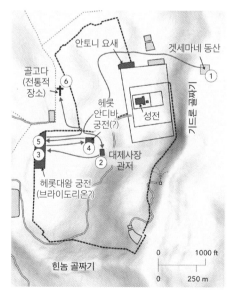

예수의 체포, 재판, 십자가형

예수의 체포에서 십자가 형장으로 이어지는 길(그 일부를 종종 비아 돌로로사(the Via Dolorosa), "슬픔의 길"이라 부름)은 확실하게 그 궤적을 추적하기가 어렵다. 전통적인 루트는 14세기에 프란체스코회 수도사들에 의해 정해졌다. 성경은 유월절 식사 후에 유다가 한 무리의 군인들을 이끌고 예수를 체포하러 겟세마네에 왔다고 기록한다①. 거기서 예수는 안나스에게 끌려갔고(위치 미상), 그는 예수를 그의 사위이자 대제사장인 가야바에게로 보냈다②. 유대 지도자들은 그 후 로마 총독 빌라도에게 예수를 사형에 처해달라고 호소했다③. 누가는 빌라도가 예수를 헤롯 안디바에게 보냈으며④, 그는 예수를 심문하였으나 어떤 판결도 내리지 않고 빌라도에게 돌려보냈다고 기록한다⑤. 빌라도는 결국 예수를 십자가에 못 박도록 골고다로 보낸다⑥.

1) **에세네파 문(the Gate of Essenes)**은 에세네파 신도들이 엄격한 위생법에 따라 성벽 밖에 있는 화장실에 갈 수 있도록 만들어졌다.

2) **헤롯 궁전(Herod's Palace)**은 23~4년 BC까지 헤롯 대왕의 예루살렘 집이었다. 빌라도는 통상 해변의 가이사랴에 거주하였지만, 예루살렘 방문 기간에는 이 궁전에 머물렀다. 그리스도를 십자가에 못 박았던 유월절 기간 방문 때에도 그는 이곳에 머물렀다.

3) **브라이도리온(Praetorium)**은 헤롯 궁전에 있었으며(마 27:27; 막 15:16) 빌라도의 공식 집무공간이자 요새로 기능하였다. 높이 올라간 "돌로 깐 뜰"은 공식 재판을 위해 사용되었으며, 빌라도에게서 재판받던 예수의 위치는 그 궁전 밖에 있었다(요 19:13).

4) 헤롯 대왕은 자기 궁전을 보호하기 위해 세 개의 탑을 요새화하였다.

5) 서쪽에서 동쪽으로 **히피쿠스 탑**(Tower of Hippicus, 47m 높이),

6) **파사엘 탑**(Tower of Phasael, 42m 높이), **마리암느 탑**(Tower of Mariamne, 29m 높이)이 있었다.

7) 복층 구조의 웅장한 저택(604 평방미터)은 안나스의 관저

였던 것이다. 그는 대제사장으로서 AD 6~15년 직무를 맡았고, 그의 사위 가야바가 AD 18~36년 이 직무를 맡아 예수 재판을 주관했다(마 26:57).

8) 이곳이 예수의 죽음의 장소 곧 골고다의 위치로 자주 추정되는 곳이다. 그곳은 언덕 위에 위치하여 채석장을 내려다보고 있었고, 도시의 제2차 성벽(the Second Wall) 바깥이면서 동산 문(Gennath, Garden Gate) 가까이에 있었다.

9) 헤롯 대왕은 호화로운 **하스모네 가(家) 궁전(Hasmonean Palace)**에서 기원전 30년대 중반에서 23년까지 살았으며, 그 동안 그의 새 궁전이 건축되기를 기다렸다. 헤롯 안디바(분봉왕 헤롯)는 이 궁전에서 그의 통치 기간인 4 BC–AD 39년 사이에 살았다. 예수가 여기서 그의 앞에 나타난 것은 AD 30년 또는 33년이다.

10) **기록보관소**는 공적인 기록들(족보 포함) 및 대금업자들에 의해 작성된 증서들을 보관하였으며, 채무 회복을 허락하기도 했다.

11) **옥내경기장**은 이전의 헬라식 체육관의 자리에 건축되었고, 대중 집회 장소였다.

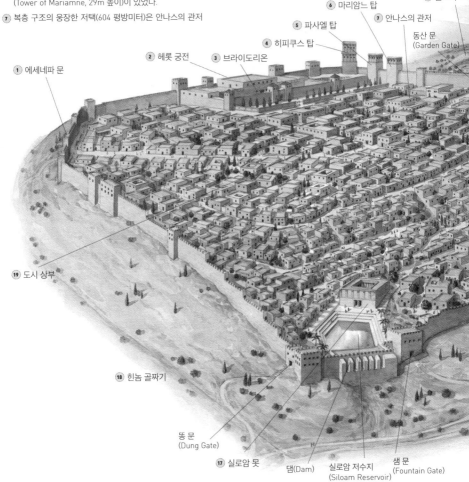

6) 마리암느 탑
8) 골고다
5) 파사엘 탑
7) 안나스의 관저
4) 히피쿠스 탑
동산 문 (Garden Gate)
2) 헤롯 궁전
3) 브라이도리온
1) 에세네파 문
19) 도시 상부
18) 힌놈 골짜기
똥 문 (Dung Gate)
17) 실로암 못
댐(Dam)
실로암 저수지 (Siloam Reservoir)
샘 문 (Fountain Gate)

⑫ 이 **공영주택**은 공공건물이었으며, 아마도 시청으로 기능했을 것이다.

⑬ **성전**은 20/19 BC 년에 헤롯 대왕에 의해 재건축되었다.

⑭ **베데스다 연못**(요한복음 5:2을 보라)은 쌍둥이 연못이었다. 각각의 연못은 폭이 약 95m×50~60m, 깊이가 약 15m였다. 아이스쿨라피우스(Aesculapius, 그리스로마 신화에서 의약과 의술의 신)에게 바쳐진 자그마한 로마식 신전이 그 연못들 동편에 서 있었다.

⑮ **겟세마네 동산**은 예루살렘과 성전 언덕으로부터 약 274m 떨어진 곳에 있었다. 예루살렘에서 감람산까지는 "안식일에 가기 알맞은 길"이며(행 1:12), 약 2.7km의 거리이다.

⑯ **기드론 계곡**은 언제나 예루살렘의 동쪽 경계선으로서 기능했다.

⑰ **실로암 못**(참조. 요한복음 9:7)은 예루살렘의 중요 지점이며, 인근에 큰 댐과 저수지가 있었고, 기혼 샘에서 물을 받았다.

⑱ **힌놈 골짜기**는 본래 다윗성이었던 언덕의 남쪽에 있었다.

⑲ **도시 상부**에는 헤롯 시대에 부유층 주민들의 호화로운 저택들이 있었다.

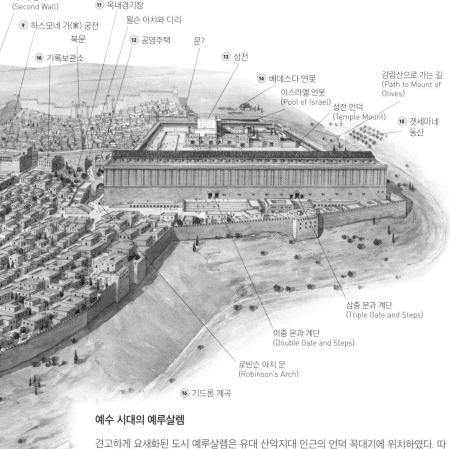

제2차 성벽
(Second Wall)

⑪ 옥내경기장

윌슨 아치와 다리

⑨ 하스모네 가(家) 궁전
북문

⑫ 공영주택

문?

⑬ 성전

⑩ 기록보관소

⑭ 베데스다 연못

이스라엘 연못
(Pool of Israel)

성전 언덕
(Temple Mount)

감람산으로 가는 길
(Path to Mount of Olives)

⑮ 겟세마네
동산

삼중 문과 계단
(Triple Gate and Steps)

이중 문과 계단
(Double Gate and Steps)

로빈슨 아치 문
(Robinson's Arch)

⑯ 기드론 계곡

예수 시대의 예루살렘

견고하게 요새화된 도시 예루살렘은 유대 산악지대 인근의 언덕 꼭대기에 위치하였다. 따라서 그것은 유대 반란 기간에 로마인들조차 함락시키기가 어려웠던 것으로 입증되었으며, 결국 로마인들은 AD 70년에 혹독한 포위 작전으로 도시를 함락시킬 수 있었다. 예루살렘에서 가장 오래된 구역은 "다윗성"과 "시온산"으로 불렸던 곳이며 성전 남쪽에 위치하였다. 하지만 1세기에 성벽들이 더 새로워진 윗 도시(Upper City)를 성전 서쪽까지 둘러쌌다. 도시 동쪽으로는, 기드론 시내를 건너(요 18:1), 감람산이 서 있었다(막 13:3). 시온 남쪽에는 힌놈 골짜기가 있었다. 위 그림의 재구성은 AD 30년 무렵의 예루살렘을 묘사하며, 전체적으로 그림의 방향은 북쪽을 바라보고 있다.

예수 시대의 성전 언덕(Temple Mount)

헤롯의 성전 언덕은 예수 시대에 예루살렘의 중요 지점이었다. 예루살렘 북동쪽 능선 꼭대기에 자리 잡은 그곳은 도시의 약 1/6구역을 차지하였다. 헤롯 대왕의 통치하에서, 성전 언덕의 기초는 약 14만 평방미터를 둘러싸도록 확장되었다. 토대를 이루는 벽들은 거대한 석재들을 사용하여 건축되었고, 가장 큰 돌들은 길이 13.7m, 높이 3.5m, 두께가 3.7m에 이를 정도였다.

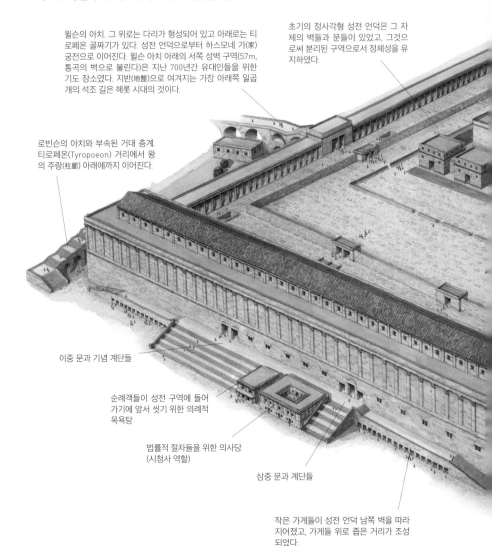

윌슨의 아치. 그 위로는 다리가 형성되어 있고 아래로는 티로페온 골짜기가 있다. 성전 언덕으로부터 하스모네 가(家) 궁전으로 이어진다. 윌슨 아치 아래의 서쪽 성벽 구역(57m, 통곡의 벽으로 불린다)은 지난 700년간 유대인들을 위한 기도 장소였다. 지반(地盤)으로 여겨지는 가장 아래쪽 일곱 개의 석조 길은 헤롯 시대의 것이다.

초기의 정사각형 성전 언덕은 그 자체의 벽들과 문들이 있었고, 그것으로써 분리된 구역으로서 정체성을 유지하였다.

로빈슨의 아치와 부속된 거대 층계. 티로페온(Tyropoeon) 거리에서 왕의 주랑(柱廊) 아래에까지 이어진다.

이중 문과 기념 계단들

순례객들이 성전 구역에 들어가기에 앞서 씻기 위한 의례적 목욕탕

법률적 절차들을 위한 의사당 (시청사 역할)

삼중 문과 계단들

작은 가게들이 성전 언덕 남쪽 벽을 따라 지어졌고, 가게들 위로 좁은 거리가 조성되었다.

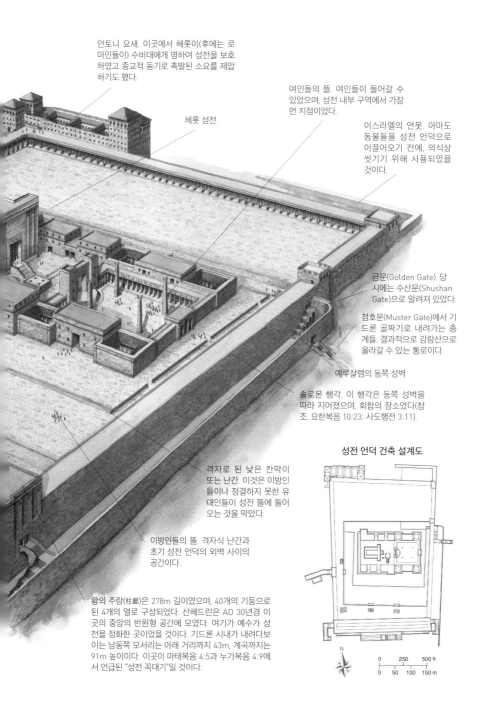

안토니 요새. 이곳에서 헤롯이(후에는 로마인들이) 수비대에게 명하여 성전을 보호하였고 종교적 동기로 촉발된 소요를 제압하기도 했다.

헤롯 성전

여인들의 뜰. 여인들이 들어갈 수 있었으며, 성전 내부 구역에서 가장 먼 지점이었다.

이스라엘의 연못. 아마도 동물들을 성전 언덕으로 이끌어오기 전에, 의식상 씻기기 위해 사용되었을 것이다.

금문(Golden Gate). 당시에는 수산문(Shushan Gate)으로 알려져 있었다.

점호문(Muster Gate)에서 기드론 골짜기로 내려가는 층계들. 결과적으로 감람산으로 올라갈 수 있는 통로이다.

예루살렘의 동쪽 성벽

솔로몬 행각. 이 행각은 동쪽 성벽을 따라 지어졌으며, 회합의 장소였다(참조. 요한복음 10:23; 사도행전 3:11).

격자로 된 낮은 칸막이 또는 난간. 이것은 이방인들이나 정결하지 못한 유대인들이 성전 뜰에 들어오는 것을 막았다.

이방인들의 뜰. 격자식 난간과 초기 성전 언덕의 외벽 사이의 공간이다.

왕의 주랑(柱廊)은 278m 길이였으며, 40개의 기둥으로 된 4개의 열로 구성되었다. 산헤드린은 AD 30년경 이곳의 중앙의 반원형 공간에 모였다. 여기가 예수가 성전을 정화한 곳이었을 것이다. 기드론 시내가 내려다보이는 남동쪽 모서리는 아래 거리까지 43m, 계곡까지는 91m 높이이다. 이곳이 마태복음 4:5과 누가복음 4:9에서 언급된 "성전 꼭대기"일 것이다.

성전 언덕 건축 설계도

N

0   250   500 ft
0 50 100 150 m

골고다와 성전 언덕

여러 세기 동안, 그리스도인들은 성묘교회
(Church of the Holy Sepulcher)에서 예배드
려왔다. 그곳이 예수가 십자가에 못 박히고, 매
장되고, 죽은 자 가운데서 살아나신 곳이라 믿
었기 때문이다. 이런 관점은 1883년 찰스 고
든 장군에 의해 의문이 제기되었다. 그는 예루
살렘 구도시(Old City) 북부 지역의 동산 무덤
(Garden Tomb)이 갈보리의 진짜 장소라고
주장했다.

성경 저자들에 따르면, 그 장소는 당시 기준
으로 예루살렘 성벽 밖이었고(히 13:12), 동
산 안에 있으며(요 19:41), 성에서 가깝고(요
19:20), "해골의 곳"이라는 뜻의 "골고다"로 불
렸다(마 27:33).

1960년대에, 성 무덤교회 밑에서 진행된 발굴
은 그곳이 (기원전 8세기에서 4세기까지 사용
되었던) 대규모 채석장의 한 가운데에 있는 고
립된 큰 바위 위에 건축된 것임을 보여주었다.
이 바위 돌출부는 석회암의 열등한 품질 때문
에 고대 시대에 캐내지 않은 채 남겨졌다. 이

바위와 채석장이 있는 지역에서, 바위를 깎아
만든 기원후 1세기 스타일의 무덤들이 연쇄적
으로 발견되었다.

이는 그 지역이 당시에 성벽 안쪽에 포함되지
않았음을 시사한다. 죽은 자들은 언제나 성 밖
에 매장되었기 때문이다. 두 번째와 세 번째
사항을 지지하여, 유대인 발굴지 근방 북쪽에
서 발견된 일부 유적들은 요세푸스가 두 번째
성벽(the Second Wall)이라고 언급한 바 있
는(유대 전쟁 5. 146) 겐나스(Gennath) 즉 '동
산 문'(Garden Gate)이라고 여겨져 왔다. 이
문은 그 이름이 그 문 바깥 북쪽에 인접해 있
는 동산에서 유래되었다고 추정된다. 실제로,
채석장 잔존물 상부에 경작에 적합한 토양층
이 발견되었다.

이 위치가 "해골의 곳"이라고 알려질 수 있었
던 것은 고대의 유대 전승에 근거한 것이라고
말할 수 있다. 오리겐, 에피파니우스와 같은 초
기 기독교 작가들은 아담의 해골이 이 언덕에
서 보존되었다고 전한다.

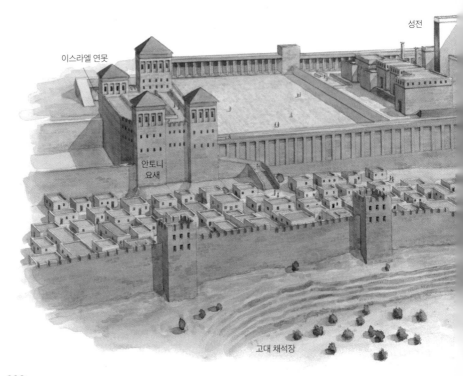

이스라엘 연못

안토니 요새

성전

고대 채석장

동산 무덤이 곧 그리스도의 무덤이라고 주장
한 고든 장군의 근거는, 동산 무덤이 위치한
서쪽의 급경사면에서 볼 때 그 언덕의 윤곽
이 해골의 형태로 식별된다는 것에 있다. 이
무덤이, 사실상, 제1 성전(솔로몬 성전) 시대
의 전형적인 무덤이었다고 입증되었기 때문
에, 그것은 그리스도 시대에 결코 "새 무덤"
이라고 불릴 수 없었다. 하지만, 성묘(Holy
Sepulcher)의 부산함과 대조적으로, 그 평
온함으로 인해, 이 위치는 오늘날 여전히 많
은 사람에 의해 그리스도의 무덤이라고 여겨
진다.

복원 그림은 십자가형이 집행된 전통적 장소
(즉, 성묘)를 보여준다. 골고다 언덕 위에 세
개의 십자가들이 발견된다. 예루살렘 제2 성
벽은 채석장 윗면에 세워졌다. 성전 언덕은
이 경관의 배경을 이루며, 안토니 요새는 좌
편에, 성전은 중앙에, 왕의 주랑은 우측 멀리
에 위치한다.

성전 언덕 건축 설계도

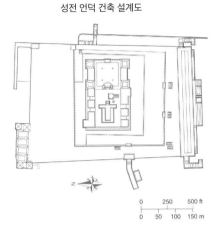

예수의 무덤

복음서 저자들은 예수의 죽음 이후, 그의 몸이 동산으로 옮겨져서 새롭게 판 무덤에 안치되었다고 전한다(마 27:60; 눅 23:53; 요 19:41). 이는 중요한 고고학적 정보이다. 이 시기의 무덤들은 대개 여러 개의 묘실(墓室)로 구성되었으며, 측면 벽을 잘라 만든 곳에 시신을 두었다. 거기에는 또한 뼈를 보관하기 위한 상자들도 있었다.

몇몇 여인들이 예수의 몸을 둔 곳을 보았다는 사실(막 15:47), 그리고 예수의 부활 이후에, 제자 요한과 베드로도 세마포가 놓인 것과 머리를 쌌던 수건이 개어져 있는 것을 보았다는 사실(요 20:5-6)은, 예수의 몸이 무덤 입구의 반대편 벤치에 있었음을 시사한다.

이 정보의 진실성은 고고학, 특히 무덤 건축술에 의해 확인될 수 있다. 새로 판 무덤들은 대개 단순한 방, 그리고 발굴된 구덩이가 주변의 세 개의 벤치들로 구성되었다. 구덩이는 인부들이 일하는 동안 똑바로 설 수 있을 정도였다.

부가적인 방들 및 석관을 넣는 아치형 묘실들은 처음의 벤치들이 치워진 후에 추가된 것이다. 새로 깎은 무덤은 "최초의 매장"을 위해 사용될 수 있었는데, 그것이 매장 의식의 첫 부분이다. (이는 죽은 자의 몸이 세마포 수의로

싸인 후에 선반, 벤치, 혹은 벽감(壁龕)에 안치되었음을 의미한다. 일 년 후, 연한 조직이 해체된 후, 뼈들이 납골당에 안치되었다. 이것이 "두 번째 매장"이라고 불렸다.) 그러므로 예수의 몸은 실제로 암반을 새로 판 무덤에 놓인 것으로 보인다.

무덤 입구는 낮았을 것이다. 제자들은 내부를 들여다보고 또 들어가기 위해서 몸을 구부려야 했다(참조. 눅 24:12; 요 20:5). 이 시기에 예루살렘 시내와 근방에서 발굴된 거의 1,000개나 되는 무덤들 가운데, 오직 극소수에만 무덤 입구를 막기 위한 굴리는 돌이 있었다. 이런 사치는 부자들에게만 제한되었다. 대개, 무덤들 입구에는 정사각형 또는 직사각형 형태의 닫는 돌들이 있었다. 이 돌들은 마치 병마개처럼 무덤 입구에 꼭 들어맞았다. 좁은 부분은 입구 안쪽에 정확히 맞았고, 넓은 부분은 입구 바깥쪽에 꼭 들어맞았다.

하지만 성경의 기록은 돌이 굴려져서 치워졌다고 말한다(마 27:60; 막 15:46; 눅 24:2). 따라서 거대한 굴리는 돌(지름 1.4m)이 이 복원도에 그려져 있다. 흔치 않은 굴리는 돌 형태의 입구는 아리마대 요셉이 "부자"였다는 사실과 부합된다(참조. 마 27:57).

🔵 독자 여러분들께 알립니다!

'CH북스'는 기존 '크리스천다이제스트'의 영문명 앞 2글자와
도서를 의미하는 '북스'를 결합한 출판사의 새로운 이름입니다.

예수의 마지막 일주일

1판 1쇄 발행 2020년 6월 1일

발행인 박명곤
사업총괄 박지성
편집 신안나, 임여진, 이은빈
디자인 구경표, 한승주
마케팅 김민지, 유진선, 이호
재무 김영은
펴낸곳 CH북스
출판등록 제406-1999-000038호
대표전화 070-7791-2136 **팩스** 031-944-9820
주소 경기도 파주시 회동길 37-20
홈페이지 www.hdjisung.com **이메일** main@hdjisung.com
제작처 영신사 월드페이퍼

© CH북스 2020

"크리스천의 영적 성장을 돕는 고전"
세계기독교고전 목록